経営戦略要論

岸川善光 [著]
Kishikawa Zenko

同文舘出版

◆ はじめに ◆

　21世紀初頭の現在，企業を取巻く環境は，高度情報社会の進展，地球環境問題の深刻化，グローバル化の進展など，歴史上でも稀な激変期に遭遇している。

　企業を取巻く環境の激変に伴って，多くのリスクが発生する。リスクには「生き物」「生命体」としての企業にとって，企業発展の「機会」であるという側面と，企業存続にとって「脅威」であるという2つの側面をもっている。

　このような状況において，リスクの二面性を踏まえた環境対応（環境適応および環境創造）の優劣，すなわち経営戦略の優劣が，企業の存続・発展にダイレクトなインパクトを及ぼすようになってきた。現実に，日産自動車，松下電器など，適切な経営戦略によって鮮やかに甦った事例も増大しており，われわれに多くの感動を与えた。

　本書では，「経営戦略とは，企業と環境とのかかわり方を将来志向的に示す構想であり，組織構成員の意思決定の指針となるもの」と定義している。しかし，環境とのかかわり方は，企業だけでなく，行政体，学校，病院，NPOなど，多くの組織体に共通する最重要課題の1つである。今後，経営戦略論は，多くの組織体において必要不可欠な研究分野になるであろう。

　本書は，大学（経営学部，商学部，経済学部等）における「経営戦略論」，大学院（ビジネス・スクールを含む）における「経営戦略特論」のテキスト・参考書として活用されることを意図している。また，中小企業診断士試験の参考書として，さらに，実務家が自らの経営戦略に関する実務を体系的に整理する際の自己啓発書として活用されることも十分に考慮されている。

　本書は，3つの特徴をもっている。特徴の第一は，体系的な総論（第1章～第3章）に基づいて，経営戦略の構成要素として，ドメイン，製品・市場戦略，経営資源，競争戦略，ビジネス・システム戦略の5つを厳選したことである。5つの構成要素，さらに5つの構成要素間の関連性について，図表による視覚イメージを重視しつつ，文章による説明とあわせて理解するとい

う立体的な記述スタイルを採用した。

　特徴の第二は，経営戦略に関する「理論と実践の融合」を目指したことである。すなわち，理論については一定の法則性を常に意識しつつ考察し，実践については経営戦略策定に関する技法や方法論に言及するなど，類書と比較して明確な特徴を有している。記述内容は基本項目に絞り込んだため，応用項目・発展項目についてさらに研究したい読者は，巻末の詳細な参考文献を参照して頂きたい。

　特徴の第三は，伝統的な経営戦略論に加えて，①経営戦略論の発展に関する一定の法則性，②情報創造型経営戦略論における「革新性」「創造性」，社会調和型経営戦略論における「戦略的社会性」，③経営戦略論における「生命論パラダイム」の援用など，新たな論点を組み込んだことである。「革新性」「創造性」「戦略的社会性」「生命論パラダイム」などの新たな論点によって，今後の経営戦略論は，幅と深さをより求められるであろう。

　これらの3つの特徴は，実は著者のキャリアに起因する。著者はシンクタンク等において，四半世紀にわたり経営コンサルタントとして，数多くのクライアントに対して，経営戦略の策定・実行を支援してきた。その後，大学および大学院で「経営戦略論」「経営戦略特論」を担当するにあたり，理論と実践のバランスのとれたテキストの必要性を痛感したのが本書を執筆した動機である。

　本書は，『経営学要論シリーズ』の第3巻として刊行される。既刊の第10巻『ベンチャー・ビジネス要論』，第6巻『イノベーション要論』，さらに姉妹書である『経営管理入門』『図説経営学演習』に引き続き，同文舘出版の秋谷克美氏をはじめとする編集スタッフにはいろいろとお世話になった。「最初の読者」でもある編集スタッフのコメントは，今回も極めて有益であった。記して格段の謝意を表したい。

　　2006年1月

　　　　　　　　　　　　　　　　　　　　　　　　　岸 川 善 光

CONTENTS

―――◆ 目　次 ◆―――

【第1章】経営戦略の意義　　　　　　　　　　　　　　　1

1．環境変化と経営戦略 ……………………………………… 2
　① 企業環境の変化　2
　② 主な環境要因　3
　③ 環境適応と環境創造　6

2．経営戦略の定義 ……………………………………………… 8
　① 先行研究の概略レビュー　8
　② 本書における経営戦略の定義　9
　③ 戦略的思考の本質　10

3．企業と環境とのかかわり方 ……………………………… 12
　① 顧客の創造・維持　12
　② インターフェースの構築　14
　③ 経営資源と組織　15

4．将来志向的な構想 ………………………………………… 17
　① 基本構想（基本コンセプト）　17
　② 将来のあるべき姿　20
　③ 自己革新のシナリオ　21

5．意思決定の指針 …………………………………………… 22
　① 意思決定のプロセス　22
　② 意思決定の種類　24
　③ 意思決定の技法　26

【第2章】経営戦略論の生成と発展　29

1．経営戦略論の生成 …………………………………………… 30
① チャンドラー　30
② アンゾフ　31
③ スタイナー　32
④ 生成期における経営戦略論の特性　33

2．分析型経営戦略論 …………………………………………… 33
① 経験曲線　34
② プロダクト・ポートフォリオ・マネジメント（PPM）　35
③ PIMS（Profit Impact of Market Strategy）　37
④ 分析型経営戦略論の特性　38

3．プロセス型経営戦略論 ……………………………………… 39
① エクセレント・カンパニー　39
② 経営戦略と組織との相互浸透モデル　41
③ 戦略的経営　43
④ プロセス型経営戦略論の特性　44

4．情報創造型経営戦略論 ……………………………………… 44
① 情報パラダイム　45
② 組織的情報創造プロセス　50
③ 情報創造と自己組織化　51
④ 情報創造型経営戦略論の特性　52

5．社会調和型経営戦略論 ……………………………………… 53
① 企業の社会的責任　53
② マクロとミクロの両立　56
③ 経営戦略対象領域の拡大　57
④ 社会調和型経営戦略論の特性　58

【第3章】経営戦略の体系　　　　　　　　　　　　　　　　61

1．全体戦略と個別戦略 …………………………………………… 62
① 全体戦略　62
② 個別戦略　63
③ 全体戦略と個別戦略の関連性　65

2．経営戦略の構成要素 …………………………………………… 66
① 先行研究のレビュー　66
② 異同点の抽出　68
③ 本書における経営戦略の構成要素　70

3．経営戦略の策定と実行 ………………………………………… 71
① 経営戦略の策定プロセス　71
② 経営戦略の策定　73
③ 経営戦略の実行　76

4．経営戦略の構成要素の適合性 ………………………………… 77
① 戦略的適合の意義　78
② 戦略要素の適合　79
③ 不均衡ダイナミズム　81

5．経営戦略論の位置づけ ………………………………………… 82
① 経営学における経営戦略論の位置づけ　82
② 経営戦略論の隣接諸科学　83
③ ビジネス・スクールにおける経営戦略論の位置づけ　85

【第4章】ドメイン　　　87

1. ドメインの意義 …………………………………………… 88
- ① ドメインの定義　88
- ② 企業ドメインと企業コンセプト　89
- ③ 事業ドメインと事業コンセプト　91

2. ドメイン定義の要件 ……………………………………… 92
- ① 物理的定義と機能的定義　92
- ② ドメイン定義の次元　94
- ③ ドメイン・コンセンサス　97

3. ドメインの再定義 ………………………………………… 98
- ① 企業成長とドメインの変化　98
- ② ドメイン再定義の事例　100
- ③ 経営戦略の大前提　102

4. ドメインと場 ……………………………………………… 103
- ① 場の概念　103
- ② ビジネス・プラットフォーム　105
- ③ ビジネス空間の拡大　107

5. ビジネス・モデル ………………………………………… 108
- ① ビジネス・モデルとは　108
- ② ビジネス・モデルの事例　110
- ③ ドメインとビジネス・モデル　111

【第5章】製品・市場戦略　　　　　　　　　　113

1. 製品・市場戦略の意義 …………………………………… 114
- ① 製品・市場戦略とは　114
- ② 製品・市場マトリックス　115
- ③ 成長ベクトル　116

2. 多角化戦略 ……………………………………………… 117
- ① 多角化戦略の動機　117
- ② 多角化戦略のタイプ　119
- ③ 関連型多角化と非関連型多角化　121

3. 差別化と細分化 ………………………………………… 123
- ① 製品差別化　125
- ② 市場細分化　125
- ③ 業界細分化　127

4. 新製品開発 ……………………………………………… 128
- ① 新製品開発の意義　128
- ② 新製品開発のプロセス　130
- ③ 製品開発と技術　131

5. 新市場開拓 ……………………………………………… 133
- ① 参入戦略　133
- ② 撤退戦略　135
- ③ グローバル化　136

【第6章】経営資源　　　139

1. 経営資源の意義 …………………………………………… 140
- ① 経営資源とは　140
- ② 経営資源ポートフォリオ　141
- ③ 未利用資源　143

2. 経営資源の蓄積・配分 …………………………………… 144
- ① 経験曲線効果　144
- ② プロダクト・ライフサイクル　145
- ③ 限界収穫　147

3. PPM（プロダクト・ポートフォリオ・マネジメント）…… 148
- ① PPM（プロダクト・ポートフォリオ・マネジメント）の意義　148
- ② マッキンゼー社のPPM　149
- ③ キャッシュフロー・マネジメント　150

4. 経営資源と経営戦略 ……………………………………… 152
- ① 技術資源と経営戦略　152
- ② 情報的資源（見えざる資産）　154
- ③ ブランド戦略　157

5. 選択と集中 ………………………………………………… 159
- ① コア・コンピタンス　159
- ② M＆A　160
- ③ アウトソーシング　161

【第7章】競争戦略　　　　　　　　　　　　　　163

1．競争戦略の意義 …………………………………………… 164
① 競争戦略とは　164
② 業界の収益性　166
③ 持続可能な競争優位　167

2．価値連鎖 …………………………………………………… 169
① 価値連鎖とは　169
② 価値システム　171
③ 競合分析　172

3．競争の基本戦略 …………………………………………… 174
① コスト・リーダーシップ戦略　175
② 差別化戦略　177
③ 集中戦略　179

4．競争環境のダイナミズム ………………………………… 179
① マーケット・ライフ・サイクル　179
② ライフ・サイクル別競争要因　181
③ 衰退市場および敵対的市場における競争戦略　182

5．競争戦略の定石 …………………………………………… 183
① 業界標準　183
② 市場におけるポジショニング　184
③ 経営資源パラダイムによる競争戦略の定石　186

【第8章】ビジネス・システム戦略　　189

1. ビジネス・システムの意義 …………………………… 190
　① ビジネス・システムとは　190
　② ビジネス・システムの進化　193
　③ ビジネス・システムの評価基準　195

2. 経済性の概念とビジネス・システム …………………… 196
　① 経済性の概念のシフト　196
　② ３つの経済性の概念　197
　③ 「連結の経済」と経営戦略　199

3. 供給連鎖 ………………………………………………… 202
　① 供給連鎖とは　202
　② 垂直的統合と水平的統合　204
　③ 需要連鎖　207

4. 企業間関係の革新 ……………………………………… 207
　① 企業間関係とは　207
　② 企業間関係の革新の形態　208
　③ ロジスティクスの形態と企業間関係の革新との関連性　214

5. ＢＰＲ …………………………………………………… 218
　① ＢＰＲとは　218
　② ビジネス・プロセス　218
　③ ＢＰＲの形態と効果　220

【第9章】経営戦略の適合と革新　　225

1．経営戦略の戦略的適合 ･･････････････････････････････ 226
- ① 経営戦略の構成要素　226
- ② 構成要素の戦略的適合　227
- ③ 戦略的適合の効果　228

2．顧客の創造・維持 ････････････････････････････････ 230
- ① 顧客適合の重要性　230
- ② 製品・市場適合　231
- ③ 競争適合　233

3．インターフェースの構築 ･････････････････････････････ 235
- ① インターフェース適合の重要性　235
- ② ドメイン適合　236
- ③ ビジネス・システム適合　237

4．経営資源と組織 ･････････････････････････････････ 239
- ① 内部適合の重要性　239
- ② 経営資源適合　240
- ③ 組織適合　241

5．経営戦略の革新 ･････････････････････････････････ 243
- ① 適合パラダイムの限界　243
- ② 生命論パラダイムの援用　245
- ③ 経営戦略の革新と生命論パラダイム　249

【第10章】経営戦略論の今日的課題　　253

1．知的財産権と経営戦略 …………………………………… 254
　① 現　状　254
　② 今後の課題　255

2．サービス産業における経営戦略 ………………………… 257
　① 現　状　257
　② 今後の課題　259

3．企業倫理と経営戦略 ……………………………………… 262
　① 現　状　262
　② 今後の課題　264

4．環境経営戦略 ……………………………………………… 265
　① 現　状　265
　② 今後の課題　267

5．ＮＰＯの経営戦略 ………………………………………… 269
　① 現　状　269
　② 今後の課題　271

参考文献 ……………………………………………………………… 273
索　　引 ……………………………………………………………… 291

◆ 図表目次 ◆

図表1-1	環境要因
図表1-2	環境対応（環境適応と環境創造）
図表1-3	戦略的思考法の比較
図表1-4	企業と環境とのかかわり方
図表1-5	将来志向的な構想の抽象度のレベル
図表1-6	情報システムのライフサイクル
図表1-7	あるべき姿と現状とのギャップ
図表1-8	意思決定のプロセス
図表1-9	意思決定の種類
図表1-10	意思決定の技法

図表2-1	経営計画の構造とプロセス
図表2-2	Ｔ型フォードの経験曲線
図表2-3	PPM（ボストン・コンサルティング・グループ）
図表2-4	７Ｓモデル
図表2-5	情報パラダイムの変遷
図表2-6	組織的情報創造プロセス
図表2-7	企業と利害関係者との関係
図表2-8	社会的責任の階層構造
図表2-9	日本における企業の社会的責任の実践
図表2-10	経営戦略の体系と社会戦略

図表3-1	全体戦略と個別戦略
図表3-2	事業戦略と機能別戦略との関連性
図表3-3	経営戦略の構成要素
図表3-4	経営戦略の策定手順

図表3-5	3C	
図表3-6	十字チャート	
図表3-7	ストラテジック・フィット	
図表3-8	戦略的適合の全体像	
図表3-9	経営学の関連領域	
図表3-10	経営学の隣接科学	

図表4-1	事業定義のための3次元	
図表4-2	物理的定義と機能的定義	
図表4-3-1	複数の顧客層対象の事業	
図表3-3-2	複数の顧客機能対象の事業	
図表4-3-3	複数の代替技術に基づいた製品をもつ事業	
図表4-4	ドメイン・コンセンサス	
図表4-5	再定義のための戦略代案	
図表4-6	川下化・ファイン化マトリクス	
図表4-7	日本企業の事例	
図表4-8	米国企業の事例	
図表4-9	クローズド型経営とオープン型経営	
図表4-10	ミスミのビジネス・モデル	

図表5-1	製品・市場マトリクス	
図表5-2	成長ベクトル	
図表5-3	多角化戦略のタイプ	
図表5-4	多角化のタイプとパフォーマンス（米国企業）	
図表5-5	多角化のタイプとパフォーマンス（日本企業）	
図表5-6	製品・市場構造マトリクス	
図表5-7	プラグ戦略とニッチ戦略	
図表5-8	セグメント間における5つの要因の違い	

図表5-9	新製品の分類	
図表5-10	製品・技術マトリクス	
図表5-11	最適な参入戦略	
図表5-12	多国籍企業の経営管理の特徴	

図表6-1	経営資源の分類	
図表6-2	経験曲線	
図表6-3	プロダクト・ライフ・サイクル	
図表6-4	限界収穫逓減と限界収穫逓増	
図表6-5	PPM（マッキンゼー社）	
図表6-6	ポートフォリオの循環	
図表6-7	技術・市場マトリクス	
図表6-8	技術リレーション分析	
図表6-9	情報の流れのフレームワーク	
図表6-10	ブランド・エクイティ	

図表7-1	業界の収益性を規定する5つの要因	
図表7-2	持続可能な競争優位	
図表7-3	価値連鎖の基本形	
図表7-4	価値システム	
図表7-5	競合相手の理解	
図表7-6	強みと弱みの分析	
図表7-7	競争の基本戦略	
図表7-8	購買物件の単位コストを動かす推進要因	
図表7-9	価値連鎖における代表的な差別化源泉	
図表7-10	マーケット・ライフ・サイクル	
図表7-11	競争地位の類型化	
図表7-12	経営資源パラダイムによる競争戦略の定石	

図表8-1	システムとモデルの相違
図表8-2	情報通信システムのインパクト
図表8-3	経済性の概念の変遷
図表8-4	連結の経済
図表8-5	供給連鎖
図表8-6	SCM（サプライチェーン・マネジメント）の発展過程
図表8-7	垂直統合型バリュー・チェーンと水平統合型バリュー・チェーン
図表8-8	ロジスティクスの形態
図表8-9	ロジスティクスの形態別の特徴（要約）
図表8-10	ロジスティクスの形態別の効果
図表8-11	先進企業におけるビジネス・プロセス
図表8-12	BPRの対象領域

図表9-1	経営戦略の構成要素
図表9-2	バランスト・スコアカードの構造
図表9-3	ニーズ・シーズマトリクス
図表9-4	製品・市場マトリクス
図表9-5	製品・チャネルマトリクス
図表9-6	競合企業の強み・弱み
図表9-7	ドメインとビジネスモデルの比較分析
図表9-8	組織の発展モデル
図表9-9	機械論パラダイムと生命論パラダイム

図表10-1	知的財産権の種類
図表10-2	知的資産の分類
図表10-3	サービス産業の問題点
図表10-4	サービス財の特質と基本戦略
図表10-5	「経営経済性」と「経営公共性」の関係

図表10-6	環境問題に対する企業の姿勢の変化
図表10-7	環境ビジネスの市場規模
図表10-8	世界の環境先進企業にみられる優れた特徴
図表10-9	NPO法で認定されている17の事業分野
図表10-10	経済社会セクターの3類型

第1章 経営戦略の意義

　近年，企業活動を取り巻く環境は激変しており，従来にも増して企業活動のリスクは増大し，かつ多様化しつつある。リスクには，「生き物」としての企業にとって，企業発展の「機会」であるという側面と，企業存続にとって「脅威」であるという2つの側面をもっている。

　そこで，経営戦略について考察する出発点として，企業環境の変化がもたらすリスクへの対応が極めて重要な鍵概念であることを最初に理解する。

　次に，経営戦略の定義について考察する。本書では，経営戦略論の生成期以来，経営戦略の定義に関する主たる先行研究のレビューを踏まえて，「経営戦略とは，企業と環境とのかかわり方を将来志向的に示す構想であり，組織構成員の意思決定の指針となるもの」と定義して議論を進めることにする。

　次いで，本書の定義における「企業と環境とのかかわり方」という点に着眼し，顧客の創造・維持，インターフェースの構築，経営資源と組織，の3つの観点から経営戦略の意義について理解を深める。

　さらに，定義における「将来志向的な構想」という点に焦点をあわせて，基本構想，将来のあるべき姿，自己革新のシナリオ，の3つの視点から，経営戦略の意義について考察する。

　最後に，定義における「意思決定の指針」という面を取り上げて，意思決定のプロセス，意思決定の種類，意思決定の技法，の3つの視点から経営戦略の意義について理解を深める。

1 環境変化と経営戦略

❶ 企業環境の変化

　近年,企業活動を取り巻く環境は激変している。市場構造の変化はいうまでもなく,企業システムの上位システムである産業システム,さらに産業システムの上位システムである経済システムの変化が加速しており,従来にも増して企業活動のリスクは増大し,かつ多様化している。

　リスクとは本来,企業活動の正常な遂行を妨げ,そのために企業に損害をもたらす現象の内,次のような3つの特性を有しているものをいう[1]。

① 不確実性:発生原因が不明確で,そのため発生頻度・発生時期・発生場所などが確定できない。

② 主観性:発生原因が不明確なため,主観的な基準に基づく対策しかたてられない。

③ 危険:発生する現象によって損害を被る。

　従来,リスクと不確実性を同一視する向きもあるが,厳密にいえば,「不確実性」はリスクの構成要素の1つにすぎない。

　ところで,リスクには二面性がある。すなわち,「生き物」としての企業にとって,リスクは企業発展の「機会」であるという側面と,リスクは企業存続にとって「脅威」であるという2つの側面をもっている。

　経営戦略について考察する場合,リスクがもっているこの「機会」と「脅威」という二面性が,極めて重要な鍵概念(キーコンセプト)になる。リスクが比較的小さくて単純な時代には,経営戦略という領域をことさら重視しなくても,企業の存続および発展は可能であった。しかし,環境が激変している今日,リスクに対する創造的対応ないし戦略的対応が欠落すると,企業の存続および発展は困難であるといえよう。

❷ 主な環境要因

　企業は環境の中で生産活動を営む組織体であるので，企業の存続・発展を実現するには，環境にうまく対応することが不可欠である。ここで環境とは，「企業の経営活動に対して，その活動を制約したり促進したりする外的要因のこと」である。一般に，企業と環境は相互に影響しあう関係にある。

　経営戦略の観点から企業環境をみると，その主たる要因として，図表1-1に示されるように，①経済環境，②政治環境，③社会環境，④自然環境，⑤市場環境，⑥競争環境，⑦技術環境，の7つがあげられる。環境変化とは，これらの企業環境の要因が変化することであり，企業の経営活動に対する制約および促進の様態が変わることに他ならない。

① 経済環境

　企業は，営利原則に基づいて行動する生産経済体であるので，経済環境が企業の経営活動にとって重要であることはいうまでもない。経済環境を構成する経済主体としては，消費者，原材料供給企業，競合企業，金融機関などがあげられる。

　これらの経済主体の行動の変化，例えば，消費者ニーズの変化，原材料価格の変化，新規参入企業の出現，信用供与方法の変化などが，景気動向に影

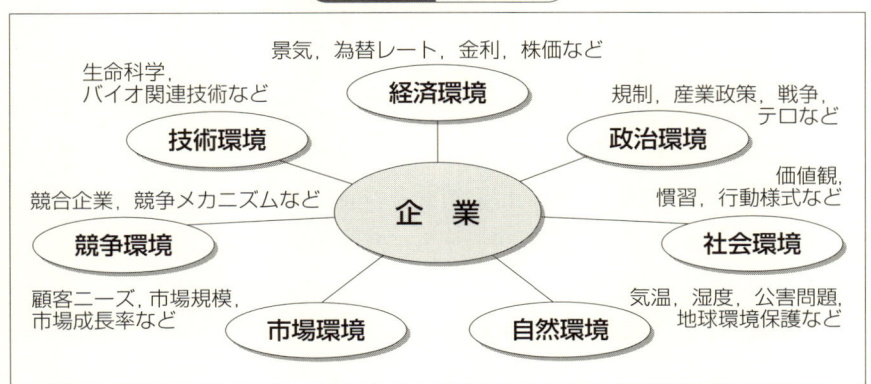

図表1-1　環境要因

響を及ぼし，企業の経営活動を制約したり促進したりするのである。

　経済環境の要因の中で，近年，為替レートの変動，金利の変動が経営活動に対して大きな影響を及ぼしている。具体的には，為替レートが対米ドルレートで1ドルあたり1円上昇／下落するだけで，企業の利益が数十億円単位で増減するケースも稀ではない。金利の変動も設備投資の意思決定などに決定的な影響を与えている。

② 政治環境

　政治環境とは，主として立法府および行政府が企業の経営活動に対して及ぼす影響のことである。具体的には，各種の立法や産業政策などによって，主として企業の制度面に影響を及ぼす外的要因のことである。

　先に，環境とは企業の経営活動に対して，その活動を制約したり促進したりする外的要因のことであると述べたが，制約要因か促進要因かという観点から政治環境を分類すると，①企業活動を制約する要因としての規制，②企業活動の変化を促進する要因としての規制緩和，に大別することができる。現実に，特定の産業に属する企業では，規制緩和の動向が経営活動に多大の影響を与えている。

　近年では，国内の政治情勢の変化のみならず，国際的な政治情勢の変化も企業活動に大きな影響を及ぼすようになってきている。例えば，企業活動のグローバル化に伴う貿易摩擦などの国際的な経済問題は，国際政治と密接な関連性を有するようになり，これに伴って政治環境の範囲も拡大しつつある。世界中で頻発している戦争やテロによるリスクも政治環境に含まれる。

③ 社会環境

　社会環境とは，少子・高齢化などの人口動態，長年人々によって共有されている価値観・規範・慣習・行動様式の変化などが企業の経営活動に対して及ぼす影響のことである。例えば，消費者の価値観・慣習・行動様式の変化は，現実に企業の商品開発や流通チャネルの開発などに対して大きな影響を及ぼしている。

　社会環境は，時代によって，地域によって，世代によって変化する。例えば，バブル全盛期とバブル崩壊後を比較すると，社会環境の変化は著しいも

のがある。バブル全盛期に爆発的に市場に受け入れられた商品でありながら，バブル崩壊に伴って急速に消滅した商品があるように，人々によって共有される価値観・規範・慣習・行動様式は，時代によって，地域によって，世代によって大きく変化する。この社会環境の変化にうまく対応した企業行動をとることができないと，その企業の存続・発展は困難になる。

④　自然環境

　自然環境とは，気温・湿度・日射量・日照時間・緯度・経度などの気候地理的要因，公害問題，地球環境問題などが，企業の経営活動に及ぼす影響のことである。

　食品産業など農産物を扱う業界では，もともと自然環境の変化の影響を直接的に受けやすい企業特性をもっている。しかしながら，自然環境は，食品産業など一部の産業だけでなく，多くの産業にさまざまな影響を及ぼしている。例えば，自動車産業の例をみてみよう。自動車産業は従来，自然環境の影響をほとんど受けない産業であると思われてきた。ところが，排気ガスに含まれる有害物質によって大気が汚染され，さらにそのことが地球温暖化，オゾンホールの破壊，酸性雨の原因といわれるようになると，自然環境への対応次第では，自動車産業に属する企業にとって，その存続そのものが社会的に許されるか否かという重大な局面にたたされることになる。現実に，自然環境保護，ひいては地球環境保護に有効な技術を開発した企業と，そうでない企業との峻別が市場によって行われつつある。

⑤　市場環境

　市場環境とは，顧客ニーズの変化，市場規模の変化，市場成長率の変化など，市場の変化が企業の経営活動に対して及ぼす影響のことである。

　上述した①経済環境，②政治環境，③社会環境，④自然環境，の４つは，主としてマクロ的な環境要因であるが，この市場環境は，セミマクロ的およびミクロ的なレベルの環境要因である。

　市場は需要と供給が交差する場であり，企業にとって顧客の集合体でもある。顧客ニーズの変化，市場規模の変化，市場成長率の変化などの市場環境の変化は，ダイレクトに企業の経営活動を制約したり促進したりするので，

経営戦略について考察する場合，極めて重要な環境要因であるといえよう。
⑥　競争環境

競争環境とは，競合企業（competitor），競争メカニズム，新規参入の可能性などが，企業の経営活動に対して及ぼす影響のことであり，企業レベルの極めてミクロ的な環境要因である。

具体的には，競合企業の数，それらの競争力の強弱，あるいは競合企業と戦う場合の競争力の源泉，持続的な競争優位の可否，新規参入の可能性など，競争環境の変化も，市場環境の変化と同様に，ダイレクトに企業の経営活動を制約したり促進したりする。

⑦　技術環境

技術環境とは，科学技術の進歩が企業の経営活動に対して及ぼす影響のことである。具体的には，生命科学，バイオ関連技術，先端情報技術などの科学技術の進歩が，新製品，新事業，新素材，新生産方式などの開発に及ぼす影響のことである。

技術環境は，特に研究開発（R＆D）における制約要因または促進要因になることが多い。企業活動における研究開発（R＆D）の重要性がますます増大している今日では，技術環境の変化は経営活動に多大の影響を及ぼしている。

❸ 環境適応と環境創造

上で，7つの環境要因について概観した。企業はあたかも「生き物」や「生命体」のように，このような環境の変化に対応することによって，その存続・発展が可能になる。このように，企業の経営活動は環境に対して開かれているので，企業は本来的に「オープン・システム」であるといわれる。

もともと企業は単独で存在することはできない。なぜならば，すべての資源や情報を単独の企業で保有することはほとんど不可能であるからである。このことは，企業は環境の構成要素の1つである他の企業に対して，資源や情報を依存しているということに他ならない。他の企業に資源や情報を依存しようとすれば，企業はオープン・システムにならざるを得ない。

第1章 経営戦略の意義

　オープン・システムと対極にある概念をクローズド・システムという。クローズド・システムとは，環境との相互作用を必要としないシステムのことである。例えば，機械システムについてみてみよう。通常の機械システムは，環境との相互作用によって存続・発展するわけではない。すなわち，通常の機械システムは，環境に対して閉じているのでクローズド・システムであるといえよう。ただし，センサー付きの機械などはクローズド・システムとは異なる特性を有している。

　先述したように，企業と環境との関係は，一般に，相互に影響しあう関係にある。企業は「生き物」として上述した環境の変化に対応しなければならない。ところで，この環境の変化に対応するパターンとして，環境適応と環境創造の2つがあげられる。

　環境対応とは，図表1－2に示されるように，環境の変化を受けて，企業がその行動を事後的に変えることである。そこでは，環境の変化を認識し，環境変化への対応策を策定し，具体的に環境変化に対応するという手順が踏まれる。従来，環境対応という場合，この環境適応のことを指すことが多かった。

　他方，環境創造とは，企業が環境そのものを主体的に創造することである。例えば，リサイクル技術を開発し，リサイクルの重要性を広く社会に提案して，リサイクル・ビジネスを創出した企業の事例はこの環境創造に該当する。

図表1-2　環境対応（環境適応と環境創造）

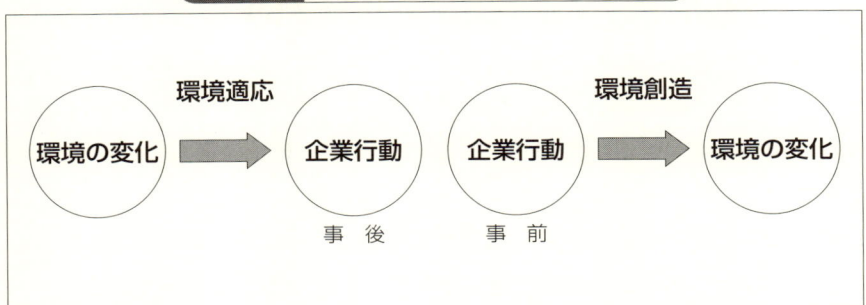

（出所）岸川善光［2002］43頁。

この場合，リサイクルの価値を環境が認知しない限り，リサイクル・ビジネスは存在し得ないので，その価値を認めてもらうための啓蒙活動や提案活動が極めて重要になる。

環境適応も，環境創造も，環境の変化に対応する有効なパターンではあるものの，企業と環境との相互作用に基づく新たな関係づくりこそが，今後の環境対応の鍵概念となるであろう。企業と環境との相互作用に基づく新たな関係づくりのパターンが，時と場合によって，環境適応であったり環境創造であったりするからである。

2 経営戦略の定義

❶ 先行研究の概略レビュー

もともと軍事用語である戦略（strategy）の語源は，ギリシャ語のstrategosからきたもので，本来の意味は，将軍の術（the general's art）であるといわれている。以下，経営戦略の定義に関する先行研究の中からいくつかを選択して，その概略について簡潔なレビューを行うことにする。

1960年代のアメリカにおいて，チャンドラー（Chandler,A.D.Jr.）が戦略という概念を，経営学の分野ではじめて用いたといわれている。チャンドラー［1962］は，経営戦略を「企業の基本的な長期目標や目的を決定し，これらの諸目標を遂行するために必要な行動のコースを採択し，諸資源を割り当てること」と定義した[2]。

同じ頃，経営戦略論の最初の本格的な研究者であるアンゾフ（Ansoff,H.I.）［1965］は，戦略を「部分的無知の状態のもとでの意思決定のためのルール」と定義している[3]。また，これに関連して戦略的意思決定について，「企業と環境との間の関係に関する決定」と定義した[4]。戦略的意思決定とは，主としてどのような製品・市場分野を選択するかにかかわる決定である。

ホッファー＝シェンデル（Hofer,C.W.＝Shendel,D.E.）［1978］は，戦略を

「組織がその目的を達成する方法を示すような，現在ならびに予定した資源展開と環境との相互作用のパターン」と定義した[5]。

次に，わが国の研究者による経営戦略の定義についてみてみよう。石井淳蔵他［1996］は，戦略は「環境適応のパターン（企業と環境とのかかわり方）を将来志向的に示す構想であり，企業内の人々の意思決定の指針となるもの」と定義している[6]。

大滝精一他［1997］は，「将来の構想とそれにもとづく企業と環境の相互作用の基本的なパターンであり，企業内の人々の意思決定の指針となるもの」と定義した[7]。また，ミンツバーグ（Mintzberg,H.）［1987］を引用して，経営戦略の概念として，①計画としての経営戦略，②策略としての経営戦略，③パターンとしての経営戦略，④ポジションとしての経営戦略，⑤パースペクティブとしての経営戦略，の5つを紹介している[8]。

野中郁次郎［2002］は，戦略を「環境の機会や脅威にマッチした資源の蓄積と展開についての基本デザイン」と簡潔に定義している[9]。

❷ 本書における経営戦略の定義

上述したように，経営戦略の定義には多種多様な概念が混在している。しかし，それらを整理すると，いくつかの共通項に集約することができる。

共通項の第一は，「経営戦略とは，環境対応パターン（企業と環境とのかかわり方）に関するものである」という点である。経営戦略は，先述した環境変化のリスクを企業発展の「機会」と企業存続の「脅威」に選別し，環境変化に対して創発的に対応することにその意義がある。

共通項の第二は，「経営戦略とは，企業の将来の方向に一定の指針を与える構想である」という点である。ここで構想とは，軍事用語でいうグランド・デザインに相当する概念である。構想をパースペクティブ，世界観というカテゴリーに分類している研究者もいる。

共通項の第三は，「経営戦略とは，企業におけるさまざまな意思決定の指針の役割を果たす」という点である。これは経営戦略を戦略的計画と捉えようとする立場，あるいは経営戦略を意思決定ルールとして捉えようとする研

究者によって広く支持されている。

　上でみたように，経営戦略には多種多様な概念が混在しているものの，これらの共通項を整理して，本書では，「経営戦略とは，企業と環境とのかかわり方を将来志向的に示す構想であり，組織構成員の意思決定の指針となるもの」と定義して議論をすすめることにする。

❸ 戦略的思考の本質

　経営戦略を策定するためには，戦略的思考が不可欠である。戦略的思考とは，どのような思考であろうか。どのような特徴をもっているのであろうか。戦略的思考の本質を問うことは，経営戦略の本質を考察することでもある。

　まず，経営戦略の前史の1つといえる軍事戦略において，プロシャの軍師であったクラウゼヴィッツは戦略をどのようにみていたであろうか。キャノン（Cannon,J.T.）［1968］によれば，クラウゼヴィッツは，「戦略とは，適応のシステムである。それは不断に変化する環境のもとで，所期の計画を遂行することである」と述べた[10]。クラウゼヴィッツは，戦略の概念として環境の不確実性に着目し，環境変化に対する適応をその本質としている。

　ポーター（Porter,M.E.）［1998a］は，「戦略の本質は，差別化である」[11]と明快に主張した上で，差別化に基づいて，顧客に独自の価値を提供するためのポジションを創り出すことが重要であると述べた。ポーターの戦略概念は，競争戦略に重点を置いており，価値連鎖（value chain）のどこかに，競合企業とは異なる一連の独自の価値活動を選択することを重視している。

　野中［2002］は，経営戦略の本質を「環境概念と能力概念を関係づけた差別化概念の創造」と捉えている[12]。

① 環境と能力の関係づけ：環境の機会と自社の強みをいかに結びつけるか。

② 差別化概念の創造：独自の資源展開のための新たな概念を創造する。

　伊丹敬之［2003］は，経営戦略の本質を，下記の7つのキーワードによって概括的に示した[13]。

① 差別化：競争相手との間に何らかの形で差をつくりだすこと。

② 集中：優先順位づけに基づいて，集中的に資源配分を行うこと。また，これによって組織活動の「核」「中心」をつくること。
③ タイミング：新製品，設備投資などのタイミングを重視すること。
④ 波及効果：テコの原理を用いて小さな資源投入で波及効果の連鎖反応をつくりだすこと。
⑤ 組織の勢い：組織の勢いを利用し，また演出すること。
⑥ アンバランス：企業を長期間安定した均衡状態に置かず，アンバランスの連続から，長期的な適合を図ること。
⑦ 組み合わせの妙：製品と資源，集中と差別化など，さまざまな戦略要素の「適合」を図ること。

以上，クラウゼヴィッツの「適応」，ポーターの「差別化」「独自の価値」，野中の「差別化概念の創造」，伊丹の「差別化」「集中」「タイミング」「波及効果」「組織の勢い」「アンバランス」「組み合わせの妙」，という4人の先行研究に準拠しつつ，戦略的思考ひいては経営戦略の本質について概観した。その結果，戦略的思考のポイントがおぼろげながら垣間見えるものの，今後このことは，本書の全巻を通じてさらに深く考察することにしよう。

ところで，奥村昭博［1989］は，図表1-3に示されるように，欧米と日本の戦略的思考法の違いについて述べている。

図表1-3 戦略的思考法の比較

欧　　米	日　　本
明確性 一義性 有限（短期） マクロ 総合家 結果志向 コンセプト志向 上から下 普遍性	あいまい性 多義性 永遠（長期） ミクロ 専門家（職人） プロセス志向 コンテンツ志向 下から上 万物流転

（出所）奥村昭博［1989］18頁。

近年，情報化の進展，グローバル化の進展などに伴って，欧米の戦略的思考とわが国の戦略的思考を明確に区分することができなくなりつつあるが，それぞれの特徴は今も色濃く残っている。

3 企業と環境とのかかわり方

本書では先に，「経営戦略とは，企業と環境とのかかわり方を将来志向的に示す構想であり，組織構成員の意思決定の指針となるもの」と定義した。

そこでまず，企業と環境とのかかわり方について考察する。企業と環境とのかかわり方は，図表1－4に示されるように，①どのような顧客に，どのような製品（サービスを含む）を提供するか，②そのために，どのようなビジネス・システムを構築するか，③そのビジネス・システムには，どのような資源と能力を必要とするか，の3点が骨格になる。

❶ 顧客の創造・維持

① 製品・市場戦略

ドラッカー（Drucker,P.F.）［1954］は，約半世紀前，「われわれの事業は何か」「顧客は誰か」「顧客にとって価値とは何か＝顧客は何を求めて製品を

図表1-4 企業と環境とのかかわり方

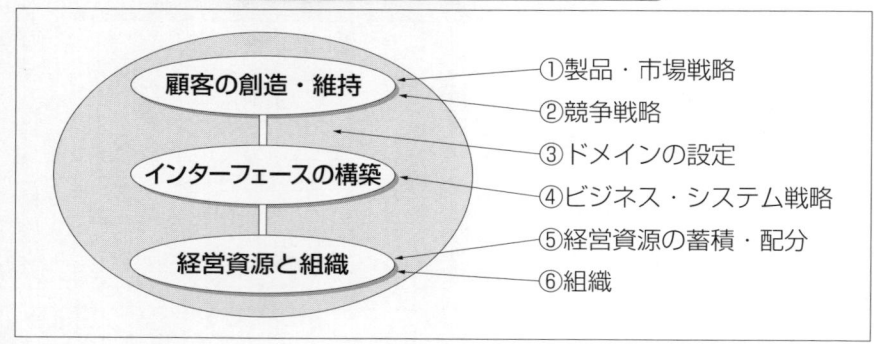

買うのか」「われわれの事業は将来どうなるか」「われわれの事業はどうなるべきか,何であるべきか」という基本的な問いかけが,マネジメントにおいて最も重要であると喝破した[14]。実際に,成功している企業では,このような企業の目的・使命に関する基本的な問いかけが継続的になされてきた。

　ドラッカーが主張した「顧客の創造」は,まさに企業活動の基盤であり,その他の何ものよりも最優先されるべき課題である。対価を支払ってくれる顧客がいなければ,企業そのものが存在し得ないからである。顧客が対価を支払ってくれる源泉は,価値の提供にある。その価値は,顧客のニーズを充足することによって生まれる。

　このように,顧客のニーズを満たす製品を提供することは,企業の存続・発展にとって最も重要なことである。その意味で,製品・市場戦略は,経営戦略の中でも中核的な位置づけを占める。

　どのような顧客に,どのような製品(以下サービスを含む)を提供するかという製品・市場戦略の出発点は,顧客のニーズを明確に把握することである。顧客のニーズは,多面的かつ多次元な要素を多く含んでいるので,伊丹[2003]が指摘するように,ここでは「ニーズの束」と呼ぶことにする[15]。

　伊丹は「ニーズの束」を,①製品そのもの(性能,品質,付帯ソフトなど),②価格,③補助サービス(アフターサービス,支払い条件,購入のしやすさなど),④ブランド(製品や企業のイメージ,社会的評価など),の4つに分類しているが,さらにさまざまな観点から分類することもできる。

　これらの「ニーズの束」は,時間的にも空間的にも変化する。変化が常態であるといっても過言ではない。また,いまだ顕在化していない未知のニーズもありうる。未知のニーズを掘り起こすことは,製品・市場戦略の重要な機能である。未知のニーズを掘り起こすことは,換言すれば,新たな「顧客の創造」に他ならないからである。

　企業と環境とのかかわり方の内,どのような顧客に,どのような製品を提供するか,という製品・市場戦略については,第5章において詳しく考察する。

② 競争戦略

上述した製品・市場戦略において，「顧客の創造」ができたとしても，市場には通常，多くの競合企業（competitor）が存在する。顧客に価値を提供し，対価を獲得するには，市場において，多くの競合企業との競争に打ち勝たねばならない。

　競合企業との競争に打ち勝つには，「いかに競合企業に対して相対的かつ持続的な優位性をつくり出すか」ということが最も重要である。ここで競争上の優位性という場合，その源泉は，企業が顧客のためにつくり出すことのできる価値である。

　企業と環境とのかかわり方の内，競争戦略については，第7章において詳しく考察する。競争戦略のポイントは，下記の4点である。

① 「誰を競合企業（競争相手）とするか」
② 「何を競争力の源泉として戦うか」
③ 「競争力をどのように活用するか」
④ 「競争力をいかに効率的につくるか」

　クラウゼヴィッツの「適応」，ポーターの「差別化」「独自の価値」，野中の「差別化概念の創造」，伊丹の「差別化」「集中」「タイミング」「波及効果」「組織の勢い」「アンバランス」「組み合わせの妙」など，戦略的思考をフルに活用して，「製品・サービスの差別化」「価格の差別化」「ブランドによる差別化」「ビジネス・システムの差別化」などを具体的に実現し，競合企業との戦いに打ち勝つ必要がある。

❷ インターフェースの構築

① ドメインの設定

　ドメインとは，一般的には，領土・範囲・領域など，地理的な概念を表す言葉である。生物でいえば，生活空間，生存空間などを意味する。

　企業の場合，榊原清則［1992］は，「組織体がやりとりをする特定の環境部分のことをドメインという」[16]と定義している。すなわち，その企業の活動領域，存在領域，事業領域，事業分野のことをドメインという。

　このドメインの設定は，企業と環境とのかかわり方そのものを決めること

であり，企業と環境とのインターフェースの基盤を構築することでもある。したがって，ドメインの設定は，経営戦略の大前提であり，出発点であるということができよう。

先述したように，オープン・システムである企業は，環境とのかかわりを通じてのみ，その存続・発展が可能になるので，特定の環境部分すなわちドメインを主体的に設定することは，企業の存続・発展にとって極めて重要である。企業と環境とのインターフェースの基盤であるドメインについては，第4章において詳しく考察する。

② ビジネス・システム戦略

ビジネス・システムとは，顧客に価値を届けるための機能・経営資源を組織化し，それを調整・制御するシステムのことである。このビジネス・システムも企業と環境を連結する重要なインターフェースである。ビジネス・システムは，事業システムとも呼ばれている。ビジネス・システム戦略は，ビジネス・システムを競争優位の源泉とする戦略である。

従来，戦略の本質の1つである差別化は，先述した「ニーズの束」の内，製品・サービスの差別化，価格の差別化など，製品・サービスそのものと直接的な関連性をもつ事項で行われることが多かった。ところが近年，ITの進展を契機として，ビジネス・システムが劇的に変化しつつある。また，このビジネス・システムの劇的な変化が，企業と環境とのかかわり方に強烈なインパクトを及ぼしつつある。

企業と顧客・市場を結ぶインターフェースとしてのビジネス・システムは，単に現在の顧客・市場の状況にフィットするだけではなく，将来の企業の発展可能性をも見据えて構築する必要がある。企業と環境を連結する重要なインターフェースにかかわるビジネス・システム戦略については，第8章において詳しく考察する。

❸ 経営資源と組織

① 経営資源の蓄積・配分

経営資源とは，企業活動をするうえで必要な資源や能力のことである。経

営資源は，一般的に，①ヒト，②モノ，③カネ，④情報，の４つに区分される。いうまでもなく，これらの経営資源は，無限に存在するものではなく有限の存在である。

経営戦略を策定し，実行する場合，経営戦略のコンテンツ（内容）と，企業が保有する経営資源・能力がフィットしていなければ，その戦略は有効な成果を生み出すことはできない。経営戦略と経営資源の問題を考えるとき，経営戦略の実行のために経営資源・能力の裏付けがあるかどうかが最も重要な課題となる。もしも資源が欠落している場合，もしくは不足している場合，戦略はまさに「絵に描いた餅」になる。

企業と環境とのかかわり方の一環として，①どのような資源や能力を蓄積するか，②何に対して重点的に経営資源を配分するかなど，経営資源の蓄積・配分の問題は，経営戦略論の生成当初から主要な課題であった。経営資源の蓄積・配分については，第6章において詳しく考察する。

② 組　織

企業と環境とのかかわりの中で，経営戦略を実行（implementation）する局面では，人や組織の問題が直接的にかかわってくる。すなわち，経営戦略と組織との関連性に関する理解が重要な課題になる。

組織は人間の集団（組織構成員）を引っ張り，動かしていくことを目的として編成される。したがって，組織構成員の心情や利害，人間的な強さや弱さをよく考えたうえで，組織構成員を効果的に動かせるように，経営戦略を練り上げる必要がある。つまり，経営戦略には人間臭い側面の思考も不可欠の要素であるといえよう。

経営戦略に適合した組織構造，管理システム，組織文化など，組織を動かすための戦略的な配慮に欠けると，1970年代の分析的かつ論理的で，見た目には立派な経営戦略が，実行段階において，実際にはほとんど役にたたなかったように，経営戦略の有効性が根底から問われることになる。

4 将来志向的な構想

❶ 基本構想（基本コンセプト）

　本書では，「経営戦略とは，企業と環境とのかかわり方を将来志向的に示す構想であり，組織構成員の意思決定の指針となるもの」と定義して議論を進めている。そこで次は，「将来志向的な構想」ということについて概観する。将来志向的な構想という場合，①どの程度の将来の構想か，②構想の抽象度のレベルはどの程度か，について検討しておく必要がある。

　まず，どの程度の将来の構想か，についてみてみよう。従来，経営計画，経営戦略，管理会計などの分野において，5年以上を長期，3年程度を中期，1年以内を短期とする見方が暗黙裡に合意されていたといえよう。ところが，環境変化の激化に伴い，5年以上も将来の事象は予測が困難であり，また予測することよりも実際の対応が重要である，などの理由によって，近年，経営戦略の対象期間は短くなりつつある。

　業種によって，企業によって，経営戦略の対象期間は異なり，どの程度の将来を見越すべきかの一般的な結論は得られていない。経営戦略は，先述した経営戦略の定義の項でみたように，「部分的無知」のもとでの意思決定であるので，あまり詳細な決定は企業行動の柔軟性を失わせることにもなりかねない。逆に，あまりに抽象的な経営戦略は，柔軟性には富むものの，5節で述べる組織構成員の「意思決定の指針」にはなりえない。このように，どの程度の将来の構想か，という問題は一概には規定できないが，本書では諸事情を考慮しつつ，経営戦略の対象期間として，3〜5年を一応の目途として考察することにする。

　次に，構想の抽象度のレベルについてみてみよう。構想（コンセプト）には，図表1−5に示されるように，多くの類似概念があり，さまざまな抽象度のレベルがある。

将来志向的な構想の内，最も抽象度の高いレベルは，「将来こういう企業になりたい」という夢やロマンである。現実に，このような夢やロマンを経営戦略と称している企業が多くはないものの存在する。逆に，売上・利益などの詳細な数値，さらにはアクションプランを入れた計画を経営戦略と称している企業も存在する。

　観点は異なるが，経営戦略を将来志向的な構想と定義する立場の他に，石井他［1996］が指摘するように，「戦略を企業の実際の行動あるいはそのパターンとしてとらえる立場もある。このような使い方をするケースも意外に多い。企業行動に一定のパターンが生み出されるのは，行動の前に構想としての戦略があるからである。しかし，行動としての戦略と構想としての戦略は同じものではない。構想としての戦略がその通り完璧に実行されると両者は一致するが，そのようなケースはほとんどない」[17]。

　本書では，図表1－5に示される将来志向的な構想の抽象度のレベルの内，将来の基本構想（基本コンセプト）のレベルを経営戦略の中核的な領域と理解して議論を進めることにする。

　基本構想（基本コンセプト）についてさらに理解を深めるために，身近な情報システムのライフサイクルと対比してみよう。情報システムのライフサイクルは，一般的には，図表1－6に示されるように，①現状・要求分析，②企画・概要設計，③詳細設計，④プログラミング，⑤テスト，⑥運用，⑦

図表1-5　将来志向的な構想の抽象度のレベル

・将来の夢・ロマン

・将来のビジョン

・将来の目標

・将来の基本構想（基本コンセプト）

・将来の計画

（出所）石井淳蔵他［1996］8頁を筆者が一部修正。

改定，⑧廃棄，の8つのフェーズによって構成される[18]。
① 現状・要求分析：情報システムに何を求めるかを具体的に決定するために，現状分析を踏まえつつ，利用者や担当部門ごとに異なる多種多様な要求事項を整理し，重要度・緊急度・費用対効果などの評価基準を用いて，優先順位をつけるフェーズ。
② 企画・概要設計：要求を満たす情報システムを企画し，情報システムの機能をはじめとする基本的な仕様をまとめるフェーズ。概要設計は，基本設計や概念設計とも呼ばれることもある。
③ 詳細設計：プログラムを作成するための仕様をまとめるフェーズ。
④ プログラミング：実際にプログラムを作成するフェーズ。
⑤ テスト：プログラムの妥当性・正確性などを確認するフェーズ。
⑥ 運用：情報システムを実際に運用するフェーズ。
⑦ 改定：導入した情報システムに機能の追加など改定を行うフェーズ。大きな改定の場合，現状・要求分析フェーズにまで戻るなど，改定の大小によって，フィードバック・ループが異なる。
⑧ 廃棄：情報システムが不要になった場合のフェーズ。

経営戦略は，将来志向的な構想＝基本構想（基本コンセプト）であるとすると，情報システムのライフサイクルでいえば，図表1－6における①現状・要求分析，②企画・概要設計，の2つのフェーズに該当する。すなわち，

図表1-6 情報システムのライフサイクル

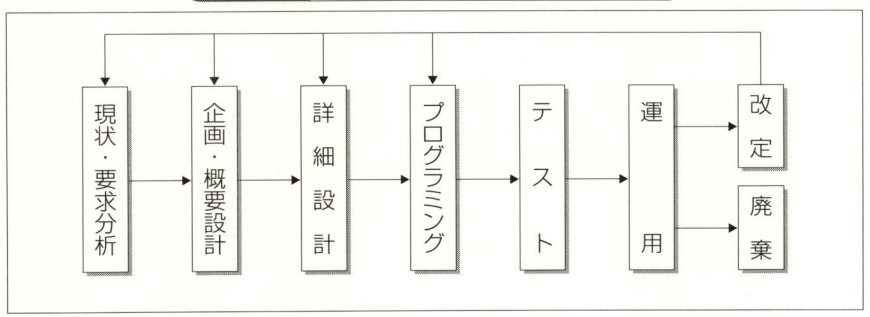

（出所）大阪市立大学商学部編［2003］156頁。

経営戦略は，企業システムの概要設計・基本設計であるといえよう。

❷ 将来のあるべき姿

　本来，経営戦略は自社のあるべき姿を目指して策定する。将来のあるべき姿を示すことによって，一定の方向に向けて，組織構成員に対して有効な協働を促すことができるからである。

　しかしながら，通常どの企業においても，図表1－7に示されるように，あるべき姿（A）と現状（B）との間には，ギャップ（G）が存在する。このギャップ（G）は問題点であるが，観点を変えれば，宝の山であり，伸びる余地でもある。ちなみに，ギャップ（G）のない状態は，「生き物」である企業にとって「死」を意味する。

　あるべき姿（A）－現状（B）＝ギャップ（G）の算式から，ギャップ（G）を解消するには，下記の4つの方法がある。
① 　Aなし：あるべき姿（A）を描かない。現状肯定。
② 　Bなし：現状（B）をシビアに認識しない。夢・ロマンに逃げる。
③ 　Aあり，Bあり，A⇒B：あるべき姿（A）を描き，現状（B）をシビアに認識するが，ギャップ（G）の大きさに怯えて，あるべき姿（A）を現状（B）に引き下げる。

図表1-7　あるべき姿と現状とのギャップ

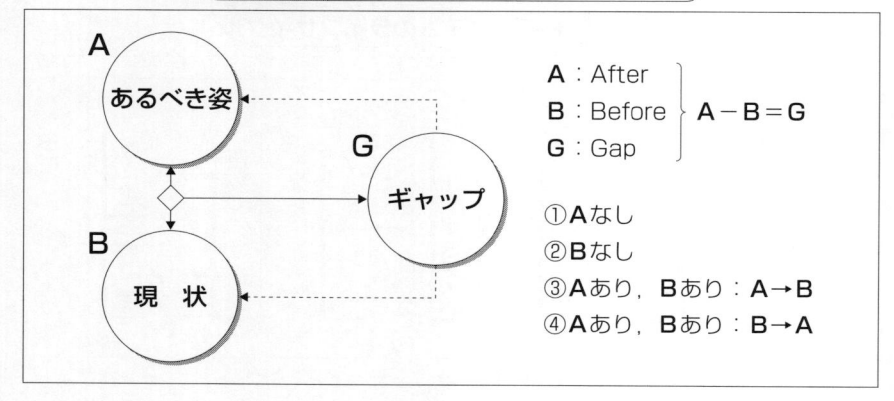

A：After
B：Before
G：Gap
$A-B=G$

①Aなし
②Bなし
③Aあり，Bあり：A→B
④Aあり，Bあり：B→A

④　Aあり，Bあり，B⇒A：あるべき姿（A）を描き，現状（B）をシビアに認識することによって，ギャップ（G）を浮き彫りにし，努力して現状（B）をあるべき姿（A）に引き上げる。この④の方法によるギャップ（G）の解消のことを，「問題解決」あるいは「ソリューション」という。

　上述したように，真の「問題解決」あるいは「ソリューション」を行うには，あるべき姿（A）－現状（B）＝ギャップ（G）の算式から明らかなように，あるべき姿（A）を描くことが欠かせない。換言すれば，真の問題解決を実現するには，あるべき姿を描くことによって可能になる「問題発見」が必要不可欠である。

❸ 自己革新のシナリオ

　上で，経営戦略におけるギャップの重要性について理解を深めた。このギャップの解消は，現在の延長線上では達成できない場合が多い。ギャップを解消するには，何らかの自己革新のシナリオが必要となる。

　自己革新とは，文字通り自分を革新することである。環境に適応するにしろ，環境を創造するにしろ，環境に対応するには，自己革新が欠かせない。環境は自分にあわせてはくれないからである。

　岸川善光編［2004b］は，イノベーションの本質を"知識創造による新価値の創出"と認識し[19]，経営戦略におけるイノベーションの意義を強く主張している。すなわち，知識創造による新価値の創造には，シュンペーター（Schumpeter,J.A.）［1926］がイノベーションの事例として例示したように[20]，①新しい財貨，②新しい生産方法，③新しい販路の開拓，④原料あるいは半製品の新しい供給源の獲得，⑤新しい組織の実現，の5つの事例はもちろんのこととして，さらに，⑥新しいビジネス・モデルの創出，⑦新しい企業統治制度の構築，⑧新しいビジネス空間の創出など，さまざまなギャップ（問題点，宝の山，伸びる余地）を自主的・自律的に発見し，自己革新のシナリオを経営戦略に組み込むことが不可欠である。

5 意思決定の指針

❶ 意思決定のプロセス

　本書では何度か確認したように，「経営戦略とは，企業と環境とのかかわり方を将来志向的に示す構想であり，組織構成員の意思決定の指針となるもの」と定義して議論を進めている。

　従来，経営者の職能を意思決定とみる見方は多い。例えば，ノーベル経済学賞受賞者サイモン（Simon,H.A.）は，意思決定（decision making）をマネジメントの中核概念として位置づけた。ここで意思決定とは，行動に先立って，いくつかある代替案（alternatives）の中から1つを選択する一連のプロセスのことである。

　サイモン［1977］によれば，意思決定のプロセスは，図表1－8に示されるように，①情報活動，②設計活動，③選択活動，④検討活動，の4つの活動によって構成される[21]。

図表1-8　意思決定のプロセス

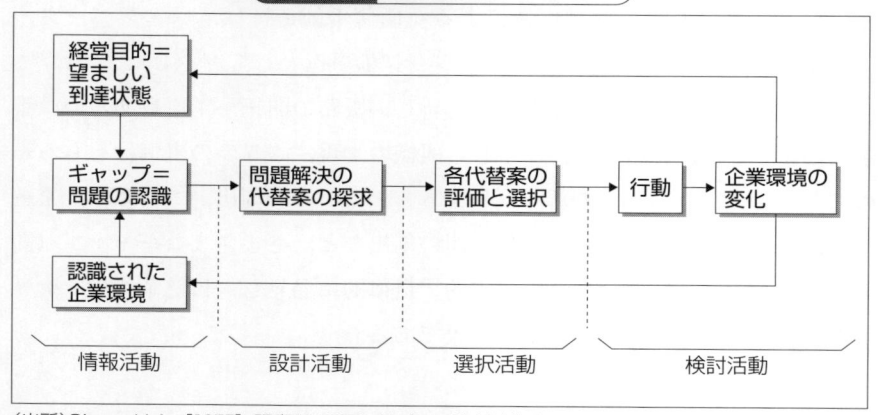

```
経営目的＝
望ましい ──────────────────────────────────┐
到達状態                                          │
   ↓                                              │
ギャップ＝    問題解決の    各代替案の             企業環境の
問題の認識 → 代替案の探求 → 評価と選択 → 行動 → 変化
   ↑                                              │
認識された ←──────────────────────────────────┘
企業環境
─────────  ──────────  ──────────  ──────────
 情報活動     設計活動     選択活動     検討活動
```

（出所）Simon,H.A.［1977］訳書55-56頁に基づいて筆者が作成。

サイモンに従って，意思決定プロセスを構成する4つの活動について，その内容をみてみよう。
① 情報活動：意思決定の対象となる問題を明確にする活動である。いわば問題を発見する活動といえよう。問題を発見しようとする場合，現状を肯定すると問題が見えなくなる。問題とは「望ましい状態と現実の環境認識のギャップ」のことであるので，問題を発見するには，一方で望ましい状態を想定し，他方で現実の環境を認識するという情報活動が欠かせない。
② 設計活動：問題を解決するために，実行可能と考えられる複数の代替的な問題解決策を探索する活動である。代替的な問題解決策には，通常，2つの種類の問題解決策が含まれる。1つは日常反復的（ルーチン）な問題に対する解決策で，もう1つは新規の問題に対する解決策である。前者に対する問題解決策は，あらかじめ複数の代替案が準備されていることが多いが，後者に対する問題解決策の策定には，より創造的で革新的な取り組みを必要とする。
③ 選択活動：実行可能と思われる複数の代替的な問題解決策の中から，最適と思われる案を選択する活動である。選択活動で最も重要なことは，複数の代替的な問題解決策を実行に移した場合のそれぞれの効果を客観的に予測することである。効果を客観的に予測するには，経済性，技術性などを測定・評価するための評価基準をあらかじめ設定しておかなければならない。この評価基準の選択次第で，選択活動の良否が規定されることが多いので，評価基準の選択には十分に留意すべきである。
④ 検討活動：最適な問題解決策を実行に移した結果について，さまざまな観点から批判的に検討する活動である。もしも望ましい成果が得られないと判断されたならば，ただちに第一段階の情報活動に戻り，再び意思決定のプロセスが繰り返される。
　以上で，サイモンの意思決定プロセスに準拠しつつ，意思決定プロセスを構成する4つの活動，すなわち意思決定の基本形について概観した。しかしながら，現実の企業における意思決定プロセスはもっと複雑で，多くの要素が錯綜していることが多く，上でみたような直線的で連続的な意思決定プロ

セスを踏むことは，極めてまれな現象であることを付け加えておきたい。

❷ 意思決定の種類

　企業では，経営活動において実に多種多様な意思決定が行われている。一口に意思決定といっても，組織の階層によって，部門によって，取り扱う製品によって，対象とする市場によって，その内容は大きく異なっているのが現状である。したがって，意思決定の種類を分類する観点も多種多様である。

　ところで，アンゾフ［1965］は，上で述べた多種多様な企業の意思決定を，経営資源の変換プロセスに対する意思決定の関与の違いによって，①戦略的意思決定，②管理的意思決定，③業務的意思決定，の3つに分類している[22]。まず，それぞれの内容についてみてみよう。

① 戦略的意思決定：主として企業と企業外部（環境）との関係にかかわる意思決定で，その中心は製品・市場の選択に関するものである。それに付随して，目標，多角化戦略，成長戦略などが決定される。
② 管理的意思決定：経営諸資源の組織化に関する意思決定で，その中心は組織機構，業務プロセス，資源調達などに関するものである。
③ 業務的意思決定：経営諸資源の変換プロセスの効率化に関する意思決定で，その中心はマーケティング，財務などの各機能別の業務活動目標や予算などである。

　アンゾフは，3つに分類された意思決定の種類の中で，戦略的意思決定を重視した。実際の企業行動における革新的側面と戦略的意思決定の関連性に着目したからである。戦略的意思決定の中でも，特に製品・市場戦略を重視した。そこで開発された成長ベクトルという概念は今も広く普及している。製品・市場戦略の内容および成長ベクトルについては，第5章の製品・市場戦略において考察する。

　図表1－9は，アンゾフ［1965］が3つに分類した意思決定のそれぞれについて，①問題，②問題の性質，③主たる決定事項，④主たる特徴，の4つの観点からさらに詳しく検討したものである[23]。

　ところで，3つに分類された意思決定は，それぞれ固有の問題領域および

図表1-9　意思決定の種類

	戦略的意思決定	管理的意思決定	業務的意思決定
問題	企業の投資利益率を最適化するような製品・市場ミックスの選択	最適の業績をあげるために企業諸資源を組織化すること	潜在的投資利益率の最適な実現
問題の性質	製品・市場の機会に諸資源を配分すること	諸資源の組織，調達および開発	主要職能領域への予算を通じた資源の配分 資源の利用と変換の日程計画化，監視とコントロール
主たる決定事項	各種の目的および目標 多角化戦略 拡大化戦略 管理戦略 財務戦略 成長方法 成長のタイミング	組織機構：情報，権限，責任の関係の構造化 資源変換の構造化：仕事の流れ，流通システム，諸施設の立地 資源の調達と開発：資金，施設および設備，人材，原材料	業務上の諸目的および目標 価格設定および生産量 業務活動の諸水準：生産の日程計画，在庫水準など マーケティングの方針と戦略 研究開発の方針と戦略コントロール
主たる特徴	集権的意思決定 部分的無知 非反覆的意思決定 自己再生的ではない意思決定	戦略と業務活動との矛盾対立，個人目的と組織目的との矛盾対立 経済的変数と社会的諸変数との強い結合 戦略的あるいは業務的諸問題に端を発する意思決定	分権的意思決定 リスクおよび不確実性 反覆的意思決定 意思決定の多量性 複雑性に起因する最適化の犠牲 自己再生的意思決定

(出所) Ansoff, H.I. [1988] 訳書10頁。

特徴があるものの，それぞれに相互依存関係，相互補完関係がある。例えば，戦略的意思決定は，上でみたように主として企業と企業外部（環境）との関係にかかわる意思決定で，その中心は製品・市場の選択に関するものである。戦略的意思決定が効果的なものであるためには，例えば，製品・市場戦略を実行するための組織機構，業務プロセス，資源調達など管理的意思決定の裏

付けを必要とする。さらに，経営諸資源の変換プロセスの効率化に関する意思決定を中心とする業務的意思決定の裏付けも欠かせない。

❸ 意思決定の技法

意思決定は，取り扱う問題の構造によって，①定型的意思決定（programmed decision），②非定型的意思決定（non-programmed decision），の2つに分けられる。

定型的意思決定は，常時反復して発生するような問題を対象とする意思決定であるので，問題の構造はすでに明確になっており，問題解決のルールと問題解決策があらかじめ準備されていることが多い。

これに対して，非定型的意思決定は，新たにその都度発生する問題を対象とする意思決定のことである。したがって，意思決定の対象である問題自体が新しく，問題の構造や意思決定のルールはまだ定まっていない。例えば，新産業分野への進出，新事業の創出，戦略的業務提携の締結，非採算分野からの撤退などを対象とする意思決定が非定型的意思決定の例である。非定型的意思決定を行う場合，情報が少なく，参考にすべき事例にも限度があり，しかも1回限りということが多い。

このように，定型的意思決定と非定型的意思決定は性格が大きく異なるので，定型的意思決定と非定型的意思決定を行う際には，それぞれ異なった意思決定の技法が用いられる。

サイモン［1977］は，上でみた2つの意思決定の性質の違いを踏まえ，さらに意思決定の新旧によって，図表1－10に示されるように，意思決定の技法を4つの象限に分類している[24]。

サイモンがあげた意思決定技法のすべてについて考察する余裕はないので，4つの象限から意思決定技法を1つずつ選択して考察することにする。

まず，定型的意思決定の伝統的技法からみてみよう。伝統的意思決定技法として，サイモンは第一に慣習をあげている。慣習を技法というかどうかについては異論があるものの，ここで慣習とはある特定の状況に遭遇した場合，ほとんど反射的にとる行動のことで，俗に「前例に倣う」というやり方であ

図表1-10　意思決定の技法

	伝統的意思決定技法	現代的意思決定技法
定型的意思決定	① 慣習 ② 事務手続： 　標準処理手続 ③ 組織構造： 　共通の期待 　下位目標のシステム 　明確な情報経路	① オペレーションズ・リサーチ 　数学的解析 　モデル 　コンピュータ・シミュレーション ② コンピュータ・データ処理
非定型的意思決定	① 判断，直観，創造性 ② 経験法則 ③ 経営者の選択と訓練	下記に応用されるヒューリスティック問題解決法 ⓐ 意思決定者の訓練 ⓑ ヒューリスティック問題解決のコンピュータ・プログラム化

(出所) Simon,H.A.[1977] 訳書66頁。

る。

　次に，定型的意思決定の現代的意思決定技法の中から，オペレーションズ・リサーチ（OR）についてみてみよう。ORはもともと，軍事シミュレーションから発達した技法である。ORの特徴として，問題を諸変数間の関数として定式化して，目的関数を最大化／最小化するような解を求める技法である。ORには新旧があり，旧式のORは経営問題に対して今やほとんど有効性を有していない。

　他方，非定型的意思決定の意思決定技法について考察する。まず，伝統的意思決定技法として，経営者の判断，直観，創造性についてみてみよう。従来，経営学関連の研究者の一部に，この経営者の判断，直観，創造性を俗人的として一段低く見る見方があった。しかし，この例のように，自らの学問体系になじまない現象を一段低く見る見方は正しい見方とはいえない。むしろ，問題は優れた経営者の判断，直観，創造性について，体系化ができていない研究者サイドにあるといえよう。判断，直観，創造性に関する研究の進展が望まれる。

　次に，非定型的意思決定の現代的意思決定技法の中から，ヒューリスティック問題解決技法についてみてみよう。ヒューリスティックとは，人間が行

う問題解決プロセスにおいて，コンピュータを用いてプログラム化しようとする考え方で，試行錯誤を繰り返しつつ，途中で出た結果を評価しながら，自己発見的に問題解決を図るやり方のことである。まだ十分に実用化されているとは言い難い。

---

1) リスクの定義については，武井勲［1987］，石名坂邦明［1994］，武井勲［1998］で考察されている定義を参考にした。
2) Chandler,A.D.Jr.［1962］訳書13頁。
3) Ansoff,H.I.［1965］訳書20頁。
4) 同上書　訳書7頁。
5) Hofer,C.W.=Shendel,D.E.［1978］訳書30頁。
6) 石井淳蔵他［1996］7頁。
7) 大滝精一他［1997］13頁。
8) 同上書12-13頁。
9) 野中郁次郎［2002］45頁。
10) Cannon,J.T.［1968］pp.16-17.
11) Porter,M.E.［1998a］訳書76頁。
12) 野中郁次郎［2002］46頁。
13) 伊丹敬之［2003］375-384頁。
14) Drucker,P.F.［1954］訳書43-85頁。
15) 伊丹敬之［2003］36頁。
16) 榊原清則［1992］6頁。
17) 石井淳蔵他［1996］8頁。
18) 大阪市立大学商学部編［2003］156頁。
19) 岸川善光編［2004b］6頁。
20) Schmpeter,J.A.［1926］訳書182-183頁。
21) Simon,H.A.［1977］訳書55-56頁。
22) Ansoff,H.I.［1965］訳書6頁，または［1988］訳書4-8頁。
23) 同上書［1965］訳書12頁，または［1988］訳書12頁。
24) Simon,H.A.［1977］訳書66頁。

第2章 経営戦略論の生成と発展

　本章では，経営戦略論の生成・発展過程を下記の5つに大別し，経営戦略論がどのように生まれて，その概念が時代の流れとともにどのように変化してきたかについて考察する。

　1．経営戦略論の生成………1960年代
　2．分析型経営戦略論………1970年代
　3．プロセス型経営戦略論…1980年代
　4．情報創造型経営戦略論…1990年代
　5．社会調和型経営戦略論…2000年代

　まず，経営戦略論の生成として，チャンドラー，アンゾフ，スタイナーの3人の学説を概括する。そして，この生成期における経営戦略論の特性は，まだ実証的な検証を受けていない概念化の段階に留まっていることを理解する。

　次に，分析型経営戦略論について，経験曲線，PPM，PIMSの3点に焦点を絞って考察する。分析型経営戦略論の主な特性としては，合理性，操作性の2つがあげられる。

　次いで，プロセス型経営戦略論について，エクセレント・カンパニー，経営戦略と組織との相互浸透モデル，戦略的経営の3点を取り上げ，創発性，組織学習がプロセス型経営戦略論の主な特性であることを確認する。

　さらに，情報創造型経営戦略論について，情報パラダイム，組織的情報創造プロセス，情報創造と自己組織化の3つに着眼し，情報創造，自己組織化がその特性であることを理解する。

　最後に，社会調和型経営戦略論について，企業の社会的責任，マクロとミクロの両立，経営戦略対象領域の拡大の3点について考察する。企業と社会とのかかわり方において，戦略的社会性の追求は，従来の市場性，営利性の追求と本質的に矛盾しないことを理解する。

1 経営戦略論の生成

　ルメルト（Rumelt,R.P.）［1974］によれば，1960年代の米国企業は，既存事業の成長率の低下という環境変化に直面し，事業分野の多角化を急速に推進した時代である。他方，OR，システムズ・アプローチをベースとした長期経営計画の勃興期でもあった。このような時代背景を踏まえて，チャンドラー，アンゾフ，スタイナーなどによって，経営戦略の概念化が図られた。経営戦略論のみならず，どの学問分野においても，その生成期には，概念化および概念間の関係づけが不可欠である。

❶ チャンドラー

　第1章で述べたように，経営学の分野において，戦略という概念を最初に用いたのは，チャンドラー［1962］であるといわれている。

　チャンドラーは，1918年に生まれ，1963年にジョンズ・ホプキンス大学の教授，さらに1971年には母校ハーバード大学の大学院教授に就任した。名門デュポン一族の1人であり，アメリカ経営史学会の権威として有名である。

　チャンドラーの主著は，『経営戦略と組織』（*Strategy and Structure*,1962）である。他にも『経営者の時代』（*The Visible Hand*,1977）など多くの著作がある。チャンドラーは，環境の変化に対して創造的に対応した企業の経営戦略と組織構造との関係を，比較分析を通じて実証的に研究した。

　チャンドラー［1962］は，第1章の経営戦略の定義の項ですでにみたように，経営戦略を「企業の基本的な長期目標や目的を決定し，これらの諸目標を遂行するために必要な行動のコースを採択し，諸資源を割り当てること」[1]と定義している。チャンドラーの関心は，企業成長の方法としての多角化と，多角化した事業を推進するための事業部制組織であり，特に製品ラインの多角化を経営戦略の中心的な課題とした。

　『経営戦略と組織』は，大企業4社（デュポン，GM，スタンダード・オ

イル，シアーズ・ローバック）の事例を中心として，職能部門別組織から近代的「分権」制組織としての事業部制組織への移行過程をまとめたものである。そこでは，デュポン社の製品多角化による事業部制組織の成立，GM社の市場細分化による複数事業部制組織の導入と総合本社の創設，スタンダード・オイル社の地域別事業部制の導入，シアーズ・ローバック社の地域別事業部制の失敗について，克明な比較分析による実証研究がなされている。

チャンドラーは，4社の比較分析から「組織構造は戦略に従う（structure follows strategy）」という有名な命題を提唱した。この命題は，具体的には，企業は環境変化に対応するために新しい成長戦略（量的拡大，地理的拡大，垂直的統合，多角化など）を採用する際，「成長戦略の違いによって必要とされる組織構造は異なる」という比較分析結果がその裏づけとなっている。

❷ アンゾフ

アンゾフは，1918年にロシアのウラジオストックに生まれ，1948年にブラウン大学で応用数学の論文で博士号を取得した後，ランド・コーポレーション，ロッキード・エレクトロニクス社副社長などを経て，1963年にカーネギー・メロン大学の教授に就任した。その後，バンダービルド大学経営大学院教授として独自の経営計画論を展開するかたわら，シェル石油，GE，IBMなど多くの企業で経営コンサルティグにも従事した。

アンゾフの主著は，『企業戦略論』（*Corporate Strategy*,1965）と『最新・戦略経営』（*The New Corporate Strategy*,1988）の2冊である。

アンゾフ［1965］は，企業の経営活動における多種多様な意思決定を，第1章で考察したように，経営資源の変換プロセスに対する意思決定の関与の違いによって，①戦略的意思決定，②管理的意思決定，③業務的意思決定，の3つに分類した[2]。

そして，アンゾフ［1965］は3つに分類された意思決定の種類の中で，戦略的意思決定を特に重視し，その中でも，製品・市場戦略を戦略的意思決定における中核的な位置づけとした。なぜならば，戦略的意思決定は，「企業

と環境との関係を確立する決定」[3]であり，どのような事業あるいは製品・市場分野を選択すべきかの意思決定が「企業と環境との関係を確立する決定」の中核になるからである。アンゾフもチャンドラーと同様に，多角化の諸問題を経営戦略の中心的な課題とした。

アンゾフのいう戦略的意思決定は，非反復的で，高度の不確実性に富んでおり，「部分的無知」の状況で行われる意思決定のことである。アンゾフの経営戦略の中心的課題は，①製品・市場戦略，②成長ベクトル，③競争優位性，④シナジー，の4つである。それぞれの内容については後述する。

❸ スタイナー

スタイナー（Steiner,G.A.）は，カリフォルニア大学ロサンゼルス校（UCLA）経営大学院の教授などを歴任し，経営戦略論の芽生えとなった経営計画論のパイオニアの1人として活躍した。

主著は，*Top Management Planning*〔1969〕と*Strategic Planning*〔1979〕の2冊である。トップ・マネジメント階層の意思決定や長期経営計画の重要性を強調し，包括的な経営計画論の体系を構築した。

スタイナー〔1969〕は，図表2－1に示されるように，経営計画の構造および経営計画策定のプロセスを提示した[4]。

スタイナーの経営計画の構造は，①計画前提，②計画策定，③実施と見直し，という3つのプロセスによって構成されている。ここで計画前提とは，①目標，②トップ・マネジメントの価値観，③基本データベースのことであり，計画策定のいわば土台のことである。

計画策定のプロセスは，①戦略的計画，②中期プログラミング，③短期計画，の3つに分類された。これは経営期間の長短によって計画を構造化したものである。この3つの分類は，各企業において広く受け入れられた。

計画策定の後は，計画実施のための組織化，さらに計画の実施結果が測定・評価され，次期の計画策定にフィードバックされる。

スタイナーの経営計画の構造およびプロセスは，経営科学（ORなど）における問題解決のプロセスの影響を色濃く受けており，問題解決のための意

第2章 経営戦略論の生成と発展

図表2-1　経営計画の構造とプロセス

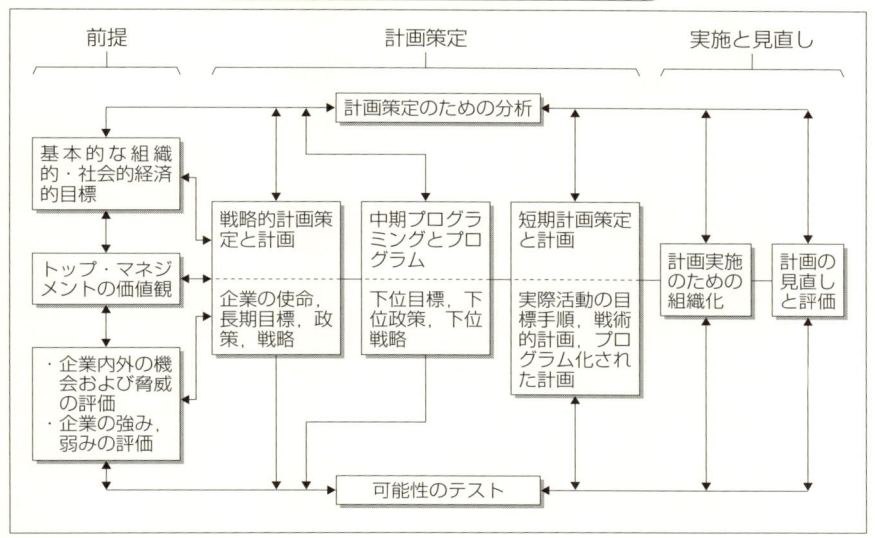

[図：経営計画の構造とプロセスを示すフロー図。「前提」「計画策定」「実施と見直し」の三区分で構成。前提には「基本的な組織的・社会的経済的目標」「トップ・マネジメントの価値観」「・企業内外の機会および脅威の評価　・企業の強み，弱みの評価」。計画策定には「計画策定のための分析」「戦略的計画策定と計画（企業の使命，長期目標，政策，戦略）」「中期プログラミングとプログラム（下位目標，下位政策，下位戦略）」「短期計画策定と計画（実際活動の目標手順，戦術的計画，プログラム化された計画）」「可能性のテスト」。実施と見直しには「計画実施のための組織化」「計画の見直しと評価」。]

(出所)Steiner,G.A.[1969] p.33.

思決定のプロセスを計画策定プロセスとみなしていることに特徴がある。

❹ 生成期における経営戦略論の特性

　上述したように，1960年代の経営戦略論の生成期において，経営戦略の中心的な課題は多角化の問題であった。したがって，生成期における経営戦略は，当時勃興した長期経営計画と統合されつつも，多角化戦略のための経営計画という色彩を帯びたものであった。これらの生成期における経営戦略論は，理論的にはまだ何ら科学的・実証的な検証を受けたものではなく，概念化の段階に留まった。

2　分析型経営戦略論

　1970年代に入り，多角化戦略によって多様化した事業分野に対して，どのようなマネジメントを行うかという問題が発生した。具体的には，多様化し

た事業分野に対して，経営資源を有効に配分するための指針が求められ，それに対応するために，分析型経営戦略論と呼ばれる戦略論が進展した。以下，経験曲線，PPM，PIMSの３つを取り上げて，分析型経営戦略論の特徴や限界などについて考察する。

❶ 経験曲線

経験曲線（experience curve）とは，世界的に有名なコンサルティング会社の１つであるボストン・コンサルティング・グループなどによって概念化されたもので，「製品の累積生産量が２倍になると，単位あたりコストが20～30％低減する」という生産量とコストに関する経験則のことである。ここで経験とは累積生産量のことである。なお，累積生産量が倍増することによって得られるコスト低減効果のことを「経験曲線効果」という。

この経験曲線効果は，1930年代の米国において，航空機の生産コストを調査する過程で発見された。その後，多くの産業において経験曲線効果の調査が実施されたが，結果はさまざまで，累積生産量が倍増するごとに40％ものコスト低減が得られた産業もあれば，10％程度しかコストが低減しない産業もあった。

アーカー（Aaker,D.A.）［2001］は，図表２−２に示されるように，アバ

図表2-2　T型フォードの経験曲線（1909～23年平均コスト価格，1958年価格）

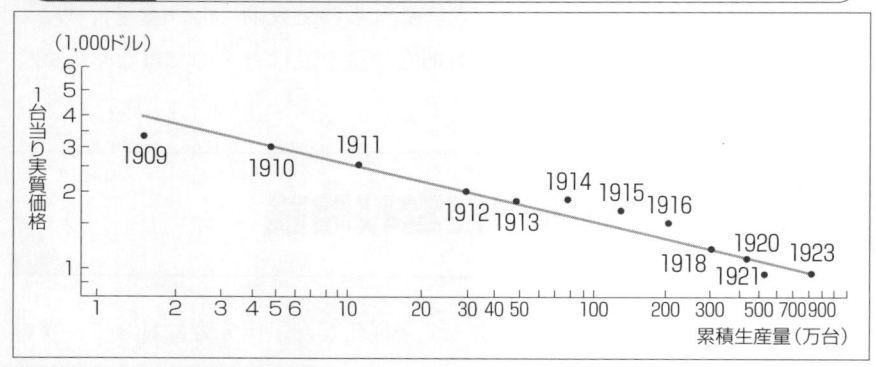

(出所) Aaker,D.A.[2001] 訳書243頁。

ーナシー＝ウェイン（Abernathy,W.J.＝Wayne,K.）［1974］に準拠しつつ，T型フォードの経験曲線（1909～1923年）を示している[5]。T型フォードの経験曲線の傾きは85％であり，これは経験（累積生産量）が倍増するごとに，1台あたりの実質コストが15％削減されることを意味する。

　このような経験曲線効果は，何によってもたらされるのであろうか。内外の経営コンサルティング会社やシンクタンクなどの実態調査によれば，経験曲線効果は，次のような原因によってもたらされる。

① 習熟効果：作業者が経験を積むことによってコストが低減する。例えば，作業時間の短縮，原材料歩留まりの向上などがあげられる。
② 製造方法の改善：新たな製造方法の開発および改善によってコストが低減する。例えば，JIT（ジャスト・イン・タイム）方式の採用による在庫コストの低減などがあげられる。
③ 資源ミックスの改善：投入資源を変更することによってコストが低減する。例えば，原材料費の低減，人件費の低減などがあげられる。
④ 標準化：標準化によってコストが低減する。例えば，部品，工程，機器などの標準化によって，原材料費，人件費，設備コストが低減する。

　経験曲線効果を考察する場合，累積生産量はシェア（市場占有率）によって裏付けられるので，シェア（市場占有率）の増大が極めて重要な課題とされる。

❷ プロダクト・ポートフォリオ・マネジメント（PPM）

　プロダクト・ポートフォリオ・マネジメント（PPM：Product Portfolio Management）とは，多角化した製品・市場（事業分野）に対して，経営資源の配分を適正化する手法のことであり，一般にはPPMと略称される。具体的には，企業全体を事業や製品のポートフォリオ（資産一覧表）としてとらえ，各事業，各製品に投下される資源の必要度，優先度などを，ポートフォリオ・マトリクスを用いて総合的に分析し，資金の選択と集中を図る。

　PPMの主な目的は，経営資源の配分（特に，事業間の経営資源配分）を適正化することにある。上述した経験曲線効果と第6章で考察するプロダク

ト・ライフ・サイクル理論を前提としている。

　PPMの手法には，開発した経営コンサルティング会社によって，いくつかの種類がある。ここでは，ボストン・コンサルティング・グループが開発したPPMについて概観する[6]。ボストン・コンサルティング・グループのPPMは，図表2－3に示されるように，横軸に相対的マーケット・シェア（市場占有率）をとり，自社の強みを測定する代用特性とした。この横軸は，資金創出量（現金流入量）を意味する。すなわち，自社の強みが高ければ，資金の創出が可能で，現金流入量が増大するからである。

　縦軸には市場成長率をとり，事業の魅力度を測定する代用特性とした。この縦軸は，資金需要量（現金流出量）を意味する。すなわち，市場の成長率が高ければ，シェア（市場占有率）を確保するための資金需要が高くなり，現金流出量が増大するからである。

　このように，ボストン・コンサルティング・グループでは，横軸にマーケット・シェア（市場占有率），縦軸に市場成長率をとり，それらを組み合わせて，花形製品，金のなる木，問題児，負け犬，という4つの象限に区分した。4つの象限は，それぞれ次のような事業特性をもつ。

① 花形製品：市場成長率が高く，かつ自社のシェアが高い象限のことである。この象限では，自社のシェアが高いので，現金流入量は多いものの，

図表2-3　PPM（ボストン・コンサルティング・グループ）

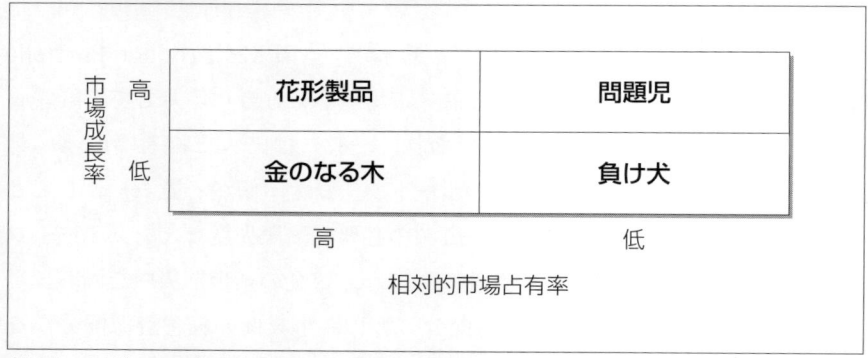

市場成長率		相対的市場占有率	
		高	低
	高	花形製品	問題児
	低	金のなる木	負け犬

（出所）アベグレン＝ボストン・コンサルティング・グループ編［1977］71頁。

成長率を維持し，シェアを維持するために資金流出量も多い。プロダクト・ライフ・サイクルでは成長期にあたることが多い。投資に関する意思決定が極めて重要になる。
② 金のなる木：市場成長率は低いものの，自社のシェアが高い象限のことである。この象限では市場成長率が低いので，新たな投資を抑制することができる。したがって，現金流出量よりも現金流入量が大きくなり，他の事業のキャッシュ・フローの源泉として位置づけられる。プロダクト・ライフ・サイクルでは，成熟期および衰退期に該当する。
③ 問題児：市場成長率は高いものの，自社のシェアが低い象限のことである。ここでは投資を怠ると他の企業との競争に負けるので，多額の投資すなわち現金流出量を必要とする。プロダクト・ライフ・サイクルでは，導入期および成長期に該当することが多い。
④ 負け犬：市場成長率も自社のシェアもともに低い象限のことである。自社のシェアが低いので現金流入量は少ない。状況によっては早期の撤退が必要になる。プロダクト・ライフ・サイクルでは，衰退期に該当することが多い。

PPMの本質は，経営資源の蓄積・配分のツール，特に，キャッシュフロー・マネジメントに焦点をあてたツールである。PPMが大流行した分析型経営戦略の全盛期に，PPMを製品・市場戦略そのものとみる誤解が一時広まったが，PPMはキャッシュフロー・マネジメントのツールであることを正しく認識すべきである。

❸ PIMS（Profit Impact of Market Strategy）

PIMSは，プロジェクトの名称が示すように，市場戦略が利益に与える影響について，実証的に研究することを目的としたプロジェクトのことである[7]。具体的には，シェア（市場占有率）とROI（投資収益率）との相関関係に関する実証研究プロジェクトであり，当初，GE社の内部プロジェクトとして発足した。その後，ハーバード大学やマーケティング・サイエンス・インスティチュートにその研究母体を移し，多様な事業を対象として，多様

な戦略要因と業績との相関関係を見出すプロジェクトにまで拡大した。

　PIMSにおいて発見された法則性の内，最もドラスチックな発見は，上述したシェアとROI（投資収益率）との相関関係である。具体的には，「シェアが高いほどROI（投資収益率）が高い」という法則性が発見された。200社以上（約2000事業）のデータを分析した結果，シェアが40％以上の事業の平均ROIは，シェアが10％以下の事業の平均ROIの2.5倍になることが確認された。換言すれば，「シェアが10％高いと，ROIは平均して5％高くなる」のである。

　このことは，「データに基づいたビジネス・レベルでの市場法則の発見と解明」の可能性を示したという意味で，1970年代の経営戦略の研究に多大のインパクトを及ぼした。しかしながら，シェアがどのようにROIを規定するのか，その要因を特定できるレベルにまでには到達してはいない。特定はできなかったものの，シェアの向上は，新製品の開発，品質の向上，マーケティング費用の増加，によってもたらされると指摘されている。

❹ 分析型経営戦略論の特性

　上で概観したように，経験曲線，PPM，PIMSに代表される分析型経営戦略論には，共通の特徴として，①合理性の追求，②操作性の追求，の2点があげられる。特に，PIMSプロジェクト以降，戦略と業績との相関関係に関して，実証データに基づく追試，反証などが試みられ，その結果に関する理論的な解明が続けられた。1960年代の経営戦略論の生成期と比較すると，理論的な操作性は急激に向上した。

　ただし，分析型経営戦略論には多くの限界が指摘されている。奥村［1989］によれば，①経済合理性パラダイムに伴う創造性の軽視，②安定的な環境条件を前提とした環境分析の無力さ，③問題解決に偏重し，問題発見への取り組みの弱さ，④組織慣性力の無視，⑤モチベーションの欠如，などが分析型経営戦略論の限界として指摘されている[8]。

3 プロセス型経営戦略論

　1970年代の後半から1980年代にかけて，経営戦略に関する研究は大きな転換点を迎えた。上述したように，経営戦略についての研究が進展し，共通の知識や分析手法に基づく分析型経営戦略が各企業で策定されたが,その反面，「分析マヒ症候群（paralysis by analysis syndrome）」と揶揄されるようなさまざまな問題が発生した。このような状況を踏まえ，経営戦略は分析的な手法を駆使して策定されるものではなく，人々の意欲や創造性の産物ではないか，という見方が生まれた。すなわち，プロセス型経営戦略論とよばれる戦略論が台頭した。

❶ エクセレント・カンパニー

　プロセス型経営戦略論の契機は，ピーターズ＝ウォーターマン（Peters, T.J.＝Waterman,R.H.）[1982]の『エクセレント・カンパニー』の刊行である。この著書は，出版後ただちにベストセラーになり，米国だけでも450万部が発売された。学会，実務界の双方において，これまでに最も大きなインパクトを与えた経営書の１つであるといえよう。

　彼らは，1960年から1980年までの20年間の長期にわたり，高い業績と革新性を発揮し続けたIBM，デュポン，３M，プロクター・アンド・ギャンブル，マクドナルドなど，米国だけでなく世界の超一流企業43社について，共通的に見られる特性について分析した。その結果，次の８項目を共通の特性として指摘した[9]。

① 行動重視：43社のエクセレント・カンパニーでは，分析を大切にするものの，「分析マヒ症候群」になることはない。これらの企業の多くでは，行動指針として，「やってみよ！だめなら直せ！試してみよ！（do it! fix it! try it!）」と行動重視が共通の特性として観察された。

② 顧客との密着：エクセレント・カンパニーの原動力は，製品，戦略，技

術ではなく，顧客と密着し，顧客から学ぶことによって，顧客に価値を提供することにある。自らをサービス業と規定し，顧客に対するサービス，品質，信頼性に多くのエネルギーを注力している。すなわち，顧客第一主義が共通の特性として観察される。

③　自主性と企業家精神：エクセレント・カンパニーでは，新しいアイデアを持つ自主的な「闘志（チャンピオン）」をたくさん抱えており，実践的なリスクをおかすことを奨励し，惜しい失敗を支援する。また，同僚によるレビュー（peer review）を行うことによって，新しいアイデアが常に生まれるようにしている。

④　ヒトを通じた生産性向上：エクセレント・カンパニーでは，ごく末端にいる従業員を，品質・生産性向上の源泉として扱っている。資本家と労働者，管理者と労働者といった対立的な雰囲気をつくらず，人間を尊重し，信頼して仕事を任せる組織文化がある。また，金銭的なインセンティブだけではなく，非金銭的なインセンティブが多様に活用されている。

⑤　価値観に基づく実践：エクセレント・カンパニーでは，価値観の共有に多くのエネルギーを投入している。これらの企業の価値観の特徴は，2〜3の基本的な価値観が盛り込まれた信条をもち，価値観を通じた意思の疎通が行われている。

⑥　基軸から離れない多角化：M＆Aなど多角化の際の手段を問わず，基軸から離れない多角化を行っている企業がそうでない企業よりも業績が高い。特に，中核技術を中心とした多角化を展開している企業の業績が最も高く，最も業績が悪いのは，非関連分野に多角化を行っている企業であった。

⑦　簡素な組織と小さな本社：エクセレント・カンパニーでは，マトリクス組織のような複雑な組織形態をとらず，多くは製品別事業部制を採用しており，長期にわたって基本的な組織形態を変えていない。

⑧　厳しさと緩やかさの同時コントロール：一方で厳格なコントロールを行いながら，同時に，自律性，企業家精神，イノベーションを奨励している。厳しさと穏やかさという一見矛盾したことが可能なのは，価値観の共有に

あるとされている。

　これらの8項目は，1970年代の分析型経営戦略論の考えとは相反するものであったため，その後の経営戦略論に大きな衝撃を与えた。特に，価値観の共有が重要であるとの認識は，その後，組織文化論（企業文化論）の隆盛をもたらす要因となった。

　また，本書を契機として，1990年代に入ると超優良企業の本質に関する研究が活発になり，ハメル＝プラハラード（Hamel,P.＝Prahalad,C.K.）［1994］の『コア・コンピタンス経営』，コリンズ＝ポラス（Collins,J.＝Porras,J.）［1994］の『ビジョナリー・カンパニー』など，能力ベース経営（competence-based management）といわれる一連の研究へと継承された。しかし，ピーターズ＝ウォーターマンが選択した43社の内，約1/3の企業の業績がその後低下したことや，比較研究の方法論のまずさなど，『エクセレント・カンパニー』に対する批判も数多く存在する。

❷ 経営戦略と組織との相互浸透モデル

　経営戦略論の生成期，さらに，分析型経営戦略論の時代において，経営戦略と組織との関係は，二分法的に明確に区分されてきた。「組織は戦略に従う」という有名なチャンドラーの命題も，「戦略は組織によって規定される」というアンゾフの命題も，共に経営戦略と組織との二分法を採用している。観点はやや異なるものの，アンドリュース（Andrews,K.R.）［1971］も，戦略策定と実施という二分法を採っている。

　ここでいう経営戦略と環境との相互浸透モデルとは，経営戦略と組織との関係が上述した二分法ではなく，相互依存的・相互補完的な関係であり，経営戦略と組織との区分は極めて曖昧であるという立場にたった組織モデルのことである。例えば，先述したピーターズ＝ウォーターマンは，図表2－4に示されるように，7Sモデルを提示している[10]。

　ピーターズ＝ウォーターマンは，組織の概念をチャンドラーの組織構造よりも広く捉えており，組織の構成要素として，①戦略，②組織構造，③システム，④人材，⑤スキル，⑥行動様式，⑦共通の価値観，の7つの要素をあ

げている。

　図表2-4で明らかなように，経営戦略と組織だけでなく，7つの要素が相互に錯綜しながら浸透している。この7Sモデルは，「経営戦略と組織との関係は，二分法的ではなく，相互依存的・相互補完的な関係である」ことを提唱した先駆的な研究として位置づけることができる。

　マイルズ＝スノー（Miles,R.E.＝Snow,C.C.）［1978］も，経営戦略と組織の相互浸透モデルの論者としてあげることができる。マイルズ＝スノーは，企業の環境適応のパターンを経営戦略と組織の2つの軸で捉え，①防衛型，②先取り型，③分析型，④反応型，の4つに分類した[11]。この環境適応パターンのことを戦略タイプとも呼んでいる。

　マイルズ＝スノーの分類を用いて，経営戦略と組織との関係をみてみよう。例えば，環境の変化を先取りして経営戦略を策定する場合と，環境変化に受身で反応するための経営戦略を策定する場合では，結果として経営戦略と組織との適合が得られたとしても，そのプロセスは大きく異なる。少なくとも，チャンドラーの命題のように，「組織は戦略に従う」といった単純な一方向のプロセスではあり得ない。すなわち，経営戦略と組織との関係は双方向的

図表2-4　7Sモデル

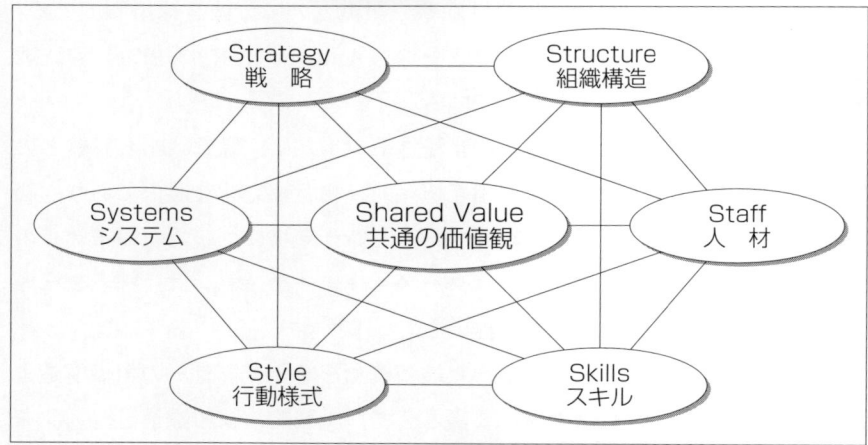

(出所) Peters,T.J.＝Waterman,R.H.[1982] 訳書51頁。

で相互依存的であるといえよう。

ミンツバーク［1978］は，パターンとしての経営戦略に着目した。パターンという概念は，前もって意図するか否かに関わりなく，意思決定や行為のプロセスにおいて観察される一定の整合性を重視する概念である。このパターンは，企業と環境との相互作用，企業内部のダイナミックな相互作用のプロセスを通じて創発的（emergent）に形成される。

❸ 戦略的経営

1970年代の後半になって，経営戦略の策定のためのシステムが整備されるとともに，新たな問題が発生した。それは経営戦略の実行（implementation）段階における問題である。経営戦略の実行には，人や組織の問題が大きく関わってくる。具体的には，経営戦略に適合した組織構造，管理システム，組織文化などをいかに効果的につくりあげるかということである。

このような状況を踏まえて，経営戦略の策定のみならず，人や組織の問題を含めて，より広い文脈の中で経営戦略を捉えようという考え方が生まれた。この考え方を戦略的経営（strategic management）という。戦略的経営では，戦略，組織，管理システムなど，各要素の全体的な整合性，一貫性，適合性（fit）が，戦略の策定のみならず，実行にとって最も重要であるとされる。

同じ頃，野中［2002］が指摘するように，組織論の分野でも統合的コンティンジェンシー・セオリーとして，「環境，戦略，資源，組織構造，個人属性，組織過程の間にマルチ・レベルの適合関係を生み出している組織ほど機能的である」[12]という命題が提唱された。

戦略的経営という概念は，まだ定説がある訳ではないものの，経営戦略，組織，管理システム，経営資源などを統合的かつ包括的に「システム」として捉えているので，今日の経営戦略論のテキストは，このような環境－戦略－組織などの適合性（fit）の概念をベースとした戦略的経営に準拠してまとめられているものが多い。

❹ プロセス型経営戦略論の特性

上でみたように，プロセス型経営戦略論は，経営戦略を従来よりも広く組織的な文脈の中で捉え，企業と環境との相互作用，企業内部のダイナミックな相互作用のプロセスを通じて，創発的（emergent）に形成されるパターンを経営戦略として概念化した。

プロセス型経営戦略論の立場によれば，経営戦略は，第1章で考察した「組織構成員の意思決定の指針」ではなく，企業内外の相互作用のプロセスの中から生まれた意思決定の結果ということになる。プロセス型経営戦略論における経営者の役割は，望ましい成果を産出することができるように，相互作用のプロセスに対していかに効果的な影響を及ぼすかということになる。

プロセス型経営戦略論では，行動プロセスにおける創造性，創発性に着目し，行動を通じた「組織学習」を重視する。行動プロセスにおける創造性，創発性を維持するために，組織学習や組織文化（企業文化）の活性化が不可欠の要素となる。

4　情報創造型経営戦略論

1980年代後半から1990年代にかけて，わが国ではバブル期とその反動であるバブル崩壊期のいわゆる「失われた10年」を経験した。その間，ほぼ例外なく，各産業において，多くの企業がもがき苦しんだ。この「失われた10年」を取り戻すために，わが国では官民をあげてさまざまなイノベーションに取り組み，21世紀に入ってようやくその成果が随所に生まれつつある。

本書において，情報創造型経営戦略論とは，従来の環境適合型の受動的なパラダイムではなく，情報創造と自己組織化を鍵概念として，イノベーションを経営戦略の中に主体的に取り込む戦略論のことを指す。

❶ 情報パラダイム

　情報創造型経営戦略論について考察する場合，まず情報パラダイムについて理解を深める必要がある。近年，図表2－5に示されるように，情報に関するパラダイム（理論構築の前提となる共通のものの見方）が情報処理パラダイムから情報創造パラダイムへ，さらには知識創造パラダイムへと大きく変わりつつある。

＜情報処理パラダイム＞

　情報処理パラダイムは，サイモンによって提示されたパラダイムである。情報処理パラダイムは，組織の情報処理（情報収集・意思決定・伝達）という観点から，組織の効率的なあり方について，統一的で操作可能な説明を可能にした。

　サイモンによってもたらされた情報処理パラダイムは，その後，トンプソン（Thompson,J.D.），ガルブレイス（Galbraith,J.），ペロー（Perrow,C.），野中などによって受け継がれ，さまざまな理論モデルが開発された。

　情報処理パラダイムの基礎にあるのは，サイバネティクス分野におけるアシュビー（Ashby,W.）の「最小有効多様性」という概念である。アシュビーの「最小有効多様性」の概念は，環境の多様性に対応して組織も多様化し，

図表2-5　情報パラダイムの変遷

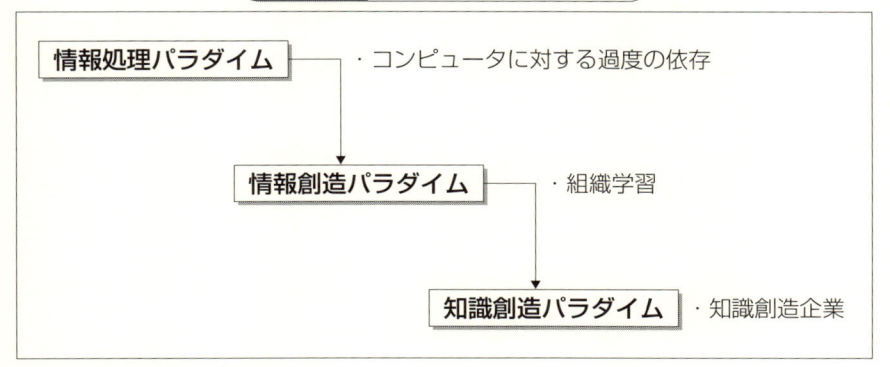

情報処理パラダイム → ・コンピュータに対する過度の依存

情報創造パラダイム → ・組織学習

知識創造パラダイム → ・知識創造企業

（出所）岸川善光［2002］187頁。

その結果として，効率的な組織目標の達成が可能になるという考え方である。

情報処理パラダイムは，今も多くの研究者によって支持されており，コンティンジェンシー理論を中心とした組織構造の分野だけでなく，リーダーシップ，パワー，調整，コントロールの分野においても広く適用されている。

しかし，情報処理パラダイムに関する研究が進展するにつれて，情報処理パラダイムには，①認識過程の軽視，②「意味」の解釈への無関心，③意思決定過程におけるコンピュータに対する過度の依存，④人間の認識過程と社会的な文脈との切り離し，⑤組織学習の軽視，など多くの問題が指摘されるようになった[13]。

情報処理パラダイムを提唱したサイモンは，テイラー（Taylor,F.W.）を始祖とする古典的管理論に対して，人間を単なる機械とみる「機械的な人間観」を採用しているとして痛烈に批判した。しかし，情報処理パラダイムでは，機械がコンピュータに置き換えられてはいるものの，機械的で形式的な色彩が色濃く残っている。その結果，一定の静態的な環境における最適な組織構造を説明するパラダイムとしては有効である一方で，組織の変動や進化などの動態的な問題を説明するパラダイムとしては限界があるといえよう。

＜情報創造パラダイム＞

次に，情報創造パラダイムについて概観する。情報創造パラダイムは，上で述べた情報処理パラダイムとはさまざまな面で大きく異なっており，いわば情報処理パラダイムのアンチテーゼともいえるパラダイムである。

すなわち，情報創造パラダイムでは，①認識過程の軽視，②「意味」の解釈への無関心，③意思決定過程におけるコンピュータに対する過度の依存，④人間の認識過程と社会的な文脈との切り離し，⑤組織学習の軽視，など上でみた情報処理パラダイムに対して投げかけられた諸問題について，いかにそれらの諸問題を克服するかが主な課題となっている。

情報創造パラダイムを考察する上で，加護野忠男［1988a］が提示した情報処理パラダイムの諸問題に対する解決の方向は極めて有益である。加護野が提示した解決の方向は，まだ作業仮説として示されている段階ではあるものの，情報創造パラダイムの特性を考える際の基本的な枠組みの1つになる

であろう。

　ここでは，情報創造パラダイムの内容について，加護野の作業仮説を参考にしながら，①認識，②意味，③コンピュータの役割，④社会的な文脈，⑤組織学習，の5点に絞って概観することにする[14]。

① 認識：情報創造パラダイムでは，認識を「知識の利用」と「知識の獲得」に区分して，前者を狭義の認識過程，後者を知識獲得過程と呼ぶ。情報創造パラダイムでは，この認識過程における「学習」を重要な概念として位置づけている。

② 意味：情報処理パラダイムでは，個人の意思決定過程において情報をインプットとして扱ったが，情報創造パラダイムでは，人間は情報ではなく意味に反応するとして，情報と意味を概念的に区分する。さらに，意味の解釈過程（ある情報がどのような事象をさすかを確定する過程）を重視する。このことによって，情報の解釈が多義的になり，意味そのものが大きく変化する要因になりつつある。

③ コンピュータの役割：情報処理パラダイムでは，コンピュータを用いたシミュレーションを重視するなど，コンピュータに対する過度の依存が前提とされた。他方，情報創造パラダイムでは，問題解決におけるコンピュータの役割をある程度限定する。すなわち，問題解決で重要なことは，コンピュータにみられる形式論理ではなく，組織文化や集団の雰囲気などの影響が大きいというのがその理由とされている。

④ 社会的な文脈：情報処理パラダイムでは，組織における個人の認識過程と社会的な文脈を切り離して考察するが，情報創造パラダイムでは，人間の思考においてアナロジーやメタファー（隠喩）が重視されるように，個人の認識過程と社会的な文脈を常に関連づけて考察する。

⑤ 組織学習：情報処理パラダイムでは，組織学習は漸進的かつ適応的に進展すると考えられていたが，情報創造パラダイムでは，組織における学習のダイナミズムを重視し，組織行動の変革などに活用するなど新たな意義が与えられている。

　このように，情報創造パラダイムはまだ完全に定着したパラダイムとはい

えないものの，今後ますますその重要性が増大するであろう。企業をはじめとする組織の進化の根源は，まさにこの情報の創造にあるからである。

＜知識創造パラダイム＞

　上で，情報処理パラダイムおよび情報創造パラダイムについて概観した。そして，情報創造パラダイムについては，まだ定説までには至っておらず，仮説段階にあることを確認した。ところが今日では，情報創造パラダイムはさらに洗練化され，知識創造パラダイムとして多くの研究者によって研究されている。

　知識創造パラダイムは，情報処理によって環境適合を図る，という従来の受動的なパラダイムから脱却し，新たに知識資産をつくり出すという創造のパラダイムに立脚している。具体的には，「組織がいかにして新たな知識をつくり出すのか」について説明しようとする試みであり，野中によって精力的に提唱されている。

　企業を取り巻く環境が急激に変化している現代では，イノベーションが企業経営において，ますますその重要性を増している。イノベーションは，新製品の開発，新生産方法の導入，新市場の開拓，新資源の獲得，新組織の実現，新ビジネス・モデルの開発など，いずれも新しい「知識」を具現化したものである。現在では，「新しい知識をいかに創造するか」ということが経営戦略の鍵を握るようになり，知識創造パラダイムが台頭してきたのである。

　知識創造パラダイムについて考察する前に，まず情報と知識の異同点について整理しておこう。野中郁次郎＝竹内弘高［1996］によれば，第一に，知識は情報と違って，「信念」や「コミットメント」に密接にかかわり，ある特定の立場，見方，あるいは意図を反映している。第二に，知識は情報と違って，常に目的をもった「行為」にかかわっている。第三に，情報と知識の類似点として，両方とも特定の文脈やある関係においてのみ「意味」をもつ[15]。

　このように，情報と知識にはいくつかの異同点があるものの，その異同点を踏まえつつ，本書では野中＝竹内［1996］に従って，知識創造パラダイムに基づいて企業活動を遂行している企業を知識創造企業と呼ぼう。

　知識創造企業では，当然のことながら組織的知識創造を何よりも重視する。

野中＝竹内［1996］は，組織的知識創造の促進要因として，①組織の意図，②個人とグループの自律性，③ゆらぎ（fluctuation）／カオス（chaos），④情報の冗長性，⑤最小有効多様性，の5つの要因をあげている[16]。

① 組織の意図：知識創造において，「目標への思い」と定義される組織の意図が第一の要件である。企業が知識を創り出すためには，組織の意図を明確にし，それを組織構成員に提示しなければならない。

② 個人とグループの自律性：知識創造には自律性（autonomy）が不可欠である。企業の中で個人が自律的に行動できるような状況を創り出す手段の1つとして，自己組織化（self-organizing）チームがある。

③ ゆらぎ（fluctuation）／カオス（chaos）：ゆらぎとは完全な無秩序ではなく，「不可逆的な秩序」のことである。ゆらぎが組織に導入されると，組織構成員はさまざまな面で「ブレイクダウン」に直面する。カオスは，本当の危機の他に，経営者が意図的に危機感を創り出すことによって生じる場合がある。このゆらぎ／カオスは，組織の内部に「ブレイクダウン」を引き起こし，そこから新しい知識が生まれる。このような現象は，「カオスからの秩序の創造」と呼ばれる。

④ 情報の冗長性：冗長性（redundancy）は通常，重複や無駄を暗示するため有害と思われることが多いが，情報を重複共有することは「暗黙知」と「形式知」の共有を促進し，相互の知覚領域に侵入することによって相互の学習をもたらす。

⑤ 最小有効多様性：アシュビーによれば，複雑多様な環境からの挑戦に対応するには，企業内部に同じ程度の多様性をもつ必要がある。最小有効多様性を増大するには，フラットで柔軟な組織構造を開発し，すべての組織構成員が情報を平等に利用できるようにしなければならない。

野中＝竹内［1996］の知識創造企業という概念は，今後，経営戦略のみならず，経営組織，イノベーションなど，さまざまな経営学関連分野において，鍵概念（キーコンセプト）になる可能性を秘めており，研究の進展が期待される。

❷ 組織的情報創造プロセス

次に，組織的知識創造と，近年経営戦略において重視されつつあるイノベ

図表2-6　組織的情報創造プロセス

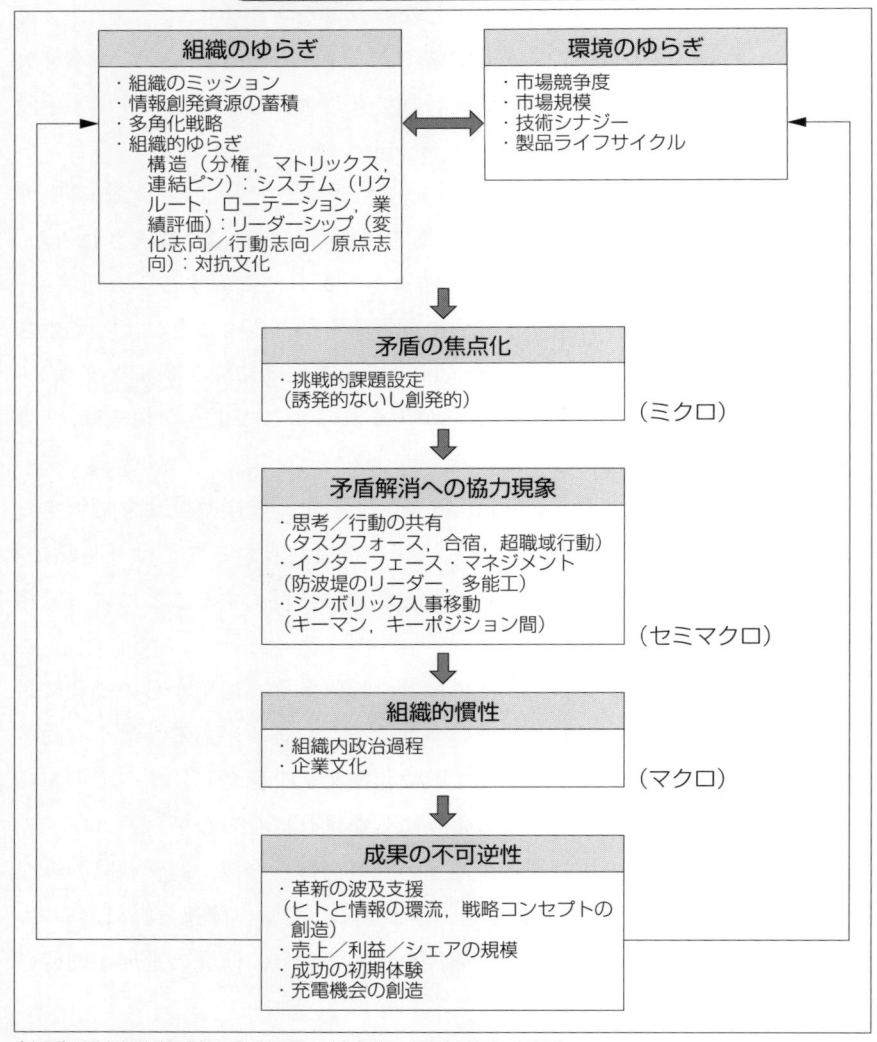

組織のゆらぎ
- 組織のミッション
- 情報創発資源の蓄積
- 多角化戦略
- 組織的ゆらぎ
  構造（分権，マトリックス，連結ピン）：システム（リクルート，ローテーション，業績評価）：リーダーシップ（変化志向／行動志向／原点志向）：対抗文化

環境のゆらぎ
- 市場競争度
- 市場規模
- 技術シナジー
- 製品ライフサイクル

矛盾の焦点化
- 挑戦的課題設定
  （誘発的ないし創発的）

（ミクロ）

矛盾解消への協力現象
- 思考／行動の共有
  （タスクフォース，合宿，超職域行動）
- インターフェース・マネジメント
  （防波堤のリーダー，多能工）
- シンボリック人事移動
  （キーマン，キーポジション間）

（セミマクロ）

組織的慣性
- 組織内政治過程
- 企業文化

（マクロ）

成果の不可逆性
- 革新の波及支援
  （ヒトと情報の環流，戦略コンセプトの創造）
- 売上／利益／シェアの規模
- 成功の初期体験
- 充電機会の創造

（出所）野中郁次郎［1986］171頁。（今井賢一編［1986］，所収）

ーションとの関連性について考察する。知識創造パラダイムによれば，イノベーションを組織的情報創造のプロセスとして捉えている[17]。すなわち，組織的情報創造のプロセスを「環境の変化を主体的に受け止めて，新しい情報が創られ，それが組織に共有され，組織全体の意識や行動が一斉に変わること」と定義している[18]。

さらに，野中［1986］は，図表2-6に示されるように，組織的情報創造プロセスを，①ゆらぎの組織的創造，②矛盾の焦点化，③矛盾解消への協力現象，④組織的慣性，⑤成果の不可逆性，の5つのステージに分割して，そのポイントを次のように説明している[19]。

① ゆらぎの組織的創造：ゆらぎ（動的で創造的なカオス）を意図的に創出し，情報創造を誘発するステージ。
② 矛盾の焦点化：自己超越の手段として，挑戦的な高い目標を設定するステージ。このステージのことを「引き込み」あるいは「同期化」ともいう。
③ 矛盾解消への協力現象：矛盾解消に向けて，組織内の協力を引き出すステージ。
④ 組織的慣性：情報創造のエネルギーを組織内に増幅するステージ。
⑤ 成果の不可逆性：情報を組織化し蓄積するステージ。

❸ 情報創造と自己組織化

上で概観した組織的情報創造のマネジメント，すなわちイノベーションのマネジメントに関する研究は，より専門的にいえば「情報創造（information creation）」と「自己組織化（self-organizing）」という2つの概念を鍵概念（キーコンセプト）としている。

「情報創造」について，野中［1989］は，「企業の自己革新（進化）とは，意味ある新しい情報を獲得し，創造し，その結果次元の異なる思考や行動様式を形成することである」[20]と述べ，情報創造による企業の自己革新の重要性について言及している。

「自己組織化」とは，今田高俊［1999］によれば，「システムが環境との相互作用を営みつつ，自らのメカニズムに依拠して自己の構造をつくり変え，

新たな秩序を形成する性質を総称する概念である」[21]。

この自己組織化という概念を用いて企業の進化を考察すれば，企業は変化する環境に対して，時には環境に適応し，時には自ら環境を創造しながら，自らの企業の構造，体質をつくり変え，新たな情報（意味，価値，概念など）を創り出し，進化を遂げているといえる。

自己組織化のポイントを要約すると，次の2点に要約することができよう。

① 自己言及性（self-referentiality）：自己が自己のメカニズムに依拠して自己を変化させること。
② ゆらぎ：均衡状態など既存の枠組みでは処理できないゆらぎを変化の重要な要因とすること。

この「情報創造」と「自己組織化」という2つの概念は，経営学のみならず，生命科学などさまざまな研究分野においても，学際的な研究が積み重ねられている。その一環として，著者が所属した日本総合研究所では，1993年にこれらの学際的な研究成果を「生命論パラダイム」として集約した[22]。

❹ 情報創造型経営戦略論の特性

上述したように，情報創造型経営戦略論は，「情報創造」と「自己組織化」の2つの鍵概念を用いて，イノベーション（革新性，創造性）を経営戦略論に明示的に取り入れたことが最大の特性といえよう。

「情報創造」と「自己組織化」の2つの鍵概念は，「生き物」あるいは「生命体」としての企業にとって，多面的な相関関係を有する。すなわち，「情報創造」は，価値ある情報を創造すること（イノベーション）によって，企業の生命（存続・発展）を維持しようとする。「自己組織化」は新たな情報を創りだすことによって，企業の進化を図る。このように，企業と「生き物」との相似性に着目し，生命を中心に企業成長，企業進化を研究すると，「情報創造」と「自己組織化」の2つの鍵概念は密接不離の関係にある。

5 社会調和型経営戦略論

　社会調和型経営戦略とは，従来の経営戦略の枠組みを拡大して，企業が社会とどのようなかかわり方をするか，社会的ニーズをどのように取り込むか，などいわゆる「社会性」を追求する経営戦略である。社会調和型経営戦略論について考察する場合，さまざまな観点があるものの，ここでは，①企業の社会的責任，②マクロとミクロの両立，③経営戦略対象領域の拡大，の3点に絞って考察する。

❶ 企業の社会的責任

　企業には，さまざまな利害関係者（stake-holder）が存在する。株式会社を例にとると，①株主，②従業員，③消費者，④取引業者，⑤金融機関，⑥

図表2-7　企業と利害関係者との関係

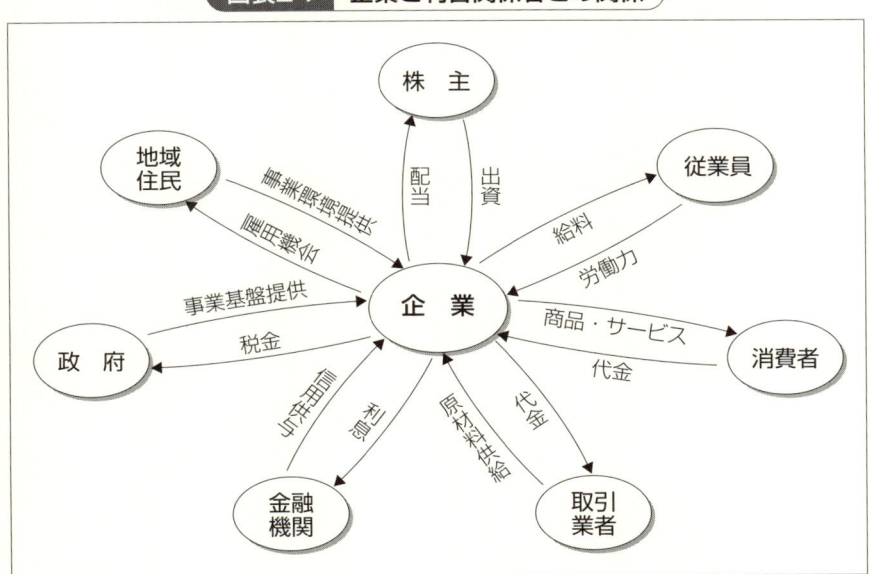

```
                      株 主
                      ↑↓
地域              配当  出資              従業員
住民                                      
 ↑ 雇用機会提供                   給料 ↗
 ↓ 税務協力等                    労働力 ↘
        事業基盤提供
政 府 ←─────── 企 業 ──商品・サービス→ 消費者
        税金              ←代金──
         ↑↓      ↑↓    ↑↓
       与信・融資  利息  代金 原材料供給
              金融       取引
              機関       業者
```

政府,⑦地域住民などが,企業の主な利害関係者である。

図表2-7は,企業と利害関係者との関係を示したものである。企業と利害関係者との間には,貢献と誘因が相互に期待されている。

企業と利害関係者の間には,法律,契約,規則,商慣習などに基づく相互関係が成立しており,これらの相互関係がすなわち利害の源泉となる。各利害関係者の主な利害の源泉は,次のとおりである。

① 株主:出資の対価としての配当など。
② 従業員:労働の対価としての給料など。
③ 消費者:製品(効用)の対価としての代金など。
④ 取引業者:原材料供給の対価としての代金など。
⑤ 金融機関:信用供与の対価としての利息など。
⑥ 政府:事業基盤提供の対価としての税金など。
⑦ 地域住民:事業環境提供の対価としての雇用機会など。

ところで,上であげた「利害関係者に対する義務」のことを「企業の社会的責任」という。企業と利害関係者との間で成立している法律,契約,規則,商慣習などに基づく義務を遵守することは当然のこととして,企業にはそれぞれの利害関係者に対して,次のような義務,すなわち社会的責任があるとされる。

図表2-8 社会的責任の階層構造

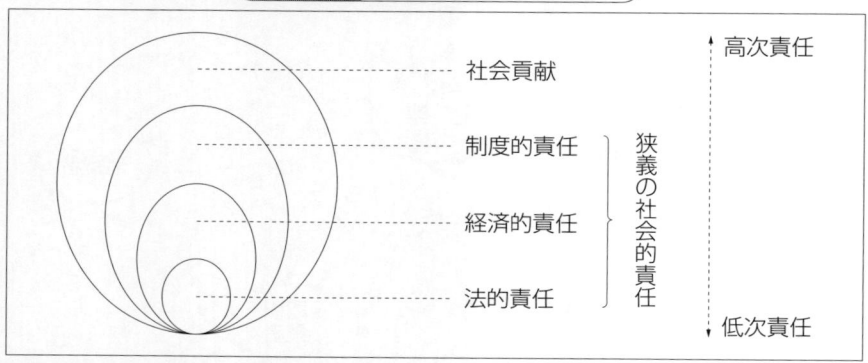

```
                社会貢献        ↑高次責任
                制度的責任    ┐
                             │狭義の社会的責任
                経済的責任    │
                             │
                法的責任      ┘ ↓低次責任
```

(出所)森本三男[1994]318頁。

① 株主：適正な配当，株価の維持，企業価値の向上など。
② 従業員：適正な給与，雇用の安定，安全で快適な職務環境の維持など。
③ 消費者：適正な価格・品質の製品・サービスの提供など。
④ 取引業者：対等な立場にたった互恵的取引など。
⑤ 金融機関：対等な立場にたった互恵的取引など。
⑥ 政府：適正な納税など。
⑦ 地域住民：生活環境の維持など。

　今日では，図表2－8に示されるように，狭義の社会的責任（法的責任，経済的責任，制度的責任）だけでなく，地球環境の保護への協力，社会的弱者に対する配慮，製造物責任の遂行など，広く一般社会からの要請に応えることも，社会的責任に含まれるようになった。さらに，文化支援活動（メセ

図表2-9　日本における企業の社会的責任の実践

	第1段階 認識期 (1950年頃)	第2段階 当初期 (1960年頃)	第3段階 本格化期 (1970年頃)	第4段階 全面化期 (1980年頃)	第5段階 個性化期 (1990年頃)
経営	経済同友会「決議」	経営理念表明	行動基準策定 財団設立 担当役員任命	協議会・クラブへの加盟	社会戦略策定 財界「憲章」作成
管理			担当組織新設	コンプライアンス・プログラム作成 担当組織拡充	
現場		個別行動改善 ハードウェアや施設設置			
インパクト	公害等	石油危機		国際化	企業倫理
焦点	責任発達の論理 法的責任 ＋ 経済的責任 ＋ 制度的責任 ＋ 社会貢献				
実践の特徴	個別対応	部分調整的対応	全社調整的対応	戦略的対応	

（出所）森本三男 [1994] 319頁。

ナ）や慈善事業（フィランソロピー）など，社会貢献といわれる活動も社会的責任の一部とみなされるようになりつつある。

　わが国における企業の社会的責任の実践について，より具体的にみてみよう。図表2－9に示されるように[23]，1950年代の第1段階は，企業の社会的責任に関する認識期にあたる。60年代の第2段階に入ると，公害問題の深刻化などに対応するために，個別的ではあるものの企業行動の改善や施設の設置などが行われた。当時の社会的責任の範囲としては，法的責任に焦点があてられた。70年代の第3段階では，石油危機などにみられるように，企業の内的要因ではなく外的要因が企業行動に大きなインパクトを与えるようになり，それに対応するために担当役員の任命，担当組織の新設などが行われた。80年代の第4段階では，国際化がさらに進展し，コンプライアンス（法令遵守）の重視など，企業の社会的責任は全面化期を迎えた。さらに，90年代の第5段階に入ると，社会戦略の策定が始まり，「戦略的社会性」が追求され始めた。

　このように，わが国における企業の社会的責任の範囲は，幾多の試行錯誤を重ねながらも，法的責任，経済的責任，制度的責任，社会貢献と次第に拡大しつつある。

❷ マクロとミクロの両立

　経営戦略論など経営学の分野において，「企業と社会」との関係を重要な論点として認識してきたのは，上述した企業の社会的責任論においてである。ところが近年，地球環境破壊に典型的にみられるように，「企業と社会」との関係をダイレクトに問いかける問題が多発し始めた。

　いうまでもなく，「企業と社会」は，システム論的にいえば，サブシステムと全体システムの関係にある。サブシステムである企業（ミクロ）の存続・発展が全体システムである社会（マクロ）の存続・発展の原動力になるという側面を否定はしないものの，全体システムである社会（マクロ）が破壊されると，サブシステムである企業（ミクロ）の存続が危うくなるのは当然の帰結である。

従来，全体システムである社会（マクロ）とサブシステムである企業（ミクロ）の両立は，かなり困難な問題とされてきた。上述した地球環境破壊にみられる現象は，「マクロとミクロのジレンマ」の典型例である。具体的には，①「マクロの合理・ミクロの不合理」，②「ミクロの合理・マクロの不合理」，といわれる現象が発生する。例えば，環境破壊の問題を解決する方策として，環境コストを誰がどのように負担するか（税，賦課金，自主性など）を決める場合，その決定次第で企業行動が大きく左右されるなど，マクロとミクロのジレンマが常に付随して発生する。

　しかし，「マクロとミクロのジレンマ」を克服し，「マクロとミクロの両立」を図らない限り，マクロもミクロもその存在自体が危うくなる。すなわち，従来は主として，「企業⇒社会」という観点から経営戦略を策定してきたが，今後はこれに加えて「社会⇒企業」という観点が不可欠になりつつある。

　「マクロとミクロの両立」は，社会性と市場性の両立でもある。「社会⇒企業」という観点を戦略的に付加することの重要性は，自動車業界における燃料電池車やハイブリッド・エンジンの開発の事例をみれば一目瞭然である。地球環境保護という一見社会（マクロ）の問題を解決することが，実はすでに自動車業界における企業（ミクロ）の経営戦略の生命線の1つになっている。

❸ 経営戦略対象領域の拡大

　「企業⇒社会」という観点に加えて，「社会⇒企業」という観点から経営戦略を捉えると，必然的に経営戦略対象領域が拡大する。

　具体的には，①NPOにかかわる経営戦略，②コミュニティ・ビジネスにかかわる経営戦略，③環境経営戦略，などがあげられる。NPOにかかわる経営戦略，環境経営戦略については，第10章において，節を独立させて再度取り上げる。

　従来の経営戦略では，主として「企業⇒社会」という観点から，市場性，営利性，効率性などを重視してきたが，さらに「社会⇒企業」という観点を加えると，社会性，倫理性，人間性，コンプライアンス（法令遵守），価値

図表2-10　経営戦略の体系と社会戦略

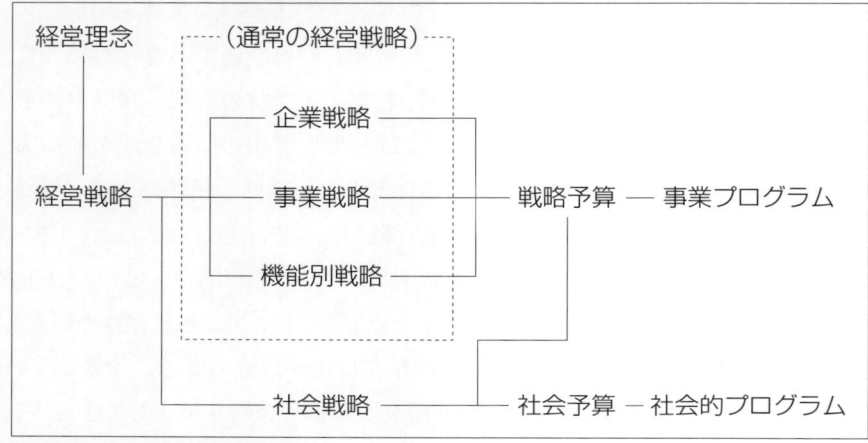

```
経営理念      （通常の経営戦略）
                ┌─ 企業戦略 ─────┐
経営戦略 ──┤   事業戦略 ─────┼── 戦略予算 ── 事業プログラム
                └─ 機能別戦略 ───┘

              ─ 社会戦略 ──────── 社会予算 ─ 社会的プログラム
```

(出所) 森本三男［1994］330頁。

観, ビジョナリー, などを重視した経営戦略が求められる。

　森本三男［1994］は, 図表2－10に示されるように, かなり早い時期から社会戦略を経営戦略の体系の中に組み込んでいる[24]。

　社会戦略の狙いは, 企業市民（corporate citizenship）の概念で議論されているように, 本来の企業活動に加えて, 社会をよりよいものにするために, 応分の社会貢献を果たすことである。具体的には, 文化支援活動（メセナ）, 慈善事業（フィランソロピー）, 地域・国際交流支援, 社会的少数派の雇用, 地球環境保全, 環境保全に配慮した製品の開発, などがこれに該当する。

　社会戦略においては, その軸足が「顧客満足」から「社会満足」に変わる。「戦略的社会性」を基盤として, 企業倫理をもちつつ,「社徳」の高い企業活動を目指す社会戦略であれば, それはほぼ例外なく利益に還元されることが, 多くの事例によって実証されている。

❹ 社会調和型経営戦略論の特性

　上でみたように, 社会調和型経営戦略とは, 従来の経営戦略の枠組みを拡大して, 企業が社会とどのようなかかわり方をするか, 社会的ニーズをどのように取り込むか, などいわゆる「社会性」を追求する経営戦略である。

第2章 経営戦略論の生成と発展

　2000年代以降，経営戦略に「戦略的社会性」という観点が実務的にも理論的にも「時代の要請」として取り入れられ始めた。この背景には，社会貢献，社会満足，企業倫理，社徳など，社会調和型経営戦略論で目指す「戦略的社会性」の追求が，実は「市場性」「営利性」の追求と矛盾しないという現実がある。

---

1) Chandler,A.D.Jr.〔1962〕訳書13頁。
2) Ansoff,H.I.〔1965〕訳書4-8頁。
3) 同上書　訳書7頁。
4) Steiner,G.H.〔1969〕p.33.
5) Aaker,D.A.〔2001〕訳書243頁。
6) PPMについては，アベグレン他〔1977〕など，多くのPPM関連文献を参考にした。
7) PIMSについては，Buzzel,R.D.=Gale,B.T.=Sultan,R.G.M.〔1975〕，Buzzel,R.A.=Gale,B.T.〔1987〕など，多くのPIMS関連文献を参考にした。
8) 奥村昭博〔1989〕103-109頁。
9) Peters,T.J.=Waterman,R.H.〔1982〕訳書56-59頁。
10) 同上書　訳書51頁。
11) Miles,R.E.=Snow,C.C.〔1978〕訳書37-126頁。
12) 野中郁次郎〔2002〕74頁。
13) 加護野忠男〔1988a〕55-59頁。
14) 同上書60-82頁。
15) 野中郁次郎=竹内弘高〔1996〕85頁。
16) 同上書109-124頁。
17) 情報創造パラダイムでは，イノベーションのことを自己革新，進化という用語を用いて説明していることが多いが，ここではそれらを類似の概念として取り扱う。
18) 野中郁次郎=寺本義也編〔1989〕16頁。
19) 野中郁次郎〔1986〕171頁。（今井賢一編〔1986〕，所収）
20) 野中郁次郎=寺本義也編〔1989〕13頁。
21) 今田高俊〔1999〕396-397頁。（神戸大学大学院経営学研究室編〔1999〕，所収）
22) 日本総合研究所〔1993〕は，生命にかかわる学際的な研究成果について，社内研究プロジェクトを組成してとりまとめ，『生命論パラダイムの時代』（ダイヤ

モンド社）を上梓した。第9章において，その内容を概括する。
23） 森本三男［1994］319頁。
24） 同上書330頁。

第3章 経営戦略の体系

　本章では，総論のまとめとして，経営戦略を体系的に理解するために，5つの観点を設定し，それぞれの観点から経営戦略について考察する。

　第一の観点として，経営戦略の「階層」および「対象領域」に着目し，全体戦略，個別戦略，その関連性について考察する。全体戦略と個別戦略は，全体と個の関係であると同時に，相互に密接な補完性を有することを理解する。

　第二の観点として，経営戦略の「構成要素」に焦点をあわせ，経営戦略にはどのような要素が含まれるかについて考察する。本書では，先行研究のレビューを踏まえて，ドメイン，製品・市場戦略，経営資源の蓄積・配分，競争戦略，ビジネス・システム戦略の5つを経営戦略の構成要素として選択する。

　第三の観点として，経営戦略の策定と実行における「プロセス」に焦点をあわせ，経営戦略の策定プロセス，経営戦略の策定，経営戦略の実行，の3つを取り上げる。従来の「二分法」的な発想だけでは限界があることをあわせて理解する。

　第四の観点として，経営戦略の構成要素の「適合性」について考察する。経営戦略のコンテンツと構成要素との関連性，各構成要素間の関連性を把握し，それぞれが「適合」しているか否かを考察することは，経営戦略を体系的に理解する上で重要である。

　第五の観点として，経営戦略論の「位置づけ」について考察する。経営学における経営戦略論の位置づけ，経営戦略論の隣接諸科学，ビジネス・スクールにおける経営戦略論の位置づけについて概観する。

1 全体戦略と個別戦略

　経営戦略を体系的に考察する第一の観点として，経営戦略の「階層」および「対象領域」に着目すると，経営戦略は，図表3－1に示されるように，①全体戦略，②個別戦略，の2つに大別することができる。

❶ 全体戦略

　全体戦略とは，「企業レベル」の階層，かつ「企業全体の活動」をその対象領域とする戦略であるので，企業戦略（corporate strategy）ともいわれる。この全体戦略は，図表3－1に示されるように，①ドメイン（domain），②事業ポートフォリオ戦略，の2つに区分される。

　ドメインとは，第1章で述べたように，活動領域，存在領域，事業領域，事業分野のことである。より正確に言えば，第4章で考察するように，ドメインはさらに企業ドメイン，事業ドメインの2つに区分される。全体戦略で対象とするドメインは，前者の企業ドメインであることはいうまでもない。企業ドメインの策定は，その企業の活動領域，存在領域，事業領域，事業分

図表3-1　全体戦略と個別戦略

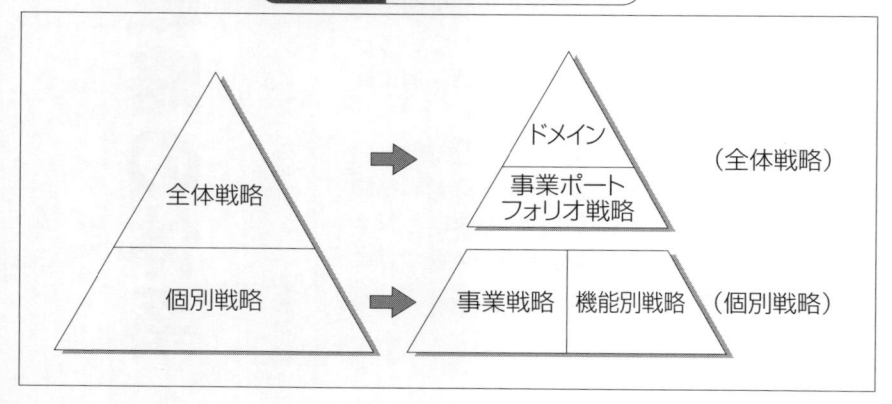

野を決めることであるので、経営戦略のいわば大前提であり、出発点でもある。

事業ポートフォリオ戦略とは、最適な事業構成を実現するための戦略のことである。具体的には、企業全体を事業や製品のポートフォリオ（資産一覧表）と捉えて、どのような事業構成が適切か、どのように経営資源の蓄積・配分を行うか、という意思決定がその中心的な課題となる。

全体戦略は、最高経営責任者（CEO）が経営企画部などのゼネラル・スタッフの補佐を受けて策定する。全体戦略の主要課題は、環境の変化に対応して、ドメイン、事業ポートフォリオ（事業構成）を適切に変革・維持することである。また、ドメイン、事業ポートフォリオ（事業構成）の変革に伴って、それに必要とする経営資源を効果的に獲得・蓄積することである。

❷ 個別戦略

個別戦略は、図表3－2に示されるように、①事業単位による分割、②機能単位による分割、という分割基準によって、事業戦略（business strategy）と機能別戦略（functional strategy）の2つに区分することができる。

図表3-2　事業戦略と機能別戦略との関連性

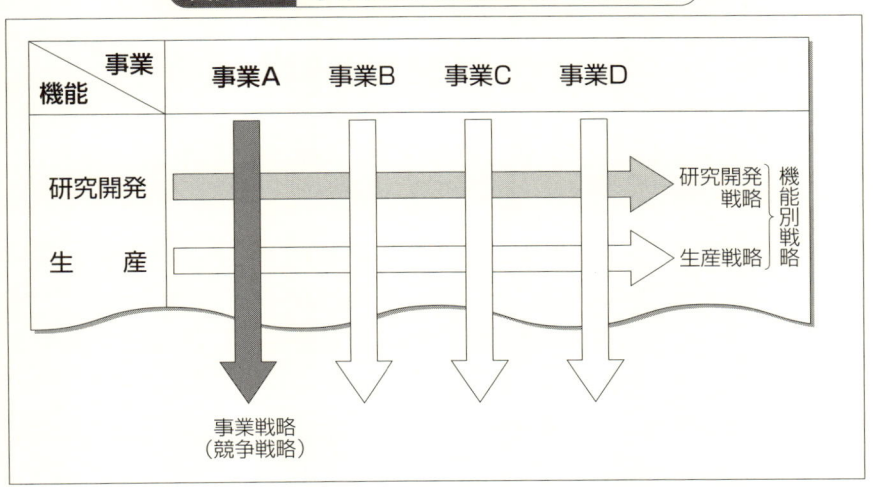

機能＼事業	事業A	事業B	事業C	事業D	
研究開発					研究開発戦略 ⎫ 機能別戦略
生　産					生産戦略 ⎭

事業戦略
（競争戦略）

事業戦略の典型は，製品・市場戦略（PMS：Product Market Strategy）である。製品・市場戦略は，ある特定の事業，ある特定の製品・市場分野における競争優位性および独自能力の獲得を中心課題とした競争戦略である。

　製品・市場戦略は，1つの戦略事業単位（SBU：Strategic Business Unit）を取り出して，研究開発，生産，マーケティング，ロジスティクスなどの諸機能に「縦糸」を通す形で，SBU全体に関する一貫した戦略を策定する。

　ちなみに，SBUとは，特定の事業における戦略策定のための組織単位のことである。SBUは1970年代初めに，ゼネラル・エレクトリック社で導入されたPPM（プロダクト・ポートフォリオ・マネジメント）で用いられた分析単位として有名であり，その後各企業に普及した。

　機能別戦略は，諸機能をさまざまなSBUに「横糸」を通す形で，機能遂行上の優位性を獲得するための戦略である。

　従来，企業活動に必要な機能について，経営コンサルティング機関を中心としてさまざまな実証研究がなされてきた。米国の経営コンサルタント協議会（ACME）[1976]の機能に関する詳細な研究はその集大成ともいえよう[1]。

　業種・業態の違い，企業規模の違いによって，各企業の果たすべき機能は異なるものの，例えば，製造業に属する企業を運営するには次のような機能が必要である。

① 研究開発（R＆D）：研究（基礎研究，応用研究），開発（製品開発，技術開発），製品化（設計，試作，生産技術支援）など。
② 生産：生産技術（固有技術，管理技術），製造（工程管理，作業管理，品質管理，原価管理），資材管理，設備管理など。
③ マーケティング：市場調査（需要動向，競合動向），販売（受注，契約，代金回収），販売促進（広告・宣伝，代理店支援）など。
④ ロジスティクス：調達（原材料，製品），倉庫管理，在庫管理，輸送・配送など。
⑤ 総務：文書管理，法人関連業務（株主総会，取締役会），法務（特許，訴訟），秘書，庶務など。

⑥ 財務・会計：資金管理（資金調達，資金運用），財務会計，税務，監査など。
⑦ 人事・労務：雇用（採用，昇進，退職，解雇），給与，人材開発，福利厚生など。
⑧ 情報：情報システム（構築，維持，更新），情報ネットワーク（構築，維持，更新），情報資源管理など。

　機能別戦略の目的は，これらの個別の機能を効果的かつ効率的に遂行し，機能ごとに競争優位性を獲得することである。機能別戦略は，個別の機能に対応して，研究開発（R＆D）戦略，生産戦略，マーケティング戦略，ロジスティクス戦略，などに区分される。

　上述したように，個別戦略は，①事業戦略，②機能別戦略，の2つに区分されるが，事業戦略と機能別戦略の関連性は，図表3－2で明らかなように，「縦糸」と「横糸」のマトリクスとして表現することができる。すなわち，事業戦略と機能別戦略は，それぞれが独立した形で個別戦略を構成しているのではなく，「縦糸」と「横糸」のマトリクスとして相互関連性をもちながら，有機的に個別戦略を構成しているのである。

　なお，この事業戦略と機能別戦略は，環境の変化に伴って，その重要性のウェイトが刻々と変化している。具体的には，1960年代から70年代にかけての高度成長時代には，コスト競争力が最重要課題であったので，コスト競争力を獲得するために，生産戦略などの機能別戦略が重視された。それが1980年代に入ると，企業活動の多様性に対応するためにSBUごとの事業戦略が重視され，組織もそれに伴って，事業や製品ごとの自己完結型の事業部制組織が増大した。1990年代に入り，能力ベース経営（competence-based management）に企業の関心が集まると，再度機能別戦略が重視されるなど，事業戦略と機能別戦略は，まさに「縦糸」と「横糸」のマトリクスとして相互関連性を有している。

❸ 全体戦略と個別戦略の関連性

　次に，全体戦略と個別戦略の関連性についてみてみよう。全体戦略では，

①外部環境の変化と個別戦略（事業戦略，機能別戦略）との関連づけ（環境創造，環境適応など），②個別戦略（事業戦略，機能別戦略）の基盤づくり（方針，意思決定の指針など），③個別戦略（事業戦略，機能別戦略）の統合（各戦略要素の適合性の確保など），の3点が極めて重要である。換言すれば，この3点を充足していない全体戦略は，その存在意義がないといっても過言ではない。

他方，この全体戦略の達成水準は，個別戦略（事業戦略，機能別戦略）の達成水準によって規定される。例えば，全体戦略の一環として，環境変化に対応するために適切なドメインを策定したとしても，そのドメインを実現するための個別戦略（事業戦略，機能別戦略）が効果的に遂行されなければ，策定したドメインは「絵に描いた餅」にすぎない。

このように，全体戦略と個別戦略は，全体と個の関係であると同時に，相互に密接な補完性をもっている。

2 経営戦略の構成要素

経営戦略の体系を考察する第二の観点として，経営戦略の「構成要素」に着目し，どのような構成要素が含まれるかについて考察する。考察の手順として，まず，経営戦略の構成要素に関する主要な先行研究について概括的なレビューを行い，それらの異同点を検討した後で，本書における経営戦略の構成要素を設定する，という極めてオーソドックスな方法を採用することにする。

❶ 先行研究のレビュー

経営戦略の構成要素については，すでにさまざまな研究成果が蓄積されている。ここではその中から，アンゾフ［1965］，ホッファー＝シェンデル［1978］，石井他［1996］，大滝他［1997］，の4つの先行研究を取り上げ，そのアウトプットを概括的にレビューする。

アンゾフ［1965］は，経営戦略の構成要素として，下記の4つを取り上げている[2]。
① 製品・市場分野：どの業種を選択するか，どの製品を選択するか，どんなニーズに応えるか，どんな技術を用いるか，どんな顧客に価値を提供するか，など。
② 成長ベクトル：どんな方向を目指して成長するか，市場浸透・市場開発・製品開発・多角化のどれを選択するか，など。
③ 競争優位性：競争上の特性は何か，独自の競争機会は何か，競争上の利点は何か，など。
④ シナジー：新しい製品・市場分野に進出するにあたってどの程度の利益を生み出す能力があるか，製品・市場間の相乗効果はどの程度か，など。

ホッファー＝シェンデル［1978］は，経営戦略の構成要素として，次の4つをあげている[3]。
① ドメインの定義：どの戦略空間を選択するか，現在の組織と予定した環境との間にどのような相互作用があるか，など。
② 資源展開：どのような経営資源を蓄積・配分するか，独自の資源展開によってどのような独自能力を形成するか，など。
③ 競争優位性の獲得：競合者に対してどのような競争上の優位性を獲得するか，どのような資源展開のパターンが妥当か，など。
④ シナジー：資源展開やドメインの決定からどのような相乗効果が得られるか，など。

石井他［1996］は，上述したアンゾフ［1965］やホッファー＝シェンデル［1978］などの先行研究を踏まえつつ，経営戦略の構成要素として，下記の4つをあげている[4]。
① ドメインの定義：自社の事業はいかにあるべきか，どのような事業ポートフォリオを選択すべきか，など。
② 資源展開の決定：必要な経営資源をどのように蓄積するか，限られた経営資源をどのように配分するか，情報的資源を蓄積するために組織的学習のメカニズムをいかに構築するか，など。

③ 競争戦略の決定：蓄積・配分された経営資源をもとに，いかにして競争優位性を確立するか，など。
④ 事業システムの決定：さまざまな企業間関係の中でどのような交換関係を確立するか，企業間にまたがる事業活動を組織化し持続的な競争優位をどのようにして構築するか，など。

大滝他［1997］は，伝統的な経営戦略論の構成要素（内容）として，主としてホッファー＝シェンデル［1978］に準拠しつつ，下記の4つを取り上げている[5]。

① 事業領域（ドメイン）：自社の戦略空間は何か，自社の事業は何か，など。
② 資源展開：経営資源をいかに蓄積し配分するか，能力ベースの戦略経営によって，いかに中核能力を形成するか，など。
③ 競争優位性：競合者に対していかにして競争上の優位性を確立するか，など。
④ シナジー：資源展開やドメインの決定を通じて，どのような相乗効果を獲得するか，など。

さらに，この伝統的な4つの経営戦略の構成要素に加えて，大滝他［1997］は，経営戦略における「創造性」を重視して，新規事業戦略，ベンチャー企業の不均衡創造，ネットワーク戦略の3つ，さらに，経営戦略における「社会性」を重視して，グローバル戦略，地域企業の戦略，経営戦略と社会，の3つを付加している。

❷ 異同点の抽出

上でみた主な先行研究のアウトプットを比較すると，図表3－3に示されるように，いくつかの異同点が見えてくる。なお，この経営戦略の構成要素に関する先行研究の異同点の抽出は，①先行研究の著者が意識的に経営戦略の構成要素として取り上げ，自ら明示的に指摘しているか，②当該戦略要素を章レベルの独立した項目として取り扱っているか，という2つの基準を設定し，それに基づいて先行研究の比較分析を行った。したがって，例えば図

図表3-3　経営戦略の構成要素

	アンゾフ [1965]	ホッファー＝シェンデル [1978]	石井淳蔵他 [1996]	大滝精一他 [1997]	岸川善光 [2006]
①ドメイン	―	○	○	○	○
②製品・市場戦略	○	―	―	―	○
③資源展開	―	○	○	○	○
④競争戦略	○	―	―	―	○
⑤ビジネス・システム	―	―	○	―	―
⑥その他				創造性 社会性	創造性 革新性 社会性

表3－3に○印がない場合でも，著書全体をみた場合，当該戦略要素について，その著者が経営戦略の構成要素として全く記述をしていないという意味ではない。

　第一に，ドメインについてみてみよう。ドメインについては，アンゾフ［1965］を除いて，ホッファー＝シェンデル［1978］，石井他［1996］，大滝他［1997］が経営戦略の構成要素として取り上げている。アンゾフの時代は，まだ物理的な製品・市場分野をそのままドメインと定義する風潮が強かったためであろう。

　第二に，製品・市場戦略について比較すると，アンゾフ［1965］だけが経営戦略の構成要素として取り上げている。すでに第2章で考察したように，アンゾフは，製品・市場戦略を戦略的意思決定における中心的な課題とした。その理由は，どのような事業分野あるいは製品・市場分野を選択すべきかの意思決定が「企業と環境との関係を確立する決定」の中核になるからである。

　第三に，資源展開についてみてみよう。アンゾフ［1965］を除いて，ホッファー＝シェンデル［1978］，石井他［1996］，大滝他［1997］が経営戦略の

構成要素として取り上げている。アンゾフの経営戦略論は，多角化を中心とした製品・市場戦略に重点が絞られており，経営資源にはほとんど焦点があてられていない。

第四に，競争戦略について比較すると，競争戦略はすべての先行研究において，経営戦略の構成要素とされている。軍事戦略の概念を経営戦略に導入した経緯をみても，また競合企業に勝たねば自己の存続・発展が望めないということを考えても，競争戦略が経営戦略の構成要素であることは至極当然のことである。

第五に，ビジネス・システムについて比較すると，石井他［1996］だけがビジネス・システムを経営戦略の構成要素として明示的に取り上げている。従来，機能別戦略の重要性は繰り返し指摘されてきたものの，機能の連鎖，情報の連鎖としてのビジネス・システムの発想は，ITの進展と同期化しており，アンゾフ［1965］やホッファー＝シェンデル［1978］の時代には，ビジネス・システムの認識がまだ困難であったからではないかと思われる。

その他，先述したように，大滝他［1997］は，経営戦略における「創造性」「社会性」を重視して，それに該当する戦略要素を付加している。「創造性」「社会性」に関連する戦略要素は，今後の経営戦略の構成要素として不可欠であろう。

❸ 本書における経営戦略の構成要素

上述した先行研究の異同点に関する検討，第2章における経営戦略に関する学説史的考察によって得られた「一定の法則性」，さらに創造性，革新性，社会性を重視して，本書では，経営戦略の構成要素として，図表3－3に併記したように，下記の5つの構成要素を選択する。

① ドメイン：自社の戦略空間は何か，自社の事業は何か，自社の事業の再構築をいかに行うか，など。
② 製品・市場戦略：どのような製品・市場分野を選択するか，どのようなセグメンテーション（具体的には，製品差別化と市場細分化）を行うか，新製品開発，新市場開拓をいかに行うか，など。

③ 経営資源の蓄積・配分：必要な経営資源をどのように蓄積するか，限られた経営資源を何にどのように配分するか，独自の資源展開によってどのようなコア・コンピタンスを形成するか，など。
④ 競争戦略：誰を競合企業（競争相手）とするか，何を競争力の源泉として戦うか，競争力をどのように利用するか，競争力をいかに効率的につくるか，など。
⑤ ビジネス・システム戦略：ビジネス・システムをいかに構築するか，企業間関係をどのように変革するか，など。

そして，第4章から第8章までの各論において，1つの章で1つの構成要素を取り上げて，さまざまな角度から考察する。そして，第9章において，これら構成要素の適合と革新について検討する。また，イノベーションと経営戦略との関連性など創造性や革新性の領域，企業の社会的責任や企業倫理など社会性の領域については，これらの各論を通じて，あるいは第10章の今日的課題として適宜考察する。

3 経営戦略の策定と実行

経営戦略を体系的に考察する第三の観点として，経営戦略の策定と実行における「プロセス」があげられる。従来，多くの研究者が経営戦略のプロセスについて，経営戦略の策定と実行という「二分法」に準拠して考察してきた。以下，「二分法」の利点・欠点の検討も含めて，経営戦略の「プロセス」という観点から経営戦略を体系的に考察する。

❶ 経営戦略の策定プロセス

経営戦略の策定と実行という「二分法」による分類に準拠して，まず，経営戦略の策定プロセス（策定手順）についてみてみよう。ホッファー＝シェンデル［1978］は，経営戦略の策定プロセス（策定手順）を次の7つに分類した[6]。

① 戦略の識別：経営戦略の構成要素の評価など。
② 環境分析：事業環境の変化に対する機会と脅威の識別など。
③ 資源分析：利用可能な経営資源の評価など。
④ ギャップ分析：機会と脅威を踏まえた現状とあるべき姿とのギャップ分析など。
⑤ 戦略代替案：新たな複数の戦略代替案の策定など。
⑥ 戦略評価：環境分析，資源分析を踏まえた複数の戦略代替案の評価など。
⑦ 戦略選択：戦略案の選択など。

　ホッファー＝シェンデルの他にも，さまざまな研究者および実務家（経営管理者・経営コンサルタントなど）によって，経営戦略の策定プロセス（策定手順）が提示されている。例えば，図表3－4は，アンドリュース［1971］が示した経営戦略の策定プロセス（策定手順）である[7]。

　アンドリュースの経営戦略の策定手順も，上でみたホッファー＝シェンデルの経営戦略の策定手順も，意思決定の標準的な手順を踏まえたオーソドックスな策定手順といえよう。

図表3-4　経営戦略の策定手順

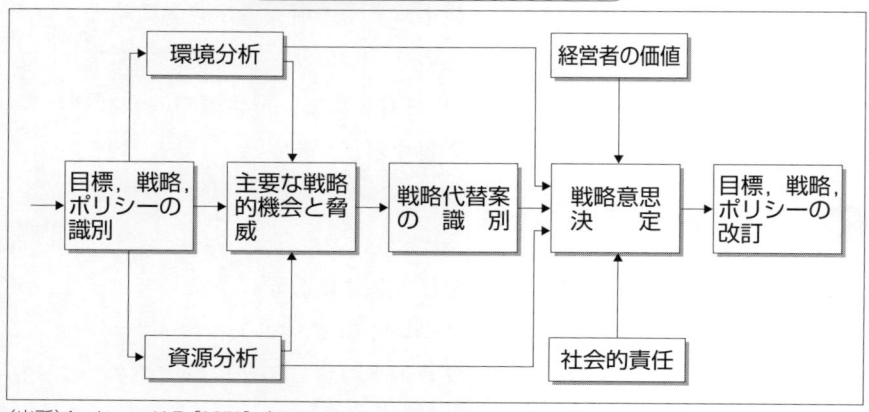

目標，戦略，ポリシーの識別 → 主要な戦略的機会と脅威 ← 環境分析／資源分析 → 戦略代替案の識別 → 戦略意思決定 ← 経営者の価値／社会的責任 → 目標，戦略，ポリシーの改訂

（出所）Andrews,K.R.[1971]（Hofer,C.W.＝Schendel,D.E.[1978] 訳書55頁）

第3章 経営戦略の体系

❷ 経営戦略の策定

経営戦略を実際に策定する場合，重要な要素として，①フレームワーク，②策定技法，③情報源，の3点があげられる。

それぞれの詳細は実務書に譲るが，ここではフレームワークの典型例として3C，策定技法の典型例としてSWOT分析，情報源の典型例として競争要因データの3つを選択し，それぞれについて概観する。

<3C>

3Cとは，図表3－5に示されるように，自社（corporation/company），顧客（customer），競合企業（competitor）という3つの要素から構成される経営戦略策定のためのフレームワークの一種である[8]。3つの要素の英語の頭文字が揃ってCであるので3Cと呼ばれる。

フレームワークとしての3Cの目的は，経営戦略策定の前提として，外部環境分析（外部分析）と内部要因分析（内部分析）をクロスさせて，現状を立体的・多面的に把握し，その共有化を図るための枠組みを設定することである。

図表3－5の3Cでは，顧客分析と競合分析は外部環境分析（外部分析）

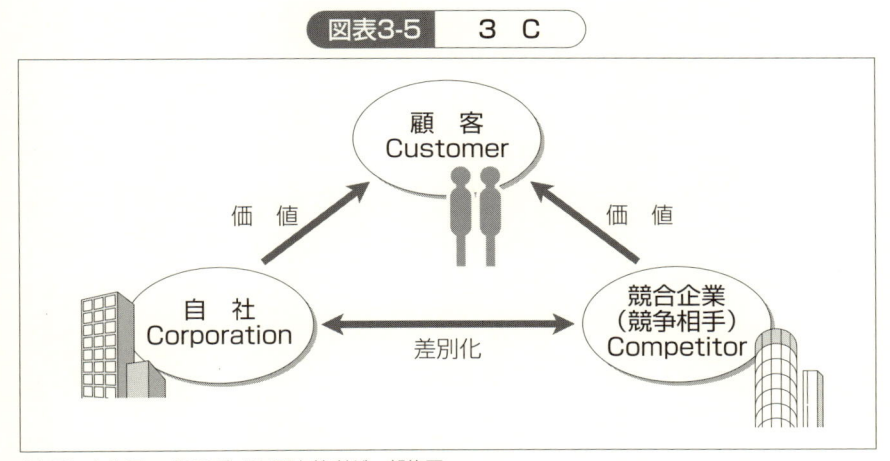

図表3-5　3C

（出所）大前研一［1984］114頁を筆者が一部修正。

に該当する。顧客分析は，市場規模，成長性，ニーズ，購買行動などを分析することによって，機会／脅威を把握する。競合分析は，寡占度，参入障壁などの分析に加えて，研究開発，生産，マーケティング，物流など，ビジネス・システムを構成する機能を分析することによって，競合企業の強み／弱みを把握する。

自社分析は，内部要因分析（内部分析）に該当し，技術力，販売力，ブランド力，売上，利益，シェアなどを客観的に分析することによって，自社の強み／弱みを把握する。

3Cのフレームワークは，「彼れを知りて己を知れば，百戦して殆うからず」という孫子の有名なフレームワークと全く共通している。彼れが競合企業であり，己が自社であることはいうまでもない。

3Cというフレームワークをもつことによって，自社の強み／弱みを競合企業と比較して客観的に把握することができる。そして，顧客のニーズを充足し，「価値」を提供するための経営戦略を策定することが可能になる。

＜SWOT分析＞

SWOT分析とは，上述した3Cのフレームワークをさらに拡大して，競争力分析によって，自社の強み（strength），弱み（weakness）を把握し，外部環境分析によって，事業の機会（opportunity），脅威（threat）を分析し，さらに，競争力分析と外部環境分析のクロス分析を行うための経営戦略策定技法である。強み（strength），弱み（weakness），機会（opportunity），脅威（threat）の頭文字をとってSWOT分析と呼ばれる。

図表3－6は，SWOT分析のアウトプットの具現的形態として，実務的に多用されている十字チャートの事例である。図表3－6に示されるように，十字チャートの上段は，事業の機会，脅威を分析する外部環境分析に該当する。十字チャートの下段は，自社の強み，弱みを分析する競争力分析に該当する。研究開発，生産，マーケティング，物流など，ビジネス・システムを構成する機能ごとに自社と競合企業を比較し，自社の強み／弱みを体系・定量的に把握することが多い。

図表3－6は，太陽熱利用の給湯システムの事例であるが，この場合，①

第3章 経営戦略の体系

図表3-6　十字チャート（太陽熱利用の給湯システムの例）

機会	脅威
○ 石油，電力，ガスコスト上昇 ○ 省エネ行政指導，補助金 ○ 新築需要の拡大 ○ 業務用需要の拡大 ○ 技術革新の進展 ○ 社会的価値観の変化	○ 新規参入の急増 ○ 供給過剰による乱戦 ○ 製品責任問題のリスク ○ 水道規制強化 ○ 需要の一過性 ○ 季節商品，シーズン性大

強み	弱み
○ 家電系列店の活用 ○ 総合技術力 ○ 家電製品の品揃え ○ 電気温水器等とのシステム化	○ 工事力が弱体 ○ サービス力が弱体 ○ 分散工事拠点が小 ○ 販売ノウハウの蓄積小 ○ 系統ルートが弱い

（出所）近藤修司［1985］205頁。

自社の強みを事業機会にぶつける戦略，②弱みを克服して強みに転換する戦略，のいずれか，または2つの組合せが経営戦略の方向になるであろう。

＜情報源＞

　経営戦略を策定する場合，さまざまな情報が不可欠である。理解しやすいように，上述したフレームワークの典型例としての3C，策定技法の典型例としてのSWOT分析に関連した情報についてみてみよう。3C，SWOT分析には，少なくとも下記の5つの情報が不可欠である。

① 市場情報：市場規模，市場成長率，市場の多様性，セグメントの規模，主要顧客，周期変動など。
② 競争情報：競争企業，寡占度，参入／撤退，シェア（市場占有率），競争の形態，代替性など。
③ 財務情報：収益性，付加価値，操業度，参入障壁，撤退障壁など。
④ 技術情報：固有技術，管理技術，特許・実用新案登録，代替技術など。
⑤ 社会情報：価値観，規範，慣習，行動様式，人口動態など。

　これらの情報を効果的かつ効率的に収集するには，常日頃から情報源を探索しておく必要がある。情報源としては，政府関連機関の公的資料，シンク

タンクの調査資料などはいうまでもないが，それに加えて業界新聞など生の情報を検索・蓄積すると，経営戦略の策定に関する情報源として有益な場合が多い。

❸ 経営戦略の実行

経営戦略の実行（implementation）という局面では，直接的に人や組織の問題がかかわってくる。経営戦略に適合した組織構造，管理システム，組織文化（organizational culture）などが整備されないと，経営戦略のコンテンツがいかに分析的・体系的であったとしても，それだけではまさに「絵に描いた餅」になる恐れがある。どんなに分析的で立派な経営戦略を策定したとしても，実行されなければ企業の存続および発展はありえない。

第2章の経営戦略の学説史的考察で明らかなように，プロセス型経営戦略では，行動プロセスにおける創造性，創発性に着目し，組織学習や組織文化の活性化を極めて重視した。特に，組織文化について考察することは，従来の経営戦略の策定と実行という「二分法」的発想に対する根本的な問いかけの契機ともなるであろう。

組織文化とは，①「組織構成員の間に共有される暗黙の了解・態度または固有の観念」，②「組織メンバーによって共有されている価値・規範・信念の集合体」など，組織の目に見えない側面のことをいう[9]。

組織文化の形成要因としては，組織構造や管理システム，創業者に関する伝説，組織に特有の儀式などがあげられるものの，最も大きな要因は，経営者の経営理念およびリーダーシップである。経営理念は，社是・社訓さらには経営方針として明示され，組織構成員にとって共通の行動指針となる。それらが経営者のリーダーシップを通じて，組織構成員の内面に深く浸透し共有化され組織文化が形成される。

こうして形成された組織文化は，通常の組織行動において，組織構成員の思考や行動を規定する機能がある。現実に，個人的目的や欲求をもつはずの組織構成員が，組織内での思考や行動などで共通の様式を示すのは，組織文化すなわち組織構成員に共有化されている価値観，行動規範，信念など，組

織の目に見えない側面に大きく規定されているからである。

　組織文化には，機能と逆機能がある。それぞれについて簡潔にみてみよう。組織文化の主な機能としては，共有された価値観によって組織構成員を内面的に動機づけ，フォーマルな要因以上に組織構成員の心理的エネルギーを引き出す作用があげられる。他方，組織文化の主な逆機能としては，組織構成員の価値観，行動規範，信念があまりにもワンパターン化されて，環境変化への不適応や創造性の欠如といったデメリットが発生することがあげられる。

　組織文化の機能と逆機能を経営戦略の実行と関連づけてみよう。経営戦略を実行する上で，組織文化の主な機能としてあげた組織構成員の心理的エネルギーを引き出す作用は必要不可欠である。経営戦略の実行において，従来の組織行動に対してときには創造的破壊を行い，内発的で均衡破壊的なプロセスを踏むことが必須要件になる。特に，革新的な経営戦略を実行しようとすれば，従来の価値観，行動規範，信念などと矛盾をきたす場面が否応無く増大する。そうした場面を突破するためにも心理的エネルギーは欠かせない。

　また，組織文化の革新によって，行動プロセスにおける創造性，創発性が生まれ，新たな経営戦略が創造される。このように経営戦略と組織との関連性は，組織文化を媒介として新たな展開を生み出すことが多い。すなわち，経営戦略の策定と実行という従来の「二分法」的な発想だけでは，経営戦略の実行について体系的に理解することは難しい。

4　経営戦略の構成要素の適合性

　経営戦略を考察する第四の観点として，経営戦略の構成要素の「適合性」について考察する。ここで適合性という観点を取り上げる理由は，戦略のコンテンツと構成要素との関連性，各構成要素間の関連性を把握し，それぞれが「適合（フィット）」しているか否かを考察することが，経営戦略を体系的に理解する上で重要であるからである。

従来，適合性を鍵概念として経営戦略論を展開している研究者は多い。例えば，わが国の研究者では，伊丹が1980年代から「戦略的適合」を鍵概念として経営戦略の論理を展開している。本節では，伊丹に準拠しつつ，経営戦略要素の適合について概観する。

❶ 戦略的適合の意義

伊丹［1984］によれば，戦略的適合（strategic fit）とは，「戦略の内容が，

図表3-7　ストラテジック・フィット

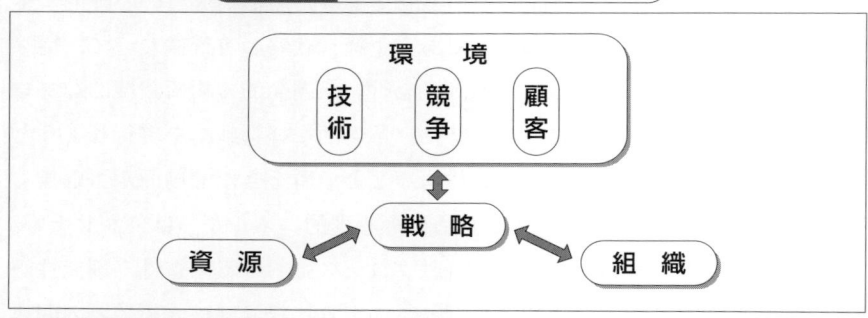

（出所）伊丹敬之［1984］6頁。

図表3-8　戦略的適合の全体像

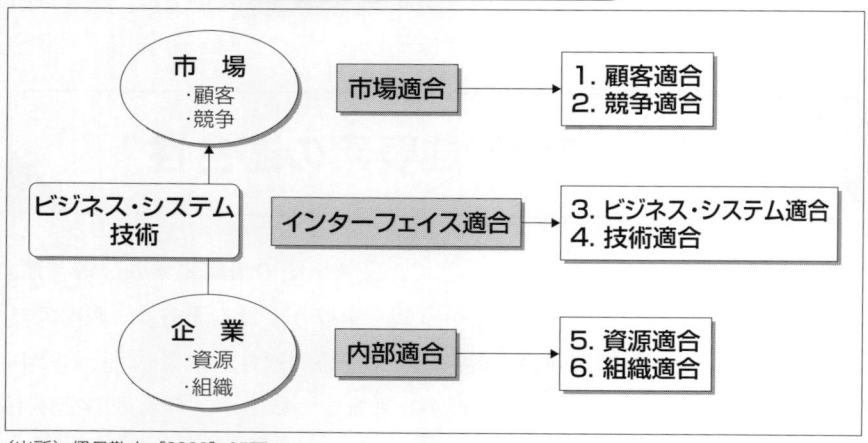

（出所）伊丹敬之［2003］25頁。

戦略を取巻くさまざまな要因（例えば顧客）とうまくマッチした状態になっていること」のことである[10]。

図表3-7は，伊丹［1984］が戦略的適合の全体像として示したものである[11]。

すなわち，経営戦略の構成要素として，①企業環境，②経営資源，③企業組織，の3つを選択し，それぞれの要素と戦略との間に存在すべき適合関係を，①環境適合，②資源適合，③組織適合，と呼んだ。

図表3-8は，同じく伊丹［2003］による戦略的適合の全体像である。ここでは，戦略的適合として，①市場適合，②インターフェース適合，③内部適合，の3つに分類している[12]。

この2つの戦略的適合の全体像の間には，約20年の月日が経過しており，伊丹自身，適合という概念を環境のみならず，企業内の要素間適合へと拡張しつつあることが読み取れる。

❷ 戦略要素の適合

上述した伊丹の2種類の戦略的適合の全体像の内，図表3-8に準拠して，戦略要素の適合について概観する。

＜市場適合＞

伊丹［2003］は，図表3-8に示されるように，市場適合を顧客適合と競争適合に大別している。まず，顧客適合からみてみよう。顧客のニーズを満たす製品・サービスを提供することは，企業の存続・発展にとって最も重要な課題である。顧客の創造は経営活動の基盤であり，その他の何ものよりも優先する。対価を支払ってくれる顧客がいなければ経営そのものが存在しない。

顧客が対価を支払ってくれる源泉は，価値の提供にある。価値とは，顧客のニーズを充足することによって生まれる。なお，顧客のニーズはすべて顕在化しているわけではなく，潜在的なニーズや未知のニーズもある。これらのニーズを発掘するための工夫も必要となる。このように，戦略的適合の中でも顧客適合は極めて重要な適合といえる。

次に，競争適合についてみてみよう。戦略が市場における競争構造にうまくマッチして競争に勝てる状態であることを，戦略の競争適合と呼ぶ。そのエッセンスは，競合企業との「差別化による競争優位の確立」である。伊丹は，差別化の例として，「製品差別化」「価格差別化」「サービス差別化」「ブランド差別化」の4つをあげている。

＜インターフェース適合＞

伊丹は，インターフェース適合として，ビジネス・システム適合と技術適合の2つをあげている。まずビジネス・システム適合からみてみよう。伊丹[2003]によれば，ビジネス・システムとは，「顧客を終着点として，そこに企業が製品やサービスを実際に届けるまでに行う一連の仕事の仕組みのこと」[13]である。

戦略のビジネス・システム適合とは，自社のビジネス・システムが市場の競争状態にマッチしているか，または自社の狙う差別化のポイントや市場適合のあり方にマッチしているかどうかが鍵となる。つまり，市場適合（顧客適合，競争適合）を生み出すために，経営戦略の実行を可能にするようなビジネス・システムを構築しているかどうかが戦略のビジネス・システム適合である。

技術適合とは，経営戦略と技術の蓄積・活用との適合性に焦点をあわせたものである。すなわち，①既存の技術蓄積を経営戦略が効果的に利用できるか，②経営戦略が効率的な技術蓄積を誘導できるか，③技術が将来の経営戦略を規定するか，などがその主な内容である。

＜内部適合＞

伊丹によれば，内部適合は，資源適合と組織適合に大別される。まず資源適合からみてみよう。戦略の実行のために具体的な資源の裏づけがあるか否かを全く考慮しない戦略はほとんど存在しない。しかし，①今まで蓄積されてきた経営資源を経営戦略が効果的に利用できるか，②経営戦略が効率的な資源蓄積を誘導できるか，③戦略と資源の不均衡ダイナミクスを生み出すことができるか，などを考慮していない戦略は枚挙にいとまがない。

資源適合の鍵は，上述した①～③のような経営戦略のコンテンツと企業が

保有する資源との関連性において，戦略と資源がマッチしていなければ，その戦略は有効な成果を生み出せないということである。すなわち，これが戦略の資源適合の本質に他ならない。

　伊丹は，資源適合を考えるとき，経営資源の中でも情報的資源を特に重視して，「見えざる資産」と命名した。他の資源にはない情報的資源の特性に着目し，経営戦略の論理を構築する上で新たな視点を提示したといえよう。その内容については，第6章の経営資源において再度考察する。

　次に，組織適合についてみてみよう。戦略の組織適合とは，①組織の特性，②組織文化（組織構成員に共有化されている価値観，行動規範，信念など），③組織行動などに適合するように戦略の内容が練られているか，そして戦略のコンテンツが正しく組織構成員に伝わるようにコミュニケーションが図られているか，を問うことである。先述したように，組織構成員に対する配慮は，戦略の実行段階で行えばよいというものではない。戦略の策定段階ですでに，その戦略が組織構成員に与える心理的影響や彼らからの反応を考える必要がある。

❸ 不均衡ダイナミズム

　上でみたように，経営戦略の構成要素の「適合性」という観点から経営戦略について考察すると，極めて体系的な理解が得られるというメリットがある。しかし，戦略のコンテンツと構成要素との関連性，それぞれの構成要素間の関連性を理解すれば，経営戦略に関するすべての問題が解決するであろうか。

　適合という概念は，そもそも語源的にいえば，静的な概念である。すなわち，ある特定の時空間において，戦略のコンテンツと構成要素との関連性，それぞれの構成要素間の関連性を分析し，それがマッチする場合，一般には適合性があるという。

　しかし，企業の存続・発展にとって，経営戦略と資源との間に，ある程度の不均衡（アンバランス）を静的に含みつつも，それが行動プロセスにおいて発展的に解消され，さらなる成長につながった事例は枚挙にいとまがない。

むしろ，成功した事例の大半は，ある程度の不均衡（アンバランス）を解消すべく，不均衡（アンバランス）そのものをバネにして行動した結果ともいえる。

このように，現状には合わない「無理を承知」の戦略を，伊丹は「オーバーエクステンション戦略」と呼び肯定した。われわれは，戦略と資源との不均衡（アンバランス）をバネに成長するいわゆる「不均衡ダイナミズム」は，企業の存続・発展にとって最も大切なエッセンスの1つであると考える。適合性を目指した理論が不均衡（アンバランス）を肯定するプロセスこそ，まさに不均衡ダイナミズムそのものといえよう。

5 経営戦略論の位置づけ

経営戦略を体系的に考察する第五の観点として，経営戦略論の「位置づけ」について考察する。具体的には，①経営学における経営戦略論の位置づけ，②経営戦略論の隣接諸科学，③ビジネス・スクールにおける経営戦略論の位置づけ，の3点について概観する。

❶ 経営学における経営戦略論の位置づけ

大学の経営学部・商学部，大学院の経営学研究科・ビジネス研究科などにおいて，経営戦略論は，経営管理論，経営組織論，経営情報論，マーケティング論などとともに，経営学を構成する重要な科目として位置づけられている。

環境が激変している今日，環境への創造的対応ないし戦略的対応は，企業活動を営むうえで何よりも重要である。したがって近年，図表3－9に示されるように，経営学の関連領域の中で，経営戦略論はますます重要な位置づけを占めるようになりつつある。

経営戦略論の理解を深めるには，企業の活動（機能）に関する研究に主眼を置いている経営管理論，企業など組織の構造に研究の主眼を置いている経

図表3-9 経営学の関連領域

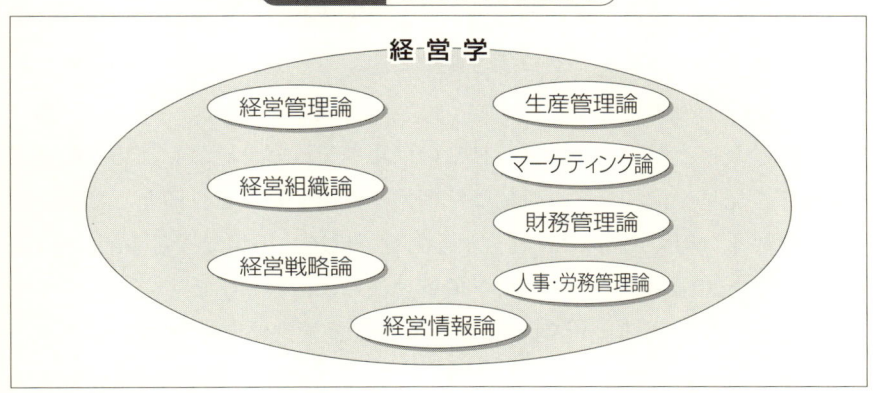

経営学
- 経営管理論
- 経営組織論
- 経営戦略論
- 経営情報論
- 生産管理論
- マーケティング論
- 財務管理論
- 人事・労務管理論

営組織論などの研究もあわせて必要である。

❷ 経営戦略論の隣接諸科学

さらに，図表3-10に示されるように，経営学の隣接科学と経営戦略論との関連性について理解を深めることも必要不可欠であるといえよう。

以下，図表3-10に示された経営学の7つの隣接科学について，経営戦略論との関連性を中心に概観する。

① 経営学と経済学：経営学の研究対象である企業活動は，マクロ的な経済

図表3-10 経営学の隣接科学

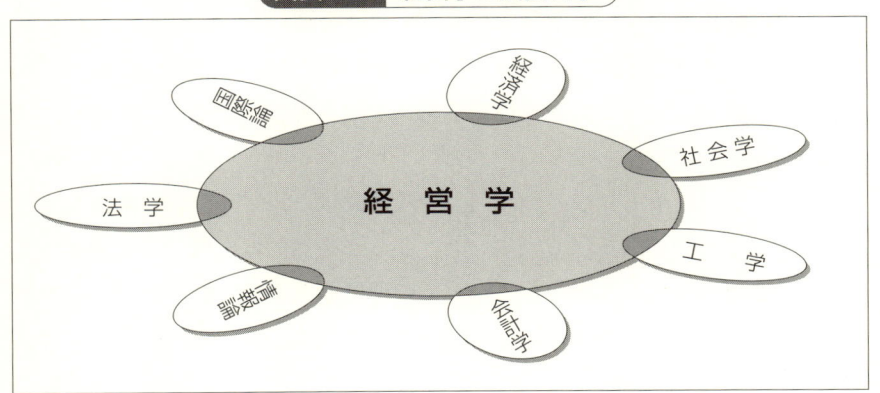

経営学
- 経済学
- 社会学
- 工学
- 会計学
- 心理学
- 法学
- 行動科学

の動向，セミマクロ的な産業の動向などに大きな影響を受ける。したがって，経営戦略について多面的に理解しようとすれば，マクロ的な経済に関する経済学およびセミマクロ的な産業に関する産業組織論など，経済学の知識が必要不可欠である。

② 経営学と社会学：社会学は，社会の諸現象を観察・認識し，諸現象の因果関係を発見・検証し，一般的な法則性を見出すことを目的としている社会科学の1分野であるので，社会学から経営戦略に応用できる事柄は多い。

③ 経営学と工学：テイラーの科学的管理法以来，経営学と工学との関係性には長い歴史がある。近年，ITの進展など経営戦略と情報通信工学との関係が注目をあびている。ビジネス・モデルなど新たな経営戦略の領域について考察する場合，情報通信工学など工学の知識は必要不可欠である。

④ 経営学と会計学：会計学は，企業の経営成績（損益計算書）と財政状態（貸借対照表）に関して，体系的な知識を蓄積している。経営戦略を策定する場合，企業活動を計数的に把握することは必須事項であり，そういう意味からも経営戦略論と会計学は極めて深い関連性を有する。

⑤ 経営学と情報論：情報システムや情報ネットワークの進展に伴って，経営情報論という学問分野がすでに確立しており，企業活動と情報との関連性に関して学際的なアプローチが採用されている。経営戦略論でも，情報論との学際的なアプローチが欠かせない。

⑥ 経営学と法学：企業は真空に存在しているのではなく，民法，商法などの法律に準拠しつつ企業活動を行っている。民法，商法などにとどまらず，ビジネス・モデル特許など極めて経営戦略に密着した分野が台頭しており，経営戦略と法学との関連性は従来にも増して密接なものになりつつある。

⑦ 経営学と国際論：今後のわが国の企業活動は，東アジアにその重点をシフトすることが予測されている。そうなると必然的に，東アジアの国々の歴史，地理，文化，言語などについての理解が欠かせない。アジア論をはじめとした国際関係論の知識が経営戦略論にも必要不可欠になりつつある。

❸ ビジネス・スクールにおける経営戦略論の位置づけ[14]

　米国には，1908年に創設されたハーバード・ビジネス・スクールをはじめとして，約700校のビジネス・スクールが存在するといわれている。その中でも，トップ・テンといわれるハーバード大学，スタンフォード大学，ノースウェスタン大学，ダートマス・カレッジ，ペンシルバニア大学，MITなどのビジネス・スクールの卒業生は，世界中の企業の経営者として，あるいは経営コンサルタントなどの専門的職業人として，多くの人が目覚しい活躍をしている。

　これらのビジネス・スクールにおいて，経営戦略論はどのような位置づけになっているのであろうか。ここでは，フォード，ゼロックス，ゼネラルフーズなど一流企業の会長・CEOを輩出し，すべての教育カリキュラムをケース・メソッドによって実施しているハーバード・ビジネス・スクールのカリキュラムを例にとって，ビジネス・スクールにおける経営戦略論の位置づけについてみてみよう。

　ハーバード・ビジネス・スクールのカリキュラムは，同校のMBAプログラム資料によれば，第一学年の必修科目は，①マーケティング，競争戦略，生産管理，組織行動，会計学，人的資源管理，財務管理，マネジメント・コントロールなど各機能別分野の科目，②意思決定論，コミュニケーション論などマネジメント技法に関する科目，③企業環境論，から構成されている。

　第二学年目の必修科目は，経営政策論（management policy and practice）だけである。この科目は，第一学年で履修する各機能分野別の科目群を統合する位置づけの科目とされており，いわゆるトップ・マネジメントの経営を扱う科目である。経営政策論は，経営戦略の「策定（形成）」と「実行」という2つの部分から構成されており，従来，経営政策（business policy）と呼ばれてきた。ハーバード・ビジネス・スクールのカリキュラムの中で最も特徴的な科目であり，クリステンセン教授，アイターホーベン教授など，歴代著名な教授がこの経営政策論を担当している。

　わが国でも，慶応義塾大学，早稲田大学，国際大学，筑波大学，青山学院

大学など，MBAプログラムが急増しつつある。わが国では1978年に，MBAプログラム第一号として開設された慶応義塾大学大学院経営管理研究科（慶応ビジネス・スクール）でも，ビジネス・ポリシー（経営政策）は極めて重要な位置づけを担っている。マーケティング，財務管理，経営組織論などほとんどの科目の知識を統合した形で，経営者としての意思決定能力を身につけるために，すべての授業がケース・メソッドによって行われている。

　上でみたように，米国でもわが国でも，ビジネス・スクールのMBAプログラムでは，経営戦略論は経営者としての意思決定論として位置づけられており，関連諸科目のいわば集大成として期待されているといえよう。

---

1) ACME［1976］では，多くの実証研究を踏まえて，各機能分野における機能を目的-手段の論理で体系化し，企業活動に必要な機能を「機能系統図」の形で具体的に提示している。
2) Ansoff,H.I.［1965］訳書135-140頁。
3) Hofer,C.W.＝Shendel,D.E.［1978］訳書30-33頁。
4) 石井淳蔵他［1996］8-11頁。
5) 大滝精一他［1997］14-15頁。
6) Hofer,C.W.＝Shendel,D.E.［1978］訳書53-54頁。
7) Andrews,K.R.［1971］は，経営戦略の策定手順をフロー・チャートの形式で明確には示していない。図表3－4は，Andrews,K.R.［1971］の記述に基づいて，Hofer,C.W.＝Shendel,D.E.［1978］がフロー・チャート化したものを筆者が一部修正した。
8) 3Cについては，大前研一［1984］の「戦略的3Cs」など多くの類似したフレームワークが数多く存在するが，その本質はほぼ同一である。
9) 組織文化については，Deal,T.E.＝Kennedy,A.A.［1982］，Davis,S.M.［1984］，Schein,E.H.［1985］，加護野忠男［1988a］などを参照した。
10) 伊丹敬之［1984］2頁。
11) 同上書6頁。
12) 伊丹敬之［2003］25頁。
13) 同上書164頁。
14) ビジネス・スクールの項については，丹下博文［1992］，土屋守章［1974］，和田充夫［1991］およびハーバード・ビジネス・スクールのMBAプログラム資料を参照した。

第4章 ドメイン

　本章では、「企業と環境とのかかわり方」そのものともいえるドメインについて考察する。ドメインは、環境の特定部分のことであり、企業の活動領域、存在領域、事業領域、事業分野のことである。

　まず、ドメインの定義について理解し、企業ドメイン、事業ドメインを定義することによって得られる効果など、ドメインの意義について考察する。オープン・システムである企業の場合、環境との関わりを通じてのみ、その存続・発展が可能になるので、ドメインを主体的に設定することは、極めて重要なことである。

　次に、ドメイン定義の要件について考察する。具体的には、ドメイン定義の方法（物理的定義と機能的定義）、ドメイン定義の次元（顧客層、顧客機能、技術の三次元モデル）に焦点を絞って理解を深める。

　次いで、ドメインの再定義について考察する。企業の成長に伴って、ドメインが変化することはむしろ常態といえよう。日本企業、米国企業におけるドメインの再定義に関する事例研究を踏まえて、そのポイントを正しく理解する。

　さらに、ドメインと場の関連性について考察する。「計画的な成長」だけでなく、「創発的な進化」を考慮すると、関係性、自己組織化をその鍵概念とする場について理解を深める必要がある。

　最後に、ドメインとビジネス・モデルの関連性について考察する。伝統的なドメイン定義の次元（顧客層、顧客機能、技術の三次元モデルなど）とビジネス・モデルを比較することによって、ドメインに関する理解がさらに深まるであろう。

1 ドメインの意義

❶ ドメインの定義

　ドメイン（domain）とは，第1章で述べたように，一般的には，領土，範囲，領域など地理的な概念を表す言葉である。生物でいえば，生活空間，生存領域などを意味する。

　企業の場合，榊原［1992］は，「組織体がやりとりをする特定の環境部分のことをドメインという」と定義した[1]。すなわち，その企業の活動領域，存在領域，事業領域，事業分野のことをドメインという。

　オープン・システムである企業の場合，環境との関わりを通じてのみ，その存続・発展が可能になるので，特定の環境部分すなわちドメインを主体的に設定することは，企業の存続・発展にとって極めて重要なことである。

　特定の環境部分であるドメインを主体的に設定することは，企業の目的・使命に関する基本的な答えを出すことでもある。したがって，ドメインにはその企業の将来のあるべき姿，その目指すべき方向に関する基本的な考え方が色濃く投影されることになる。

　実際に，成功している企業では，このような企業の目的・使命に関する基本的な問いかけが継続的になされてきた。すでに約半世紀前，「われわれの事業は何か」「顧客は誰か」「顧客にとって価値とは何か＝顧客は何を求めて製品を買うのか」「われわれの事業は将来どうなるか」「われわれの事業はどうなるべきか，何であるべきか」という基本的な問いかけが，マネジメントにおいて最も重要であると喝破したドラッカー［1954］の慧眼には，今更ながら敬服せざるを得ない[2]。

　ところで，ドメインを定義することによって，どのような効果を期待することができるであろうか。期待される効果として，第一に，ドメインを定義することによって，その企業に関するアイデンティティ（同一性）を規定す

ることが，対内的にも対外的にも容易になる。ここでいうアイデンティティ（同一性）とは，対内的には組織構成員の一体感の醸成，対外的には企業の社会的な存在意義の明確化などを指す。

期待される効果の第二として，伊丹敬之＝加護野忠男［1993］が指摘するように，組織構成員の努力やエネルギーのベクトルを合わせることが容易になり，活動や資源の分散化を回避することができる。また逆に，既存の事業分野に固執するなど，活動や資源に関する過度の集中化を回避することができる。

期待される効果の第三として，企業が事業を推進する上で，必要とされる経営資源に関する指針を提示することができる。ドメインの定義において，どのような経営資源や技術を蓄積すべきかという指針は，経営資源ベースの経営戦略においては特に重要な基盤となる。

経営戦略論で用いるドメインという用語には，既存の活動領域，存在領域，事業領域，事業分野という意味に加えて，まだ顕在化していない潜在的な活動領域，存在領域，事業領域，事業分野もドメインの中に含まれる。この場合，企業の事業推進上の方向性や潜在能力（ポテンシャル）に着目し，目指すべき事業領域や事業分野を設定するので，戦略領域といわれることがある。

ドメインの概念は，さまざまな分析レベルで適用される。具体的には，対象とするレベルが企業の場合は企業ドメインといい，その企業の活動領域，存在領域，事業領域，事業分野を指す。また，対象とするレベルが事業の場合は事業ドメインといい，①顧客層，②顧客機能，③技術などを適宜組み合せて，事業レベルの活動領域，存在領域，事業領域，事業分野が設定される。

❷ 企業ドメインと企業コンセプト

企業ドメイン（corporate domain）とは，上述したように，企業レベルを対象としたドメインのことであり，その企業の活動領域，存在領域，事業領域，事業分野を指す。

人間が十人十色であるように，企業も十社十色ということができる。長年存続・発展している企業があれば，一方では突然倒産する企業がある。短期

間で大企業にまで成長する企業があれば,一方では停滞し縮小を余儀なくされる企業もある。

このように,企業には栄枯盛衰があり十社十色といえるが,その背景にはいくつかの要因がある。第一に,当該企業が属する産業のライフサイクルをあげることができる。一般的な傾向としては,成長産業に属する企業の成長速度は,他の産業に属する企業の成長速度よりも速い。しかし,産業のライフサイクルは時間の経過に伴って,いつまでも成長期のままではなく,いつかは成熟期,衰退期を迎える。このことが企業の栄枯盛衰の要因になる。この場合,産業のライフサイクルを見極め,どの産業に属するかを選択することが,その企業の存続・発展のポイントになる。

第二に,企業の将来のあるべき姿,追求する企業像に関する「想い」「志」「こだわり」の強さ・大きさを,企業の発展を規定する要因としてあげることができる。企業の将来のあるべき姿,追求する企業像に関する「想い」「志」「こだわり」が強くて大きいと,他の条件が等しい限り,他の企業よりも活動領域,存在領域,事業領域,事業分野は大きくなる可能性が高い。それは発展のポテンシャルが大きいということでもある。

以上,企業の栄枯盛衰の要因として,①産業のライフサイクル,②企業の将来のあるべき姿,追求する企業像に関する「想い」「志」「こだわり」の強さ・大きさ,の2点について考察しただけでも,企業の存続・発展にとって,特定の環境部分すなわちドメインを主体的に設定することの重要性について理解することができる。

すなわち,特定の環境部分であるドメインを主体的に設定することは,企業の目的・使命に関する基本的な答えを出すことであり,その企業の将来のあるべき姿,その目指すべき方向に関する基本的な考え方である企業コンセプト(corporate concept)の中核部分を構築することに他ならない。その意味で,企業ドメインの定義は,企業コンセプトの策定において,中核的な位置づけを占めるといえよう。

❸ 事業ドメインと事業コンセプト

　事業ドメイン（business domain）とは，事業レベルを対象としたドメインのことであり，事業レベルの活動領域，存在領域，事業領域，事業分野を指す。事業ドメインは，上述した包括的な企業ドメインに基づいて，より具体的な個別事業の活動領域，存在領域，事業領域，事業分野を規定するものである。

　現在，最も典型的な事業ドメインは，①誰に，②何を，③どのように提供するか，という3つの要素に基づいて定義されることが多い。図表4－1に示されるように，エーベル（Abell,D.F.）［1980］は，①企業が対応すべき顧客層，②企業が充足すべき顧客ニーズ（顧客機能），③企業が保有する技術，の3次元モデルを提示した[3]。

　従来，事業ドメインは，製品と市場，市場と技術といった2次元モデルによって定義されることが多かった。しかし，上述したエーベル［1980］によれば，この3次元の事業定義を用いることによって，製品と市場，市場と技術という従来の2次元の定義と比較して，①同じ顧客機能と同じ技術を使って，顧客の拡大を図る「市場開拓」による成長，②同じ顧客層に，同じ技術で，顧客機能の拡大を図る「用途開発」による成長，③同じ顧客層に同じ顧

図表4-1　事業定義のための3次元

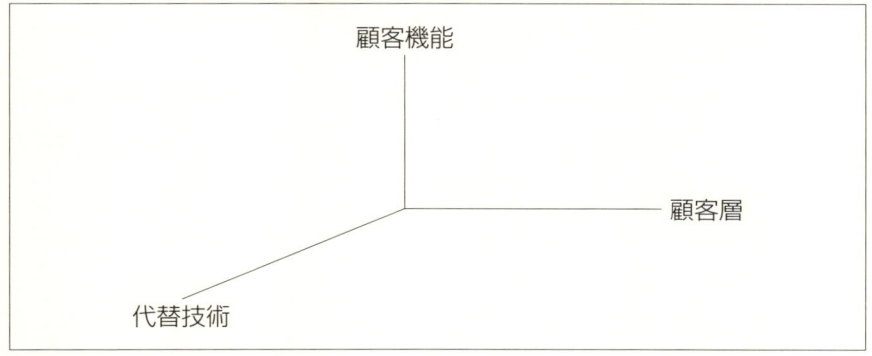

（出所）Abell,D.F.［1980］訳書37頁。

客機能で，異なる技術を開発する「技術開発」による成長，などの成長代替案および成長バリエーションを識別できるなど，戦略上深い洞察が得られるという。

企業ドメインの項で述べた産業のライフサイクルと同様に，事業レベルにもライフサイクルは存在する。この事業レベルのライフサイクルにおいて，すでに成熟期，衰退期を迎えている事業は少なくない。このような場合，意識的かつ選択的な事業分野（製品・市場分野）の再定義，組替えを促進することが，企業の存続・発展のために欠かせない。

事業ドメインの定義・再定義を通じて，企業は，①限られた経営資源に応じた製品・市場分野の選択（絞り込み），②経営資源の重点投入による効果性・効率性の向上，③競合企業に対する差別化による競争優位性の確立，などの効果を得ることが期待できる。

事業ドメインは，事業の将来のあるべき姿，その目指すべき方向に関する基本的な考え方である事業コンセプト（business concept）の中核部分でもある。そのため，適切な事業ドメインの設定には，創造的な思考が必要不可欠である。

2 ドメイン定義の要件

❶ 物理的定義と機能的定義

今までの考察で，企業の存続・発展にとって，ドメイン（企業ドメイン，事業ドメイン）の重要性が明らかになった。次に，望ましいドメイン定義の要件について考察する。

レビット（Levitt,T.）［1960］は，「マーケティングの近視眼（marketing myopia）」という有名な論文の中で，ドメインの定義が企業の成長にとって決定的な役割を果たした事例を紹介している。レビットによれば，企業の成長が停滞する要因として，市場の飽和よりもむしろ経営者によるドメイン定

義の失敗に起因することが多いという。

　レビットは，ドメインについて多くの事例を用いて説明しているが，米国の鉄道会社の事例は，その中で最も説得力のある事例といえよう。かつて米国の鉄道会社には富が集中し栄華を謳歌した。ところが，今日の鉄道会社は当時の面影さえない。レビットによれば，米国の鉄道会社が凋落した原因は，旅客や貨物輸送の需要が減少したからではなく，鉄道だけでは輸送需要が満たされなくなった結果として生じたものである。実際に，米国では旅客や貨物の輸送需要はその後も増大しており，需要増大に対応して，航空機，乗用車，トラック，船舶などの輸送事業は成長し続けた。

　すなわち，鉄道会社の斜陽化の原因は，輸送事業の衰退ではなく，むしろ成長しつつあった輸送の需要に鉄道会社がうまく適応できなかったためである。具体的にいえば，鉄道会社が自らの事業を輸送事業と定義せずに，鉄道事業と定義したために，自社の顧客をむざむざ航空機，乗用車，トラック，船舶など他の輸送会社に奪われたのである。レビットは，この現象を「マーケティングの近視眼」と呼んでいる。

　ところで，ドメインの定義は，①物理的定義，②機能的定義，の2つの方法に大別される。望ましいドメイン定義を考える場合，この2つの方法の特徴について熟知しておく必要がある。

　物理的定義とは，既存の製品に基づいて，しかもその物理的実体に着目したドメイン定義のことである。図表4－2に示されるように，1/4インチのドリル，鉄道会社，映画会社，バレンタイン・チョコレートなどがその事例

図表4-2　物理的定義と機能的定義

物理的定義	1/4インチのドリル	鉄道会社	映画会社	バレンタイン・チョコレート
機能的定義	1/4インチの穴	輸　送	娯　楽	愛

（出所）Levitt,T.[1960] 等を参考にして筆者が作成。

である。物理的定義は，カバーする事業の領域や範囲が空間的にみても限定的で狭く，時間的にみても限定的で，変化や発展の方向性を示すことが困難な，いわゆる「マーケティングの近視眼」的な定義の方法である。

　機能的定義とは，製品や技術そのものではなく，製品や技術がどのような機能を顧客に提供するかという顧客志向の視点にたって，ドメインを定義する方法である。図表4－2に示されるように，1/4インチの穴，輸送，娯楽，愛が顧客の視点からみた機能，ニーズ，価値であり，このような視点からドメインを定義することを機能的定義という。

　上述した鉄道会社の事例に焦点を絞ると，鉄道（railroad）は，物理的定義の典型であり，輸送（transportation）は，機能的定義の典型である。このように，レビットは，物理的定義よりも機能的定義を推奨し，製品よりも顧客機能を重視すべきことを主張した。

❷ ドメイン定義の次元

　次に，ドメイン定義の次元について考察する。すでに図表4－1でみたように，エーベル［1980］は，従来の製品と市場，市場と技術といった2つの次元だけではなく，①顧客層，②顧客機能，③技術の3次元モデルを提唱した。このエーベルの3次元モデルについて，エーベル自身が示した図式を用いて，もう少し詳しくみてみよう[4]。

　図表4－3－1は，複数の顧客層に対して，1つの顧客機能を1つの技術で対処しようとする事業（例えば，鋼鉄製リベット製造業）を図式化したものである。

　図表4－3－2は，1つの顧客層に対して，複数の顧客機能を1つの技術で対処しようとする事業（例えば，鋼鉄製リベットなどの関連機器を航空宇宙業界向けに特別に製造する事業）を図式化したものである。

　図表4－3－3は，ある単一顧客向けに，ある単一顧客機能用ではあるものの，複数代替技術に基づいて製品を提供する事業（例えば，ポリエスチレン絶縁材メーカー）を図式化したものである。

　このように，①顧客層，②顧客機能，③技術，の3次元で事業ドメインを

第4章 ドメイン

図表4-3-1 複数の顧客層対象の事業

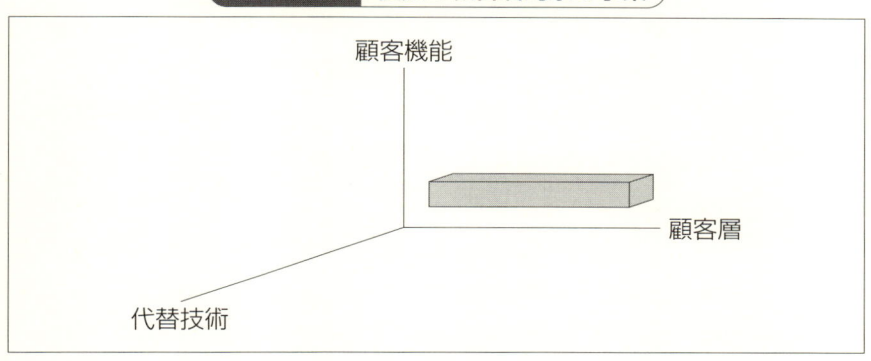

顧客機能

顧客層

代替技術

図表4-3-2 複数の顧客機能対象の事業

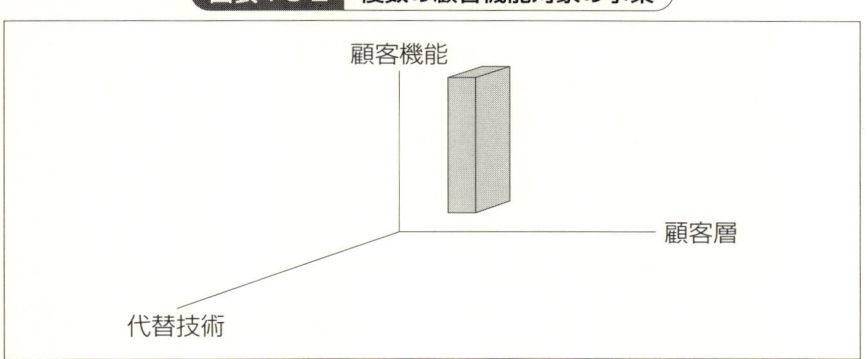

顧客機能

顧客層

代替技術

図表4-3-3 複数の代替技術に基づいた製品をもつ事業

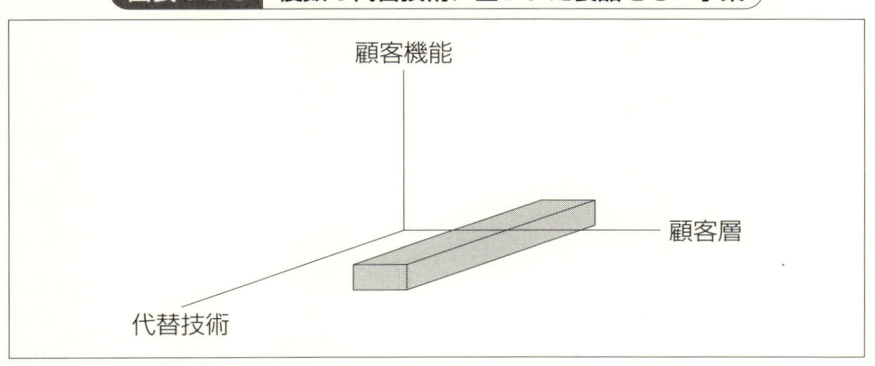

顧客機能

顧客層

代替技術

(出所) Abell,D.F.[1980] 訳書38頁。

考察すると，かなり体系的で詳細な検討が可能になるが，さらに具体的な事業ドメインを検討しようとすると，それぞれの次元上の「広がり（scope）」と「差別化（differentiation）」に関する考察が欠かせない。

すなわち，ある事業を定義する場合，第一に，①顧客層，②顧客機能，③技術，のそれぞれについて，どこまでを事業領域とするかという「広がり」を決定しなければならない。

第二に，①顧客層，②顧客機能，③技術，のそれぞれの次元について，どの程度の「差別化」を行うかを決定しなければならない。差別化は，①顧客層，②顧客機能，③技術，のそれぞれの次元で可能ではあるものの，それは製品のバリエーションによる方法，あるいはマーケティング上のバリエーションなど，多くの選択肢によって具体的に実現する。

次に，榊原［1992］によるドメイン定義の次元について考察する。榊原は，レビット［1960］の鉄道の事例を用いて，鉄道というドメイン定義の場合，①活動の物理的実体にだけに着目し，その意味で範囲が狭かった，②変化の方向性や発展の道筋を示唆することができなかった，③広く社会が納得するような一般性に欠けていた，という認識を示した[5]。

そして，ドメイン定義の次元として，①空間の広がり，②時間の広がり，③意味の広がり，の3つを提示した。以下，榊原［1992］が示した3つの次元について概観する。

① 空間の広がり：ある時点における組織体の活動の空間の広がり（狭い←→広い）の次元である。従来のドメインの議論は主にこの次元に着目してきた。これは一般的には，非常に狭い範囲で活動を行っているのか，あるいは逆に，多種多様な活動を行っているのかという対比で表される。レビットの議論でいえば，物理的定義か機能的定義かという対比に該当し，いうまでもなく機能的定義のほうが物理的定義よりもドメインの空間的広がりは大きい。実際のドメイン定義は，（狭い←→広い）の中間のどこかに位置づけられることになる。

② 時間の広がり：組織体の活動の時間の広がり（静的←→動的）の次元である。すなわち，ドメイン定義の中に，時間軸があるかどうかということ

であり，発展性，変化性，動態性の次元と言い換えてもよい。活動内容の変化やその方向，変化の道筋についての洞察を含まないドメインの定義は静的な定義である。逆に，変化についての洞察を含むドメインの定義は動的な定義である。実際のドメイン定義は，(静的←→動的) の中間のどこかに位置づけられることになる。

③ 意味の広がり：組織体の活動の意味の広がり (特殊的←→一般的) の次元である。これは，特定の経営者・管理者に固有で特殊なものか，それとも反対に，組織のメンバーや社会の共感を得ることができる一般的なものか，という対比で表される。すなわち，真善美といった普遍性の高い価値や倫理性の豊かなドメインは，意味の広がりが大きなドメインであるといえる。実際のドメイン定義は，(特殊的←→一般的) の中間のどこかに位置づけられることになる。

上述した榊原 [1992] の議論は，空間的，時間的，意味的な「広がり」に着目し，かつ事業の発展性を内包しており，極めて示唆に富む議論であるといえよう。しかしながら，これらの空間的，時間的，意味的な「広がり」は，ただ単に大きければよいというわけではない。広がりが大きすぎると，企業のアイデンティティが拡散するという致命的な危険性があることも十分に認識しておく必要がある。

❸ ドメイン・コンセンサス

今まで，レビット [1960] の鉄道の事例を出発点として，ドメイン定義の要件について，定義の方法，定義の次元について考察した。レビットは，米国の鉄道会社が斜陽化した原因は，輸送という機能的定義をせずに，鉄道という物理的定義をしたことにその原因があると考えた。すなわち，ドメインの定義を誤ったからだと考えたのである。

レビットの分析に対して，榊原 [1992] は，定義したドメインの内容も間違いなく重要ではあるものの，ある一定のドメインに執着し，それを墨守したことがむしろ失敗の原因ではないか，という疑問を投げかけた。企業と環境との社会的・相互作用的なプロセスが極めて重要であるという考えがその

図表4-4 ドメイン・コンセンサス（斜線部分）

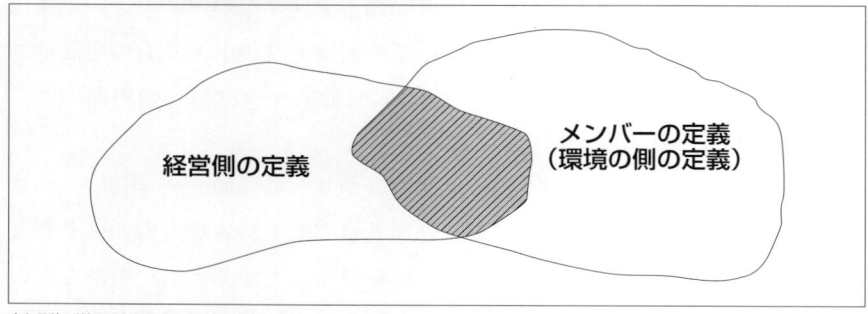

経営側の定義

メンバーの定義
（環境の側の定義）

（出所）榊原清則［1992］35頁。

根底にあるといえよう。

　確かに，企業は環境とのやりとりを通じて存続・発展するオープン・システムであるので，企業と環境とのドメインに関する社会的・相互作用的なプロセスを通じたコンセンサス（社会的合意）は必要不可欠である。榊原は，ドメインに関するコンセンサス（社会的合意）のことをドメイン・コンセンサスと呼び，その重要性について強調した[6]。

　もともと，ドメイン・コンセンサスの重要性を最初に指摘したのはトンプソン［1967］である。トンプソンは，「ドメイン・コンセンサスは，組織が何をし，何をしないかということについて，組織メンバーならびに彼らと相互作用の関係にある人々の双方の期待集合を規定する」と述べている。

　企業の成果は，企業とそれぞれの環境主体との協働作業である以上，企業が社会的にうまく機能するには，ドメインの定義が正しいことが必須要件であるものの，ドメイン・コンセンサスの確保もあわせて重要である。

3 ドメインの再定義

❶ 企業成長とドメインの変化

　上述したエーベル［1980］の三次元モデル（①顧客層，②顧客機能，③技

第4章　ドメイン

図表4-5　再定義のための戦略代案

戦　略	活動の広がり（あるいは差別性）		
	顧客層	顧客機能	技　術
1	同　じ	同　じ	ちがう
2	同　じ	ちがう	同　じ
3	ちがう	同　じ	同　じ
4	同　じ	ちがう	ちがう
5	ちがう	ちがう	同　じ
6	ちがう	同　じ	ちがう
7	ちがう	ちがう	ちがう

（出所）Abell,D.F.[1980] 訳書230頁。

術）も，榊原［1992］の三次元モデル（①空間の広がり，②時間の広がり，③意味の広がり）も，ドメイン定義の要件は，企業成長に伴って変化する。企業の長期的な存続・発展を考えると，ドメイン定義の要件は，変化することこそ常態であるといえよう。

エーベル［1980］は，図表4－5に示されるように，①顧客層，②顧客機能，③技術，の3次元のそれぞれについて，「広がり」と「差別化」を組合せることによって，ドメインの再定義のための7つの戦略代案を提示した[7]。

現実に，企業の成長に伴って，ドメイン定義の要件は変化する。例えば，①顧客層は日常的に変化している。顧客のセグメンテーションも，空間の広がり，時間の広がり，意味の広がりによって変化せざるを得ない。②顧客機能の変化も常態といえよう。顕在的な顧客ニーズのみならず，潜在的なニーズが時間的推移によって表出することが多い。③技術の変化も著しい。固有技術，管理技術，情報技術のいずれをとっても，日進月歩の進展を伴いながら変化している。

近年，わが国では，ほとんどの産業において，ドメインの変化として，①ハードからソフトへ，②川上化から川下化へ，③マス化からファイン化へ，などの潮流が観察される。

その中で，川下化，ファイン化の動きについてみてみよう。川下化の動き

図表4-6　川下化・ファイン化マトリクス

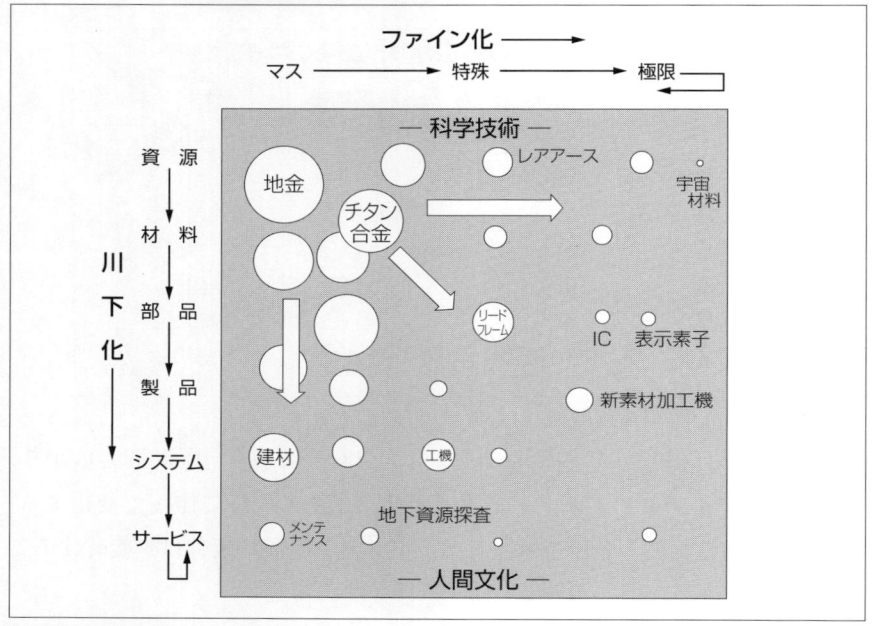

```
                    ファイン化 ──────→
            マス ──→  特殊 ──→  極限 ←┐
    ┌─────────────────────────────────┐
資   │        ─ 科学技術 ─              │
源   │    ○   ○   ○                    │
↓   │   地金     ○レアアース   ○      │
材   │                          宇宙    │
料   │   ○ チタン             ○材料   │
↓   │     合金   ──→                 │
川  部   │   ○  ○   ○                  │
下  品   │         ↓  ○リード          │
化  ↓   │   ○       フレーム  ○  ○   │
    製   │                    IC  表示素子│
    品   │   ○  ○   ○  ○新素材加工機   │
    ↓   │                               │
   システム│  ○   ○                      │
    ↓   │  建材  工機                   │
   サー  │   ○メンテ ○地下資源探査  ○  │
   ビス↑│     ナンス                    │
        │        ─ 人間文化 ─           │
        └─────────────────────────────────┘
```

（出所）近藤修司［1984］138頁。

としては，図表4－6に示されるように[8]，資源⇒材料⇒部品⇒製品⇒システム⇒サービスというように，システム化，サービス化が進展している。ファイン化の動きとしては，マス⇒特殊⇒極限というように，マスからミクロへとファイン化が進展している。

上述した川下化，ファイン化の潮流は，各企業が従来の自社のドメインを再定義したことによって，それが産業レベル，さらには経済レベルの変化の原因になったものである。

❷ ドメイン再定義の事例

次に，日本企業のドメインの再定義について，具体的な事例をみてみよう[9]。図表4－7に示されるように，富士写真フィルム，花王，シャープ，日本電気（NEC），東芝，西武セゾングループなど，日本企業の従来のドメイン定義では，その大半が，①事業対象，②事業形態，を中心とした物理的定義で

第4章 ド メ イ ン

図表4-7　日本企業の事例

企 業 名	従来のドメイン	ドメインの再定義
①富士写真フィルム	フィルム製造・販売	I＆I（イメージング＆インフォメーション）
②花　王	日用雑貨品製造・販売	界面化学，油脂化学，高分子化学，生物科学，応用物理
③シャープ	家庭用電器製造・販売	オプトエレクトロニクス
④日本電気（NEC）	通信機器製造・販売	C＆C
⑤東　芝	重電機器製造・販売	E＆E
⑥西武セゾングループ	流通業	市民産業

（出所）榊原清則［1992］，石井淳蔵=奥村昭博=加護野忠男=野中郁次郎［1996］等を参考にして筆者が作成。

あったのに対して，近年のドメインの再定義では，製品や技術がどのような機能を顧客に提供するかという機能的定義に変更していることが分かる。

同様に，米国企業のドメインの再定義について，具体的な事例について概観する[10]。図表4-8に示されるように，IBM，3M，Motorola，Hewlett-Packard，Johnson&Johnson，Wal-Mart，Walt Disneyなど，米国企業も従来のドメイン定義では，その大半が物理的定義であったのに対して，近年のドメインの再定義では，機能的定義に変更されつつある。

ドメインの再定義について，日本企業および米国企業の具体的な事例を考察すると，共通点として，まず物理的定義から機能的定義に変更されつつある。相違点としては，日本企業のドメインの再定義は，エーベルの3次元モデルでいえば，技術の次元を中心としている事例が多いが，米国企業のドメインの再定義は，顧客層および顧客機能の次元を中心としたものが多い。

図表4-8　米国企業の事例

企 業 名	従来のドメイン	ドメインの再定義
①IBM	コンピュータ製造・販売	problem solving（問題解決）
②3M	接着剤製造・販売	塗布技術，接着技術
③Motorola	情報通信機器製造・販売	最高の品質，適正な価格
④Hewlett-Packerd	情報通信機器製造・販売	技術的貢献
⑤Johnson & Johnson	医薬品製造・販売	苦痛と病の緩和
⑥Wal-Mart	ディスカウントストア	顧客の生活に貢献
⑦Walt Disney	娯楽提供	創造性と夢

(出所）榊原清則［1992］，石井淳蔵他［1996］等を参考にして筆者が作成。

❸ 経営戦略の大前提

　本書では，第1章において，「経営戦略とは，企業と環境とのかかわり方を将来志向的に示す構想であり，組織構成員の意思決定の指針となるもの」と定義して議論を進めている。

　企業と環境とのかかわり方は，①どのような顧客に，どのような製品（サービスを含む）を提供するか，②そのために，どのようなビジネス・システムを構築するか，③そのビジネス・システムには，どのような資源と能力を必要とするか，の3点が骨格になる。

　ドメインは，企業と環境とのかかわり方そのものを決めることであり，企業と環境とのインターフェースの基盤を構築することである。その意味で，ドメインの定義・再定義は，経営戦略の策定における大前提であり，基本的な立脚点となるので極めて重要である。

ドメインの再定義を行えば、それに伴って、本書で取り上げる経営戦略の構成要素のすべてについて、再構築をしなければならなくなる。
① 製品・市場戦略：ドメインの再定義に伴って、どのような製品・市場分野を選択するか、が根底から変わる可能性がある。
② 経営資源：ドメインの再定義によって、必要な経営資源をどのように蓄積するか、どのように配分するか、独自の資源展開によってどのようなコア・コンピタンスを形成するか、など経営資源に関する意思決定に多大なインパクトを及ぼすことが想定される。
③ 競争戦略：ドメインの再定義に伴って、従来の競争相手、従来の競争力の源泉などが大きく変わり、競争戦略そのものを抜本的に変革しなければならなくなる局面が想定される。
④ ビジネス・システム戦略：ドメインの再定義によって、ビジネス・システムをいかに構築するか、企業間関係をどのように変革するか、などビジネス・システムに関する意思決定に多大なインパクトを及ぼすことが想定される。

4 ドメインと場

❶ 場の概念

　従来のドメイン論は、上述したエーベル［1980］の三次元モデル（①顧客層、②顧客機能、③技術）も、榊原［1992］の三次元モデル（①空間の広がり、②時間の広がり、③意味の広がり）も、ドメインは、企業成長に伴って変化することを前提としている。特に、「広がり」と「差別化」が変化の根拠となっている。
　ところで、従来のドメイン論の特性として、自他の「二分法」的な発想が色濃く反映されている。具体的には、自社の視点から市場や顧客を「要素還元主義」的に客体として捉え、市場や顧客の操作可能性を重視しているとい

えよう。

「二分法」的な発想,「要素還元主義」的な発想の例外として,先述したドメイン・コンセンサスがあげられる。ドメイン・コンセンサスには,企業と社会の相互作用に関する視点が含まれており,相互作用的なプロセスを通じたコンセンサス(社会的合意)の重要性が強調された。

ところで,「計画的な成長(planned growth)」という自社中心の視点だけでなく,企業と環境の相互作用による「創発的な進化(emergent evolution)」という視点を含めると[11],ドメインと場の関連性について考察しておく必要がある。まず,場の定義についてみてみよう。

野中［2003］は,「場とは,特定の時間,場所,他者との関係性や状況のことであり,共有された動的文脈のことである」と定義している[12]。伊丹［2000］は,「場とは,人々が参加し,意識・無意識のうちに相互に観察し,コミュニケーションを行い,相互に理解し,相互に働きかけあい,共通の体験をする,その状況の枠組みのことである」,また,「人々の間の情報的相互作用の容れもの」と定義した[13]。西口敏宏［2000］は,「場とは,物理的・組織的な諸条件のもとに,限られたメンバーが相互作用するとき,共通して認識される関係性のプラットフォームである」と述べている[14]。山之内昭夫［2001］は,「場とは,物理的な場所という意味だけでなく,特定の時間と空間,あるいは関係の空間を意味する」と定義している[15]。

これらの定義をみると,場とは,時間や空間の関係,人々の関係など,関係性を構築する際の概念であることが明確に見えてくる。また,関係性が構築される中で,「自己組織化」が発生するという視点も欠かせない。すなわち,「場とは,関係性を構築し,あらゆるモノを相互作用的に伝達し,人々が交流する中で起こる自己組織化を通して,新たな知識を創造する枠組みである」[16]と定義することができる。そして,①関係性,②自己組織化,の2つをその鍵概念としてあげることができる。

第一に,関係性についてみてみよう。場の本質は,個人と個人,企業と企業など,関係性の構築にあるといえる。野中郁次郎＝紺野登［2000］によれば,「知識を創造する力は個人の中にあるのではなく,個人と個人との関係,

企業と環境との関係にある」[17]。すなわち，場における関係性こそが，新たなドメインなど，知識創造の源泉，知識創造の促進要因になり得るのである。

第二に，自己組織化についてみてみよう。今田［1999］は，「自己組織化とは，システムが環境との相互作用を営みつつ，自らのメカニズムに依拠して自己の構造をつくり変え，新たな秩序を形成する性質を総称する概念である」と定義している[18]。人と人，企業と企業など，複数の関係性を形成しているのが場である。場におけるこれらの関係性は，相互に作用し，新たな秩序を形成するために自己組織化を促す。この新たな秩序は，ドメインの再定義など，新知識，新価値に通じることが多い。

従来，自他の「二分法」的な発想に基づいて，自社の視点から市場や顧客を「要素還元主義」的に客体とみて，「計画的な成長」を目指してドメインの定義・再定義を行う場合が多かった。今後は，企業と環境の相互作用による「創発的な進化」という視点も欠かせない。その意味で，ドメイン論に場の概念を積極的に取り込む必要があると思われる。

❷ ビジネス・プラットフォーム

近年，プラットフォーム・ビジネスなど，プラットフォームという概念が多用されつつある。もともとプラットフォームとは，異なる階層にあるものを1つに統合することによって，新たな機能を生み出す構造・基盤という意味で使われる。

まず，プラットフォームの定義についていくつかみてみよう。片岡雅憲［2003］は，「プラットフォームとは，企業や個人がネットワーク上で情報価値の生産を行うための場である」と指摘した[19]。また，竹田陽子＝國領二郎［1996］によれば，「プラットフォームとは，階層的に捉えることのできる産業や商品において，上位構造を規定する下位構造（基盤）である」と定義している[20]。

従来，わが国の企業経営は，図表4-9に示されるように，クローズド型経営とオープン型経営に大別することができる[21]。クローズド型経営とは，人材，ノウハウ，販売網，系列など，1社で経営資源の独占または寡占を目

図表4-9 クローズド型経営とオープン型経営

「囲い込み」型経営	オープン型経営
人材／ベンダ／チャネルの囲い込み	自社の中核業務に資源を集中投入 外部資源の徹底利用
独自仕様インターフェース 　　囲い込み型ネットワーク分業 　　高固定費＝高成長（シェア）志向	標準インターフェース徹底利用 　　開放構造型ネットワーク分業 　　低固定費＝高利益志向
多角化・総合化へのプレッシャー 　　フルライン商品戦略 　　人を養うために事業を増やす 　　チャネル維持の為に商品増やす	専門化・分業化 　　外注化 　　戦略的提携 　　M＆Aによる再編成
複雑な組織構造 複雑な人事体系 増大する下部組織間の矛盾 増大する組織の自己防衛	単純明解で効率的な構造 明解な人事効果 矛盾の少ない組織 風通しの良い人的ネットワーク

（出所）國領二郎［1995］15頁。

指す経営のことである。他社との関係性が希薄で，独占的・寡占的なクローズド型経営は，日本的経営の基盤ともなってきた。國領二郎［1995］は，クローズド型経営を「囲い込み経営」と表現した上で，中核企業を中心とする強力な取引関係ネットワークが展開され，きめ細かな調整メカニズムが企業間に形成されて，他の企業が入り込む隙のない「持続可能な競争優位」のメカニズムをつくり上げてきたと指摘した[22]。クローズド型経営のドメインは，いうまでもなく固定的・継続的である。

他方，オープン型経営は，他企業との良好なネットワークを構築し，経営資源を相互に補完しながら，自社のコア・コンピタンスを向上しようとする経営手法である。

オープン型経営を採用すると，情報ネットワークによって企業間関係をオープンにせざるを得ない。ネットワークによる外部資源の活用がオープン型経営の最大のポイントになるからである。これらの外部資源の活用を実現するための戦略をオープン・アーキテクチャ戦略という。國領［1999］は，「オープン・アーキテクチャ戦略とは，本来複雑な機能をもつ製品やビジネ

ス・プロセスを，ある設計思想（アーキテクチャ）に基づいて，独立性の高い単位（モジュール）に分解し，モジュール間を社会的に共有されたオープンなインターフェースでつなぐことによって汎用性を持たせ，多様な主体が発信する情報を結合させて価値の増大を図る企業戦略のことである」と定義している[23]。

オープン・アーキテクチャ戦略に準拠すれば，企業と企業，企業と顧客とのコラボレーションが欠かせない。企業と企業，企業と顧客とのコラボレーションなど，ビジネス・プラットフォームに関わる事例は，近年急速に増加しつつある。

オープン型経営，オープン・アーキテクチャ戦略，企業間のコラボレーションなど，ビジネス・プラットフォーム上でオープンなビジネスが展開されるようになると，従来のドメインの定義とは様相が異なることはいうまでもない。この場合のドメインは，ビジネス・プラットフォームの全体，すなわち企業間ネットワークの集合体としての全体的なドメインと，モジュールに関するドメインに分けて考えないと全く意味がない。

❸ ビジネス空間の拡大

先述したエーベル［1980］も榊原［1992］も，ドメイン定義の次元として，空間を共に重視してきた。具体的には，空間の「広がり」と「差別化」が，ドメインの定義・再定義における重要な課題として認識されてきた。

ところが，従来のリアル・ワールドにおける本来的な空間に加えて，サイバー・ワールドが増大しつつある現在，ドメイン定義の次元として，空間に関する再認識が欠かせない。

今日の高度情報社会，ネットワーク社会は，情報面からみると，次の10のキーワードに集約することができよう。

① 広域化：時間的・空間的な制約の克服に伴う企業活動の広域化（グローバル化を含む）。
② 迅速化：情報通信技術の進展に伴う情報処理スピードの飛躍的な向上。
③ 共有化：情報の共有化に伴う意思決定，価値観，行動様式の共有。

④　統合化：生産，マーケティング，物流など経営諸機能の再統合・再構築。
⑤　同期化：情報の共有化に伴う意思決定，活動の同期化。
⑥　双方向化：情報発信者と情報受信者との区別の曖昧さに伴う行動様式の変化。
⑦　多様化：価値観，行動様式の個性化・多様化。
⑧　組織化：新たな組織形態，新たな組織間関係の創出。
⑨　ソフト化：財貨中心ではなく，サービスなどソフト中心へのシフト。
⑩　自働化：機械的発想・行動ではなく，生態的発想・行動へのシフト。

　上述した10のキーワードにみられるように，特に，サイバー・ワールドを中心として，近年ビジネス空間が飛躍的に拡大しつつある。

　サイバー・ワールドでは，上の10のキーワードの他にも，経済性の概念として，「限界収穫逓減」ではなく，「限界収穫逓増」の事例が現実化し，バーチャル・カンパニーなどの新しい組織形態が出現するなど，リアル・ワールドとは異なる現象が次々に発生している。

　サイバー・ワールドにおけるいわゆる「eビジネス」は，今やリアル・ワールドにおけるビジネスと複合的に展開されており，ドメインの定義・再定義においても複合的かつ創造的な思考が必要不可欠である。

5　ビジネス・モデル

❶ ビジネス・モデルとは

　近年，米国や日本において，ビジネス・モデル特許が脚光を浴びていることもあり，ビジネス・モデルという用語が日常的に多用されるようになってきた。

　しかしながら，ビジネス・モデルという概念は，極めて多様性があり，その定義も定かではない。そこでまず，ビジネス・モデルの定義に関する主な先行研究について，時系列的に考察する。

第4章 ドメイン

　國領［1999］は,「ビジネス・モデルとは,①誰にどんな価値を提供するか,②そのために経営資源をどのように組み合わせ,その経営資源をどのように調達し,③パートナーや顧客とのコミュニケーションをどのように行い,④いかなる流通経路と価格体系のもとで届けるか,というビジネスのデザインについての設計思想である」と定義した[24]。

　江上豊彦［2000］は,ビジネス・モデルを事業活動の形態と捉えたうえで,事業活動を推進するために,①顧客（顧客は誰なのか）,②顧客価値（顧客に対してどのような価値を提供するのか）,③提供手段（その方法はどうするのか）,④対価の回収手段（顧客に提供した価値の対価を誰からどのように受け取るのか）,という要素を述べて,「ビジネス・モデルとは,ビジネスの仕組み,ビジネスの構造である」と定義した[25]。

　片岡［2003］は,「ビジネス・モデルとは,経済活動において,①誰にどんな価値を提供するか,②その価値をどのように提供するか,③提供するにあたって必要な経営資源をいかなる誘因のもとに集めるか,④提供した価値に対してどのような収益モデルで対価を得るか,の4つの課題に対するビジネスの設計思想である」と定義している[26]。

　加護野忠男=井上達彦［2004］は,ビジネス・モデルの要素として,①どのような顧客に,②どのような価値を,③いかに提供すればいいのか,という3点をあげ,さらに類似用語として,①事業システム,②ビジネス・スキーム,③ビジネス・フォーマット,④ビジネス・パラダイム,⑤ビジネス・アーキテクチャ,の5つを指摘している[27]。

　これらの先行研究におけるビジネス・モデルの定義をみると,その概念は,①顧客,②顧客機能,③経営資源,④提供方法,⑤対価の回収方法,などの要素が重視されていることが分かる。ビジネスの仕組み,ビジネスの構造という面で捉えると,ドメインよりもビジネス・モデルのほうが概念の幅は大きい。つまり,ドメインはビジネス・モデルの1つの要素として位置づけられるからである。加護野=井上［2004］が指摘したビジネス・システムなど類似概念との異同点については,第8章において再度考察する。

❷ ビジネス・モデルの事例

近年,わが国では,ミスミ,ブックサービスなど,独自に構築したビジネス・モデルをベースとして,ドメインの定義・再定義を自在に行っている新たなタイプの企業が増えてきた。米国においても同様で,デル,フェデラル・エクスプレスなど,独自に構築したビジネス・モデルをベースとして,従来とは異なるドメインの再定義を行う企業が増えている。

ミスミの事例を用いて,具体的にみてみよう[28]。従来,ミスミの事業ドメインは金型卸であった。ところが,図表4-10に示されるように,独自に構築したビジネス・モデルをベースとして,金型用部品,FA用部品に加えて,

図表4-10　ミスミのビジネス・モデル

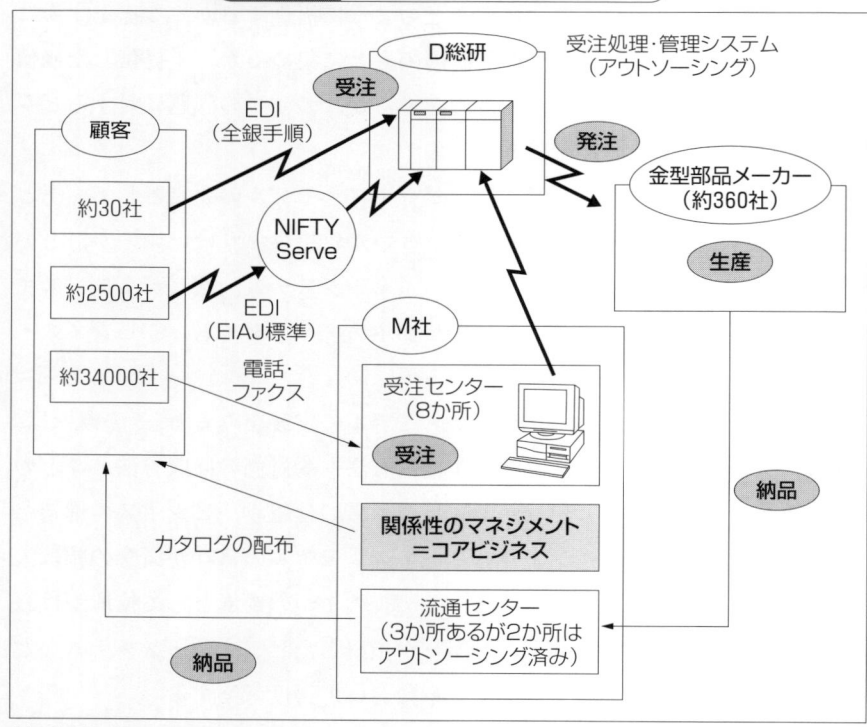

(出所)　岸川善光[1999] 171頁。

第4章 ドメイン

医療用品，業務用食材など，事業ドメインは多面的かつ急速に拡大しつつある。

ミスミのビジネスを概観すると，ビジネス・モデルが主役であり，製品・市場戦略など他の要因は脇役のようにも見える。それはなぜか。結論的にいえば，従来，ミスミのコア・コンピタンスは「金型部品の企画・設計」であるといわれてきたが，現在のコア・コンピタンスは，情報ネットワークを中心とする事業基盤を活用して，顧客と生産者との「関係の再構築」を含む「関係性のマネジメント」にシフトしているからである。

すなわち，「関係のマネジメント」によって，顧客と生産者との双方に便益（価値）を提供しており，事業基盤上で取り扱う製品・サービスは，極端にいえば何にでも適用することができる。ビジネス・モデルが主役であり，製品・市場が脇役のようにも見えるのも不思議なことではない。

❸ ドメインとビジネス・モデル

寺本義也＝岩崎尚人［2000］によれば，多くのビジネス・モデルを観察すると，下記の進化プロセスを経ているという[29]。

① 第一世代：ハードウェアの単品売り
② 第二世代：ハードウェアとソフトウェアの組み合わせ
③ 第三世代：サービス・パッケージ（ソリューション・ビジネス）
④ 第四世代：ネットワーク（多重利用）

先述したように，ビジネスの仕組み，ビジネスの構造という面で捉えると，ドメインよりもビジネス・モデルのほうが概念の幅は大きい。ビジネスの仕組み，ビジネスの構造が寺本＝岩崎［2000］が指摘するような進化プロセスを経るとすると，ドメインもそれに伴って大きく変化する。このように，ドメインに関する考察とビジネス・モデルに関する考察は，表裏一体の関係にあることが分かる。エーベル［1980］や榊原［1992］のドメイン定義の三次元モデルとの比較研究がさらに望まれる。

1）榊原清則［1992］6頁。
2）Drucker, P.F.［1954］訳書43-85頁。

3）Abell,D.F.［1980］訳書37頁。
4）同上書　訳書38頁。
5）榊原清則［1992］41頁。
6）同上書35頁。
7）Abell,D.F.［1980］訳書230頁。
8）近藤修司［1984］138頁。
9）榊原清則［1992］，石井淳蔵他［1996］等，ドメインの定義に関する事例研究を参照し，筆者の調査を踏まえて作成した。
10）榊原清則［1992］，石井淳蔵他［1996］等，ドメインの定義に関する事例研究を参照し，筆者の調査を踏まえて作成した。事例の中に，社名を変更した企業が含まれるが，参考文献に掲載されている当時の企業名をそのまま用いている。
11）寺本義也＝岩崎尚人［2000］18-19頁。
12）野中郁次郎［2003］14-15頁。(國領二郎＝野中郁次郎＝片岡雅憲［2003］，所収)
13）伊丹敬之［2000］13-14頁。(伊丹敬之＝西口敏弘＝野中郁次郎編［2000］，所収)
14）西口敏弘［2000］5頁。(伊丹敬之＝西口敏弘＝野中郁次郎編［2000］，所収)
15）山之内昭夫［2001］184頁。(亀岡昭男＝古川公成［2001］，所収)
16）谷井良［2004b］160頁。(岸川善光編［2004b］，所収)
17）野中郁次郎＝紺野登［2000］45-46頁。(伊丹敬之＝西口敏弘＝野中郁次郎編［2000］，所収)
18）今田高俊［1999］396頁。(神戸大学大学院経営学研究室編［1999］，所収)
19）片岡雅憲［2003］114頁。(國領二郎＝野中郁次郎＝片岡雅憲［2003］，所収)
20）竹田陽子＝國領二郎［1996］http://www.ecrp.org/topic-s/platform/plat-rp.html。
21）國領二郎［1995］15頁。
22）國領二郎［1999］12頁。
23）同上書21頁。
24）同上書24頁。
25）江上豊彦［2000］42頁。(ＢＭＰ研究会編［2000］，所収)
26）片岡雅憲［2003］110頁。(國領二郎＝野中郁次郎＝片岡雅憲［2003］，所収)
27）加護野忠男＝井上達彦［2004］7頁。
28）岸川善光［1999］171頁。
29）寺本義也＝岩崎尚人［2000］43-46頁。

第5章 製品・市場戦略

本章では，製品・市場戦略について考察する。製品・市場戦略は，第4章で考察したドメイン，さらには第3章で考察した全体戦略としての事業ポートフォリオ戦略の具現化のプロセスであるといえる。

まず，製品・市場戦略の定義について理解した後，リスクを機会とみるか脅威とみるかのツールである製品・市場マトリクス，共通の経営資源を活用することによって得られるシナジー，どの製品・市場分野に進出するかを検討する成長ベクトルなど，製品・市場戦略で用いられる基本的な概念について理解を深める。

次に，多角化戦略について考察する。多角化戦略は，経営戦略論の生成期以来，経営戦略論の中核的なテーマとされてきた。多角化戦略の動機，多角化戦略のタイプ，関連型多角化と非関連型多角化の3つに焦点を絞り，理論面と現実面の双方から理解を深める。

次いで，差別化と細分化について考察する。具体的には，製品差別化，市場細分化，業界細分化の3点を取り上げて，差別化の目的と効果，細分化の目的と効果について考察する。

さらに，製品・市場戦略の具体的な課題として，新製品開発について考察する。新製品開発の意義，新製品開発のプロセス，製品開発と技術の3つに焦点を絞り，現実を踏まえつつ考察する。

最後に，製品・市場戦略のもう1つの具体的な課題として，新市場開拓について考察する。参入戦略と撤退戦略を1つのパッケージとして捉え，さらに情報化の進展によって，新市場も次第にグローバル化の方向へ進展するであろうことを正しく理解する。

1 製品・市場戦略の意義

❶ 製品・市場戦略とは

　企業活動の基本は，特定の製品（サービスを含む）を，特定の市場に提供して，その対価を得ることであるといえる。現在の製品・市場が企業に安定した利益をもたらしていても，環境の変化によって，いつ売上・利益が減少するとも限らない。そのような事態に備えて，将来どの事業分野において，どのような製品を，どのような市場に提供するか，を決定するのが製品・市場戦略（product-market strategy）である。具体的には，製品分野と市場分野との組合せを決定し，製品・市場構造そのものを決定する戦略を製品・市場戦略という。

　製品・市場戦略は，第4章で考察したドメイン，さらには第3章で考察した全体戦略としての事業ポートフォリオ戦略の具現化のプロセスであるということができる。また，企業の将来のあるべき姿を目指して，製品・市場分野における自己革新のシナリオとしても，極めて重要な位置づけを占める。

　製品・市場戦略は，製品の定義と市場の定義がその出発点になる。製品の定義では，製品ラインの「広がり」「差別化」「ポジショニング」の視点が重視される。これらは，PPM（プロダクト・ポートフォリオ・マネジメント）と並行しつつ，体系的な研究がすでに蓄積されつつある。また，市場の定義では，市場の多様性および異質性を認識し，さまざまな需要区分に基づいて市場を分割した上で，市場の「広がり」「差別化」「ポジショニング」の視点が重視される。

　第2章ですでに考察したように，経営戦略論の生成期にあたる1960年代において，チャンドラーやアンゾフは，製品・市場戦略の1分野である多角化戦略を経営戦略の中核的な課題としたが，多角化戦略だけではなく，製品・市場戦略の重要性は現在もいささかも薄れていない。むしろ，その重要性は

増大しているとさえいえよう。

❷ 製品・市場マトリックス

製品・市場戦略を策定するうえで，現在の製品・市場を基点にして，将来の方向を検討するスタイナー［1979］の製品・市場マトリックスは，極めて有用なツールである[1]。

製品・市場マトリックスは，図表5-1に示されるように，製品および市場について，①現在，②関連あり，③関連なし，の3つに区分される。現在の製品・市場分野では，共通する経営資源を利用できるのでリスクは低いが，関連のない分野でのリスクは極めて高い。

第1章において，リスクには，①企業発展の機会という側面，②企業存続にとって脅威という側面，という2つの側面があると述べた。この製品・市場マトリックスは，まさにリスクを機会とみるか脅威とみるかのツールでもある。

リスクを考える際の観点として，共通の経営資源（共有経営要素）を利用できるかどうかという問題は大きい。スタイナーの製品・市場マトリックスでいえば，現在および関連する分野において比較的にリスクが低いのは，共通の経営資源（共有経営要素）を効果的に利用できるからに他ならない。

ところで，アンゾフ［1965］は，このような共通の経営資源（共有経営要素）を有機的に結合させることによって生まれる効果をシナジー（synergy）

図表5-1　製品・市場マトリックス

市場＼製品	現　在	関連あり	関連なし
現　在	低いリスク		高いリスク
関連あり			
関連なし	高いリスク		非常に高いリスク

（出所）Steiner, G.A.［1979］p.180.

と呼んだ。シナジーとは，いわば相乗効果のことである。

シナジーは，通常，次の4つに区分される[2]。

① 販売シナジー：新事業分野（製品・市場）に進出するにあたって，現在の流通経路，販売組織，広告・宣伝，販売促進，ブランド・イメージなどの利用によって生まれる相乗効果。

② 生産シナジー：新事業分野（製品・市場）に進出するにあたって，現在の生産設備（工場，機械，工具など），原材料，技術ノウハウなどの利用によって生まれる相乗効果。

③ 投資シナジー：新事業分野（製品・市場）に進出するにあたって，現在の工場，機械・設備などの利用による相乗効果。

④ 経営管理シナジー：新事業分野（製品・市場）に進出するにあたって，現在の経営管理者が現在の事業分野で身につけた経営管理ノウハウ，スキルなどの利用によって生まれる相乗効果。

シナジー（相乗効果）の概念は，ペンローズ（Penrose,E.T.）［1959］やアンゾフ［1965］によってはじめて用いられて以来，その後多くの研究者・実務家によって広く普及した。

このシナジー（相乗効果）と類似の概念として，相補（complement）効果がある。相補効果とは，例えば，遊休設備を活用して，別の製品を生産する場合の効果などをいう。すなわち，複数の事業や製品が相互に補い合って，1つの経営資源をより高い水準で活用できるような場合，相補効果があるといわれる。

❸ 成長ベクトル

製品・市場戦略では，どの製品分野，どの市場分野に進出するかの決定は極めて重要である。アンゾフ［1965］は，図表5－2に示されるように，製品と市場をそれぞれ現有分野と新規分野に分け，その組合せによって，4つの製品・市場分野をあげている[3]。アンゾフはこれを成長ベクトルと呼んだ。

成長ベクトルは，現在の製品・市場分野との関連において，企業がどの方向に進むかを決定するツールである。

第5章 製品・市場戦略

図表5-2 成長ベクトル

市場＼製品	現	新
現	市場浸透	製品開発
新	市場開発	多角化

(出所) Ansoff,H.I.[1965] 訳書137頁。

成長ベクトルの４つのセルごとにみてみよう。

① 市場浸透戦略（market penetration strategy）：現有の製品・市場分野にとどまり，売上を伸ばし，シェア（市場占有率）を高めていく戦略である。具体的には，コストの低減，広告・宣伝の強化などがあげられる。

② 市場開発戦略（market development strategy）：現有の製品で新たな市場を開拓して，成長の機会を見出していく戦略である。具体的には，海外市場の開拓，既存製品の用途開発による新規市場セグメントの開拓などがあげられる。

③ 製品開発戦略（product development strategy）：現有の市場に対して新製品を投入して，売上の増大を図る戦略である。具体的には，新たな製品機能，用途の創出などがあげられる。

④ 多角化戦略（diversification strategy）：製品，市場ともに新たな分野に進出し，そこに成長の機会を求める戦略である。具体的には，技術開発，業務提携，M＆A（合併・買収）などがあげられる。

2 多角化戦略

❶ 多角化戦略の動機

多角化戦略とは，上述したように，製品，市場ともに新たな分野に進出し，

そこに成長の機会を求める戦略である。例えば，自動車産業に属する企業が住宅産業や情報産業に進出する場合，製品，市場ともに新たな分野になるので，こういう場合のことを多角化（diversification）という。

1960年代の経営戦略論の生成期において，多角化を経営戦略の中心的な課題として位置づけたのはアンゾフである。第1章でみたように，アンゾフは，企業における意思決定を，①戦略的意思決定，②管理的意思決定，③業務的意思決定，の3つに分類した[4]。戦略的意思決定とは，「企業と環境との関係を確立する決定」であるので，その中心的な課題となるのは，どのような事業分野（製品・市場分野）を選択すべきかの決定，すなわち，多角化に関する意思決定ということになる。

このように，チャンドラーやアンゾフの頃から，多角化はいつも製品・市場戦略，ひいては経営戦略における中核的な課題であった。しかしながら，多角化によって成長の機会を見出すことは現実的にはなかなか困難であり，上でみたように，共通の経営資源（共有経営要素）をもたない分野に進出するのでリスクも大きい。

これだけ大きなリスクを伴う多角化が，なぜ実務的にも理論的にも注目されるのであろうか。多角化戦略の動機とは何であろうか。多角化の動機は企業ごとに異なるものの，一般的に，次の3つに集約することができよう。

① 製品のライフサイクル：製品にはライフサイクルがあるので，主力の単一製品だけに依存していると，その製品が衰退期に近づき需要が減退するに伴って，企業の存続そのものが危うくなる。そこで，製品のライフサイクル（開発期，導入期，成長期，成熟期，衰退期）のバランスをとるために新たな製品・市場分野に進出する。

② 利益の安定：業界内での競争の激化，代替品の出現による需要減退など，さまざまな競争要因によって，安定的に利益を確保することは極めて困難である。そこで，安定的な利益の確保を目指して，異なる業界や異なる分野の製品・市場分野に進出する。

③ 余剰資源の活用：企業活動を通じて，どの企業にも未利用経営資源が蓄積される。具体的には，経営ノウハウ，ブランド，顧客の評判などが未利

用経営資源の例としてあげられる。未利用経営資源がそのまま放置されると余剰資源になるので，それらを活用するために新たな製品・市場分野に進出する。

このように，多角化の動機を考察すると，多角化は企業成長の機会だけではなく，企業存続の脅威に対するリスク・ヘッジ（危険分散）としての役割も大きいことが分かる。

❷ 多角化戦略のタイプ

次に，多角化のタイプについて考察する。多角化のタイプとして，アンゾフ［1965］は，図表5－3に示されるように，水平型多角化，垂直型多角化，集中型多角化，集成型（コングロマリット型）多角化，の4つに分類している[5]。

以下，4つの多角化戦略のタイプについてみてみよう。

① 水平型多角化：現在の製品分野の顧客を基盤として，現在の製品分野に関連した製品を投入することである。例えば，自動車メーカーがオートバイやクルーザーに進出しているのは，この水平型多角化の典型的な事例である。水平型多角化の動機としては，既存の生産技術や流通経路を活用することによるシナジーの確保があげられる。

② 垂直型多角化：供給連鎖（サプライ・チェーン）の川上（原材料）から川下（消費）にかけて，複数の事業分野で事業を展開することである。垂直型多角化はさらに，現在の事業分野から川下に進出する前方的多角化，逆に，川上に進出する後方的多角化，の2つに区分される。前方的多角化の事例として，素材メーカーや部品メーカーが完成品の分野に進出する事例があげられる。後方的多角化の例としては，川下を担うスーパーが自社ブランドを開発して生産にまで進出する事例があげられる。

③ 集中型多角化：特殊なマーケティング能力，技術能力をもつ企業が，現在の製品・市場に関連する事業分野に進出することである。例えば，洋酒メーカーが醸造技術を応用してバイオ関連の薬品分野に進出したり，引越輸送業者が家具や電化製品のレンタル事業に進出する事例などが集中型多

図表5-3 多角化戦略のタイプ

顧客＼製品	新製品 技術関連あり	新製品 技術関連なし
同じタイプ	水平型多角化	水平型多角化
従来と全く同じ顧客	垂直型多角化	垂直型多角化
類似タイプ	(1)* 集中型多角化	(2)* 集中型多角化
新しいタイプ	(3)* 集中型多角化	集成型多角化

※左列の見出しは「新しい使命（需要）」

*(1) マーケティングと技術が関連しているもの
*(2) マーケティングが関連しているもの
*(3) 技術が関連しているもの
(出所) Ansoff, H.I. [1965] 訳書165頁。

角化の事例としてあげられる。

④ 集成型多角化：現在の製品・市場分野とほとんど関連性のない事業分野に進出することである。例えば，鉄鋼メーカーが水産養殖業に進出した事例はこの集成型多角化の事例である。集成型多角化は，経験のない異分野での事業展開であるため，他の多角化と比較するとリスクは格段に大きい。

多角化は企業成長の機会として，さらにリスク・ヘッジ（危険分散）の手段として，世界中の企業において広く推進されている。また，多角化のタイプもますます多様化しつつある。

ところが，近年，この多角化について経営資源の有限性という観点から見直しの動きがある。すなわち，経営資源は無限に存在するのではないという現実を踏まえて，より事業の収益性を向上しようという動きが顕著になりつつある。具体的には，企業は事業分野（製品・市場分野）の「選択」と「集中」を強く推進するようになりつつある。

❸ 関連型多角化と非関連型多角化

　多角化を本業と新事業との関連で分類すると，「関連型多角化」と「非関連型多角化」の2つに大別される。

　関連型多角化（related diversification）とは，既存事業と新事業との間に，製品の用途，生産技術，流通チャネル，マネジメント・ノウハウなどを共有し，シナジーの実現を目指す多角化のことである。

　他方，非関連型多角化（unrelated diversification）とは，外部の経営資源をM＆Aなどの手段によって獲得する事例にみられるように，既存事業と新事業のシナジーを特に考慮することなく推進する多角化のことである。

　次に，関連型多角化と非関連型多角化のパフォーマンスについて考察する。具体的には，関連型多角化と非関連型多角化のパフォーマンスはどちらが高いのであろうか。そこで，関連型多角化と非関連型多角化のパフォーマンスの比較をしたルメルト［1974］と吉原英樹他［1981］の実証研究について考察する。

　その前に，基本的な枠組みとして，ルメルト［1974］と吉原他［1981］が採用した戦略タイプは，基本的に下記の7つ（◇）であることを確認しておこう。

(1)　専業型（S）……………◇専業戦略
(2)　垂直型（V）……………◇垂直型統合戦略
(3)　本業中心多角化（D）……本業中心多角化戦略
　　① 本業・集約型（DC）…◇本業中心集約型多角化戦略
　　② 本業・拡散型（DL）…◇本業中心拡散型多角化戦略
(4)　関連分野多角化（R）……関連分野多角化戦略
　　① 関連・集約型（RC）…◇関連分野集約型多角化戦略
　　② 関連・拡散型（RL）…◇関連分野拡散型多角化戦略
(5)　非関連型（U）……………◇非関連型多角化戦略

　ルメルト［1974］によれば，図表5－4に示されるように，米国企業の多角化のタイプとパフォーマンスとの関連性を考察すると，彼の分類による

図表5-4 多角化のタイプとパフォーマンス（米国企業）

戦略タイプ　　　パフォーマンス	投下資本収益率（ROC）	自己資本利益率（ROE）	売上成長率	利益成長率
垂直型	−2.28	−2.46	−1.59	−1.38
専業型	0.29	0.56	−1.84	−3.91
本業—集約型	**2.19**	**2.27**	**0.47**	**0.36**
本業—拡散型および本業非関連	−1.83	−2.36	−2.08	−0.62
関連—集約型	**1.45**	**1.47**	**0.61**	**1.67**
関連—拡散型	−0.09	−0.36	−0.95	−1.57
非関連型	**−1.12**	**−2.26**	**−2.91**	**−0.94**
コングロマリット型	−0.96	0.49	11.63	9.92
全体平均	10.52	12.64	9.01	8.72

（注）各戦略タイプのパフォーマンスは全体平均からの偏差で示してある。
（出所）Rumelt,R.P.[1974] 訳書120−121頁。

「本業中心集約型多角化」が最もパフォーマンス（投下資本収益率，自己資本利益率，売上成長率，利益成長率）が高い。また，「関連分野集約型多角化」がそれに次いでパフォーマンスが高い。一方，非関連型多角化のパフォーマンス（投下資本収益率，自己資本利益率，売上成長率，利益成長率）はいずれも低い。この結果から，ルメルトは「関連型多角化」を採用している企業のほうが「非関連型多角化」を採用している企業よりもパフォーマンスが高いと結論づけた。

次に，吉原他［1981］によるわが国における多角化のタイプとパフォーマンスとの関連性についてみてみよう。吉原他［1981］は，図表5−5に示されるように，ルメルト［1974］の実証研究のいわば追試を行った結果，米国とよく似た結果がでたことを明らかにした。

すなわち，吉原他［1981］によれば，収益性に関するパフォーマンスでは，既存事業（本業）を中心として，関連分野にネットワーク状に多角化している企業のパフォーマンスが高い。成長性に関するパフォーマンスでは，「本業集約型多角化」や「関連分野集約型多角化」よりも，「非関連型多角化」に積極的に多角化を推進している企業の業績が高かった。既存事業と新規事

図表5-5　多角化のタイプとパフォーマンス（日本企業）

戦略タイプ \ パフォーマンス	投下資本収益率（ROC）	自己資本利益率（ROE）	売上成長率	利益成長率
垂直型	−2.24	−1.76	−1.76	−0.25
専業型	0.57	1.08	−0.99	−5.14
本業―集約型	**4.28**	**1.50**	**−1.36**	**−0.01**
本業―拡散型	−0.88	1.49	0.87	−1.56
関連―集約型	**2.67**	**1.77**	**2.55**	**3.18**
関連―拡散型	−1.14	−0.89	1.25	3.05
非関連型	**−2.26**	**−1.67**	**0.14**	**1.17**
全体平均	13.13	10.78	14.59	11.56

（注）各戦略タイプのパフォーマンスは全体平均からの偏差で示してある。
（出所）吉原英樹他［1981］160頁。

業の間のシナジーがこの違いをもたらしたと考えられる。

　このように，米国でも日本でも，多角化のタイプとパフォーマンスとの関連性をみると，一般的には，「関連型多角化」のほうが「非関連型多角化」よりもパフォーマンスが高いことが分かる。近年，各企業がコア・コンピタンス（中核能力）に経営資源を集中し，多角化戦略においても，コア・コンピタンス（中核能力）の関連事業分野に経営資源を集中して，利益を向上しようとしている背景と合致しているといえよう。

3　差別化と細分化

　製品・市場戦略においては，コトラー（Kotler,P.）［1989b］［1991］やアーカー［1984］［2001］の指摘を待つまでもなく，製品一般，市場一般を対象とした漠然とした戦略では，製品・市場戦略の所期の効果を実現することはほとんど期待できない。特定の顧客ニーズ，標的市場，標的業界を絞り込むことが不可欠である。製品・市場戦略を効果的ならしめるには，製品，市

場,業界について,複数のセグメント(segment)に分割することがその前提となる。すなわち,製品・市場戦略には,①製品差別化,②市場細分化,③業界細分化,の3つが必要不可欠である。

製品差別化,市場差別化,業界差別化を踏まえて,図表5－6に示されるように,その企業の製品構造,市場構造を体系的かつ客観的に決定することができる[6]。

図表5-6　製品・市場構造マトリクス

製品\市場	ガソリン	ロータリー	ディーゼル 空冷	ディーゼル 水冷 小型 横	ディーゼル 水冷 小型 タテ	ディーゼル 水冷 大型 タテ	評価 成長性	評価 自社の強さ
農機	◨	□	◨	◨	◨	□	↗	○
船 小	□	◨	□	◨	□	□	→	◎
船 大	□	□	□	□	◨	◨	↘	△
建機	□	□	□	□	□	□	↗	○
ビル用	◨	◨	◨	□	□	□	→	◎
OEM	□	□	◨	◨	◨	□	↗	×
海外	□	□	◨	◨	□	□	↗	○
評価 成長性	↗	↘	→	→	↗	→		
評価 自社の強さ	△	△	△	◎	◎	○		

凡例:
市場の成長性 ＼／ 市場の強さ
　　　　　　／＼ 市場の成長性
　　　　　製品の強さ

▲ 強い,高い
▲ 普通,中
△ 弱い,低い

(出所)近藤修司[1985] 148頁。

❶ 製品差別化

　製品差別化（product differentiation）とは，製品の品質，性能，包装，販売経路，サービスなど，製品の特性を基準として，他社の製品と差異をつけて，顧客に異なる製品であることを認識させることである。最近では，差別化という用語の他に，区別化，差異化などの類似用語が用いられることもある。

　製品差別化に必要な要素としては，①規模（広がり），②類似性，③測定可能性，④接近可能性，⑤防御可能性，などがあげられる。これは，後述する市場細分化に必要な要素とも共通する。なぜならば，両者は，多様化するニーズに対応するための施策であるという共通点を有しており，製品差別化と市場細分化は，もともとよく似た概念であるからである。

　しかし，製品差別化が製品そのものの差異に着眼した製品志向の概念であるのに対して，市場細分化は，顧客のニーズの差異に着眼した市場志向の概念であるという違いがある。

　製品差別化は，企業すなわち供給側の多様性と異質性を認識することによって，競合企業に対する製品面における差別優位性を実現しようとする戦略的概念である。製品そのものの差異を競争優位の源泉とするので，価格競争を避けることが可能になり，一般に高い利益を得ることができる。しかし，製品差別化ができる製品とできない製品があることに留意しなければならない。

❷ 市場細分化

　市場細分化（market segmentation）は，1920年代におけるＧＭのフルライン戦略にみられるように，実務的には第二次大戦前からすでに実践されてきた。しかし，市場細分化という明確な概念は，スミス［1956］の「代替的マーケティングとしての製品差別化と市場細分化」という論文によって登場したというのが定説とされている。

　市場細分化とは，市場全体を複数のセグメントに分割することである。すなわち，市場細分化は，市場すなわち需要側における多様性と異質性を認識

することによって，コトラー［1980］［1989b］が指摘するように，さまざまな細分化＝セグメンテーション（segmentation）の基準に基づいて，市場をいくつかの顧客別のセグメント（部分集合）に分割することである。

市場細分化に必要な要素としては，前述した製品差別化に必要な要素と同様に，①規模（広がり），②類似性，③測定可能性，④接近可能性，⑤防御可能性，などがあげられる。

市場細分化を行う場合，どのような細分化の基準を選択するか，が最も重要な課題である。細分化の基準としては，顧客のタイプ，顧客に求められる機能・性能，価格に対する敏感さ（センシティビティ），用途，ブランド・ロイヤルティ，ブランド知覚などがあげられる。さらに，人口統計的なデータをもとにした顧客の一般的な分類基準として，地域，所得水準，規模，業種，年齢，性別，職業などが考えられる。

市場細分化によって，企業はどのセグメントを標的市場とするかを決定することができる。標的市場の決定に際して，2つのパターンがある。第一のパターンは，1つの市場の中のほとんどのセグメントに対して，製品を投入して競争することを選択することである。第二のパターンは，単一あるいは少数のセグメントに焦点を合わせることである。

第一のパターンの戦略をフルライン戦略，あるいはプラグ戦略といい，第二のパターンの戦略を焦点化戦略，市場特化戦略，ニッチ（niche）戦略などと呼ぶ。ここでニッチとは，隙間あるいは適所のことである。第二のパタ

図表5-7　プラグ戦略とニッチ戦略

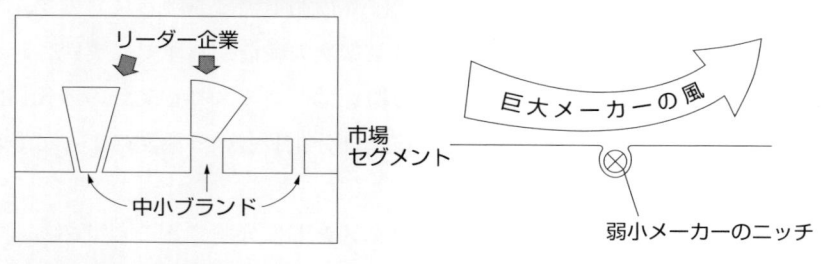

（出所）大前研一編［1979］67頁。

ーンの戦略をとる企業をニッチャーと呼ぶ。

プラグ戦略は，図表5－7に示されるように[7]，圧倒的に強い企業が市場のニッチに栓（プラグ）をしてしまい，市場の大半のセグメントを獲得する戦略のことである。他方，ニッチ戦略とは，競争力の弱い企業が自社に適合したニッチを探索し，競争力の強い競合企業からの直接の攻撃を避けながら，ニッチ市場における影響力を行使する戦略のことである。

❸ 業界細分化

ポーター［1985］によれば，業界は単一ではない[8]。業界内のセグメントも業界と同じように競争構造をもっており，ポーターのいう「5つの競争要因」の力関係は，セグメントごとに異なる。買い手の価値連鎖も，売り手の価値連鎖も，セグメントごとに異なる。

したがって，①業界内のどのセグメントで競争すべきか，②どのセグメントならば，セグメント間に障壁を築いて競争優位を持続できるかという問題は，企業が直面する重大な戦略課題といえる。

業界細分化とは，製品・市場戦略の策定を目的として，業界をセグメントに分割することである。業界細分化は，上述した市場細分化という概念をその中に含むが，それよりももっと広い概念である。

市場細分化は，顧客のニーズや購買行動の差異を見つけ，自社の能力に適したセグメントに対して，明確に異なるマーケティング・ミックスを実施することを狙いとする。市場細分化は，主として価値連鎖の中のマーケティング活動に焦点をあてる。

これに対して，業界細分化は，買い手の購買行動ばかりでなく，すべてのコスト・ビヘイビアをも対象とするので，ここでのコストには生産コストだけでなく，買い手に奉仕するコストも含まれる。すなわち，業界細分化は価値連鎖の全体に関係するのである。具体的には，セグメント間の構造的魅力度の相違，異なるセグメントに同時に貢献する場合の矛盾，などを明らかにすることによって，細分化の新たな基準を発見し，それによって競争優位を構築することが業界細分化の狙いである。

図表5-8　セグメント間における5つの要因の違い

買　い　手

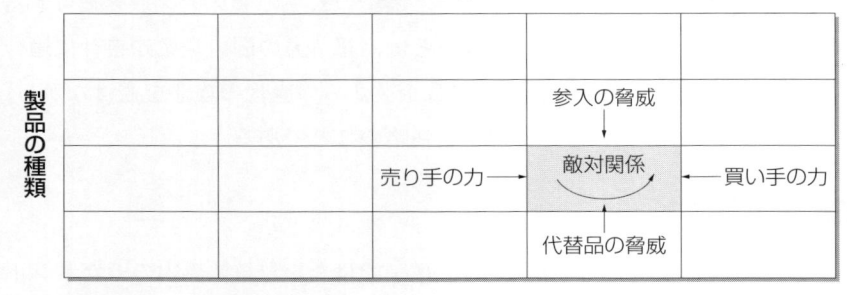

製品の種類					
				参入の脅威 ↓	
			売り手の力 →	敵対関係	← 買い手の力
				↑ 代替品の脅威	

（出所）Porter,M.E.[1985] 訳書287頁。

　業界細分化の根拠を整理すると，業界内の製品や買い手，またはその両方が一様ではなく，それが構造上の魅力を左右し，あるいは供給上の競争優位の確保の方法を変えるからである。換言すれば，製品や買い手の間の構造上の魅力度や競争優位の必要条件の違いが業界セグメントの根拠となる。

　ポーターのいう「5つの競争要因」は，図表5-8に示されるように，業界のセグメントによって異なる[9]。

　ポーター[1985]は，業界細分化の基準として下記の4つを例示している[10]。

① 　製品の品種：現に生産されているか，もしくは生産できる個々の品種。
② 　買い手のタイプ：業界の製品を購入しているか，またはその可能性のある最終の買い手のタイプ。
③ 　チャネル：最終の買い手に届けるための中間の流通チャネル。
④ 　買い手の地理的立地：国，地方，地域など買い手の地理的立地。

4　新製品開発

❶ 新製品開発の意義

　新製品開発とは，狭義にはアンゾフ[1965]が指摘したように，既存市場

第5章 製品・市場戦略

に新しい製品を導入することによって成長を図る企業成長戦略の1形態のことである。広義には，新たな製品開発全般を指す。新製品開発は，通常は，研究開発部門あるいは技術部門を中心に，製造技術部門，営業部門などと協働して行われる。

　新製品開発には，製品構成の変革という側面がある。河野豊弘［1985］は，図表5－9に示されるように，新製品を，①用途（既存製品と同じまたは類似），②技術（既存製品と同じまたは類似），という2つの観点から分類した。さらに新製品を周辺的製品（同じ用途の製品の改良品）と新事業に区分した。その分類基準を用いて，カメラとフィルムの企業を分析したところ，周辺的製品（図表5－9では（H）（J）に該当する）の開発が非常に多いことを検証した。また，失敗事例の大半が新事業であることも判明した。

図表5-9　新製品の分類

分類基準

技術 ＼ 用途	既存製品と同じまたは類似	用途異なる マーケティング関連	用途異なる マーケティング無関連
既存製品と同じまたは類似	(H)（現在製品）改良製品 補完品	(A)マーケティングと技術関連の追加製品	(B)技術関連の追加製品
異なる	(J)代替品 補完品	(C)マーケティング関連の追加製品	(D)異業種的追加製品（新事業）

カメラとフィルム企業の新製品の事例

技術 ＼ 用途	既存製品と同じまたは類似	用途異なる マーケティング関連	用途異なる マーケティング無関連
既存製品と同じまたは類似	(H)（フィルムとカメラ）ASA400のカラーフィルム	(A)磁気テープ	(B)工業薬品 感圧紙
異なる	(J)ビデオカメラ	(C)コピー機 ワードプロセッサ	(D)在宅建設

（注）現在すでに多角化していれば大部分の製品は(H),(J)に入ってしまう。
（出所）河野豊弘［1985］182頁を筆者が一部修正。

製品開発の重点は，プロダクト・ライフサイクルの段階（①開発期，②導入期，③成長期，④成熟期，⑤衰退期）によってそれぞれ異なる。
① 開発期：新たな顧客機能（機能，性能など）の提案を通じた市場の創造，開発期間の短縮など。
② 導入期：広告キャンペーンなどによる製品の認知度向上，新たな顧客機能（新用途，組合わせなど）の提案による認知度向上など。
③ 成長期：製品の構造，品質，包装，チャネルなどによる製品差別化，量産技術開発によるコスト削減など。
④ 成熟期：市場細分化による需要拡大，計画的陳腐化策の提示など。
⑤ 衰退期：製品ラインからの削除，撤退，戦略的維持など。

❷ 新製品開発のプロセス

新製品開発のプロセスは，新製品の種類，生産形態などによって異なるものの，一般的には，①企画，②研究，③設計試作，④準備，⑤量産化，の5つのプロセスに区分することができる[11]。
① 企画：企画は，経営戦略と密接に関連しており，新製品開発の領域や開発テーマは，製品・市場戦略に基づいて設定される。企画にはアイデアが不可欠である。アイデアの主要な源泉は，市場情報，顧客情報，技術情報である。企画のアウトプットは，製品コンセプトとしてまとめられる。
② 研究：研究とは，製品コンセプトを技術的・経済的な観点を踏まえて，製品に変換するプロセスのことである。具体的には，技術部門では，応用研究，開発研究が順次進められる。マーケティング部門では，業界，競合企業などの動向を踏まえて，販売チャネル，販売方法などの研究が順次進められる。
③ 設計試作：設計は，業界によって呼称は若干異なるものの，一般的に，基礎設計，詳細設計，試作，の3段階に区分される。さらに試作は，機能試作（性能，耐久性などの検討），意匠試作（外観，デザインなどの検討），量産試作（量産化のための作業性，生産性などの検討）などに分類される。
④ 準備：準備は，生産準備と販売準備に大別される。生産準備には，設備

投資，資材購入，作業者訓練などが含まれる。販売準備には，価格，販売時期，販売地域，販売方法，広告キャンペーンなどの計画策定が含まれる。また，市場テストによる新製品開発の妥当性を検証する必要があれば，市場テストはこの準備に含まれる。

⑤ 量産化：量産化は，実際に新製品を生産・販売を行う段階のことである。生産における初期不良などは，新製品のその後の業績を決定的に左右するので，初期管理，源流管理は特に重要である。

近年，各企業における新製品開発の期間は，ますます短縮化を余儀なくされつつある。そのため，各企業では，コンカレント・エンジニアリング（concurrent engineering）の採用が相次いでいる。コンカレント・エンジニアリングとは，製品開発の各プロセスを可能な限り重複させることによって，統合的かつ同時並行的な製品開発を行うための体系的なアプローチのことである[12]。

❸ 製品開発と技術

新製品開発において，製品と技術との関係性は，極めて重要な課題である。具体的には，新製品開発を推進するうえで，①技術ポテンシャル，②保有技術の特徴，③技術ポートフォリオ，④不足技術，の4点を体系的かつ定量的に把握する必要がある。

① 技術ポテンシャル：他社と比較してユニークな技術領域，競合企業と比較して競争優位性をもつ技術など，技術資源のポテンシャルを体系的かつ定量的に把握する。

② 保有技術の特徴：一般的には，工学分類に基づいて，技術領域別の強み・弱みを把握し，自社保有技術の特徴を明らかにする。

③ 技術ポートフォリオ：メカニカル，エレクトロニクス，光学，音声処理，通信など，技術領域ごとのバランス，濃淡を把握する。

④ 不足技術：新製品開発を行ううえで，自社に欠落もしくは不足している技術を抽出する。

新製品開発の実務面では，図表5-10に示されるように，製品・技術マト

リクスを用いて，製品と技術との関係性を体系的かつ客観的に把握するケースが多い[13]。

図表5-10　製品・技術マトリクス

製品＼要素技術	現	拡	新	未来	先行指標	評価		基本戦略	目標	行動戦略		
						市場の魅力	自社の強さ			開発	生産	営業
現												
拡												
新												
未来												
先行指標												
評価　技術の魅力												
自社の強さ												
基本戦略												
目標												
行動戦略　テーマ												
人												
設備												
外部												

（出所）近藤修司［1985］196頁。

5 新市場開拓

❶ 参入戦略

　製品・市場戦略に基づいて，新市場に参入する場合，参入戦略が重要な課題になる。アーカー［2001］は，新たな市場に参入するか否かの意思決定を行う際のチェックリストとして，8種類の参入戦略について，その利点と欠点の概要を示している[14]。

① 内部開発
　　・利点：既存の経営資源を活用できる。買収コストが不要。
　　・欠点：時間がかかる。見通しが不確か。
② 社内ベンチャー
　　・利点：既存資源を活用できる。有能な起業家の引止めが可能。
　　・欠点：成功の確率が高くない。社内的な緊張が生まれる。
③ 買収
　　・利点：時間の節約。参入障壁の克服。
　　・欠点：買収コストが高い。組織結合上の問題が発生する。
④ 合併または提携
　　・利点：シナジーの活用。リスクの分散。
　　・欠点：企業間オペレーションの摩擦。一方の企業価値の減少の可能性。
⑤ 他社からのライセンス
　　・利点：技術の確保。財務的リスクの軽減。
　　・欠点：ライセンス先に依存。特許など自社資源が蓄積できない。
⑥ 教育的買収
　　・利点：初期スタッフの確保。
　　・欠点：買収先の起業家精神の喪失。
⑦ ベンチャー・キャピタルと育成

- 利点：新市場，新技術の窓口の確保。
- 欠点：資金供給だけで企業の成長につながらない場合が多い。

⑧ 他社へのライセンシング：
- 利点：新市場に即座にアクセス可能。コスト，リスクが低い。
- 欠点：市場知識，コントロールの喪失。ライセンス元への依存。

ロバーツ＝ベリー（Roberts,E.B.＝Berry,C.A.）[1985]は，正しい参入戦略の選択は，これから参入しようとする市場について，企業がどれだけ事業に精通しているかに依存すると述べている[15]。

ロバーツ＝ベリー[1985]は，図表5-11に示されるように，①市場，②製品に具体化される技術・サービス，の2つの要因によって，市場に対する精通度合いを分類した。

第一に，市場の要因は，次の3つのレベルが考えられる
① ベース：既存市場が当該市場で販売されている。
② 新規／精通：詳細な市場調査，経験あるスタッフ，顧客としての市場への参加などの理由で，当該市場に精通している。
③ 新規／未知：市場に対する知識や経験が欠けている。

第二に，製品に具体化される技術・サービスについても，次の3つのレベルが考えられる。
① ベース：技術やサービスが既存製品に具現化されている。
② 新規／精通：関連技術に関する経験，当該技術に関する確立した研究開発，あるいは詳細かつ集中的な技術調査などになって，企業が技術について精通している。
③ 新規／未知：当該技術に関する知識や経験が欠けている。

ここでのロバーツ＝ベリーの基本的な示唆は，これら2つの側面（市場および技術）における精通度合いが減少するにつれて，参入に対する関与の度合いを減らすべきである，ということである。

次に，観点は異なるものの，ポーターの参入戦略についてみてみよう。ポーター[1980]は，新規参入の基本的なコンセプトとして，①製品コストの引き下げ，②低価格販売によるシェアの獲得，③製品差別化障壁を打破でき

図表5-11　最適な参入戦略

		製品に用いられる技術やサービス		
		ベース	新規／精通	新規／未知
市場に関することがら	新規／未知	合弁	ベンチャーキャピタルまたは教育的買収	ベンチャーキャピタルまたは教育的買収
	新規／精通	社内での市場開拓または買収（あるいは合弁）	社内ベンチャーまたは買収あるいはライセンシング	ベンチャーキャピタルまたは教育的買収
	ベース	内部でのベースの開発（あるいは買収）	内部での製品開発または買収あるいはライセンシング	合弁

（出所）Roberts,E.B.＝Berry,C.A.[1985] pp.3-17.

るより優れた製品の発売，④市場における新しいセグメントの発見，⑤新しいマーケティング手法の導入，⑥他の事業の流通網の利用，などをあげている[16]。

❷ 撤退戦略

　撤退とは，参入の反意語で，企業がある事業に対する関わりを断念することである。具体的には，事業を他の企業に売却したり，清算したりすることである。撤退の要因としては，業績不振，進出事業のフィジビリティ・スタディの不足，経営戦略の転換，などがあげられる。

　参入と撤退は，1つのパッケージとして理解しておく必要がある。先述したように，どのような事業にもライフサイクルがある。新たに事業が誕生し，次いで成長期に発展し事業として大規模化する。しかし，そのような事業も

成長期を過ぎると，やがて成熟期さらには衰退期に入るケースが多い。

撤退に関する意思決定は，企業にとって多くの問題が付随しているケースが多く，実は意外に困難性を伴う意思決定の1つである。例えば，多くの事業には固定的な顧客や従業員が存在しているため，これらを切り捨てることだけをみても，意思決定の難しさが分かる。

ポーター［1998a］が指摘するように，企業が市場に参入する際に，参入障壁を克服する必要があるのと同様に，市場から撤退する場合にも，乗り越えるべき障壁がある。たとえ投資に対して平均以下の利益しか得られていない場合でも，こうした障壁を乗り越えられず，撤退できない場合もある。撤退障壁が高いほど，業界の衰退期における企業の居心地は悪くなる[17]。

事業環境と事業ポジションがともに不利な場合，最後の手段として，売却と清算がなされることになる。

❸ グローバル化

近年，わが国の企業活動のグローバル化が著しく進展している。グローバル化とは，文字通り，企業が国境（ボーダー）を意識することなく，世界的（地球的）な視野のもとで企業活動を営むことである。

グローバル化の背景として，従来，リカード（Ricardo,D.）の「比較優位」の原理が有名であるが，この「比較優位」の原理は，必ずしもグローバル化の現実を説明する理論になっていない。

現在，グローバル化の進展について，理論的にすべてを説明できる理論モデルはまだ存在しないといえよう。グローバル化の進展について考察するうえで，厳密な理論モデルを用いた考察ではないものの，①情報ネットワークの進展，②情報ネットワーク化に伴う多国籍企業の企業活動の変化，の2点について考察する。

まず，情報ネットワーク化とグローバル化の関連性についてみてみよう。情報ネットワーク化の進展によって，情報面での制約が克服され，意思決定において「世界は一つ」ということが現実化している。実際に，多国籍企業における新市場開拓の局面において，「時間の制約」の克服，「空間の制約」

の克服,「組織の制約」の克服は,情報技術的には可能になりつつある。

その結果,多国籍企業の企業活動は,大きく変化しつつある。ポーター[1980]の価値連鎖を用いて,多国籍企業の経営管理の変化について分析すると,図表5-12に示されるように,従来とは異なる様相が見えてくる[18]。

まず,価値連鎖の主活動として,製造管理,ロジスティクス管理,マーケティング管理,の3つについてみてみよう。

① 製造管理:世界的(地球的)な視野に基づいた生産拠点の配置,内外の生産拠点間の関連づけが製造(生産)管理の中心テーマになる。特に,コスト面において,製造コストとロジスティクス・コストとのインターフェースが重要なテーマになることが多い。

② ロジスティクス管理:グローバル供給連鎖ないしグローバル・ロジスティクス・ネットワークの構築がロジスティクス管理の中心テーマになる。特に,調達先の選定(提携,合弁など)および国際分業体制の構築が重要なテーマになるケースが多い。

③ マーケティング管理:世界的(地球的)な規模でのマーケティング・ミックス(製品,価格,販売促進,流通)がマーケティング管理の中心テー

図表5-12 多国籍企業の経営管理の特徴

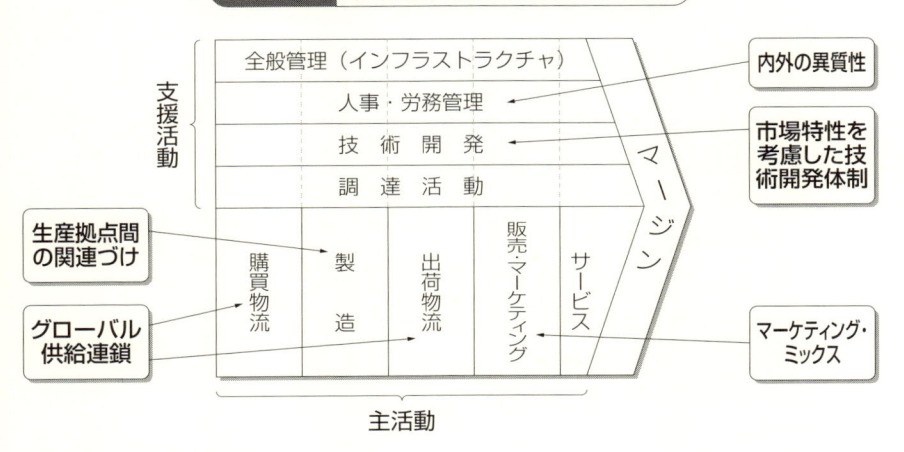

(出所)岸川善光[2002]227頁。

マになる。特に，海外子会社におけるマーケティング・ミックスの統一化と分散化の選択が重要なテーマになるケースが多い。

次に，価値連鎖の支援活動として，人事・労務管理，技術開発管理，の2つについてみてみよう。

① 人事・労務管理：機能面からみれば，雇用，労働条件，昇進，配置など多国籍企業の人事・労務管理の中心テーマになる。ただし，言語・宗教・習慣・価値観の違いなど，内外の異質性に対していかに対応するかが重要なテーマになるケースが多い。

② 技術開発管理：世界的（地球的）な視野に基づいた技術開発資源（人材，資金，設備，情報など）の蓄積・配分が技術開発管理の中心テーマになる。特に，多国籍企業では多様な市場を対象とするので，それぞれの市場特性を考慮した技術開発体制の構築が重要なテーマになるケースが多い。

---

1) Steiner,G.A. [1979] p.180.
2) Ansoff,H.I. [1965] 訳書100頁。
3) 同上書　訳書137頁。
4) 同上書　訳書12頁。
5) 同上書　訳書165頁。
6) 近藤修司 [1985] 148頁。
7) 大前研一編 [1979] 67頁。
8) Porter,M.E. [1985] 訳書283頁。
9) 同上書　訳書287頁。
10) 同上書　訳書291頁。
11) 日本経営診断学会編 [1994] 247-248頁。
12) 米国防衛分析協会（IDA）の定義を一部援用した。
13) 近藤修司 [1985] 196頁。
14) Aaker,D.A. [2001] 訳書337-338頁。
15) Roberts,E.B.＝Berry,C.A. [1985] pp.3-17.
16) Porter,M.E. [1980] 訳書453頁。
17) Porter,M.E. [1998a] 訳書185頁。
18) 岸川善光 [2002] 227頁。

第6章 経営資源

　本章では，経営資源の蓄積・配分について考察する。経営資源とは，企業活動を行ううえで必要な資源や能力のことである。

　まず，経営資源の定義，経営資源の分類について理解した後，経営資源ポートフォリオの重要性について考察する。また，企業を経営資源の集合体と捉え，未利用資源の活用こそが企業成長の原動力であることを理解する。

　次に，経営資源の蓄積・配分について考察する。経営資源の蓄積・配分には，考慮すべきいくつかの基礎的条件がある。その中から，経験曲線効果，プロダクト・ライフサイクル，限界収穫の3点を選択し，基礎的条件について理解を深める。

　次いで，経営資源の配分のツールであるPPM（プロダクト・ポートフォリオ・マネジメント）について考察する。PPMの意義について理解した後で，マッキンゼー社のPPMについてその内容を具体的に考察する。そして，PPMがキャッシュフロー・マネジメントのツールであることを理解する。

　さらに，経営資源と経営戦略の関係性について考察する。技術資源と経営戦略，情報的資源（見えざる資産）と経営戦略，ブランド戦略の3つのテーマを取り上げ，経営資源と経営戦略との関係性について理解を深める。

　最後に，経営資源に関する選択と集中の問題を取り上げる。経営資源の有限性を踏まえて，コア・コンピタンスの重要性について考察する。また，近年脚光をあびている経営資源の調達形態であるM＆A，アウトソーシングについて理解を深める。

1 経営資源の意義

❶ 経営資源とは

　経営資源とは，企業活動を行ううえで必要な資源や能力のことである。経営資源は，一般的に，①ヒト，②モノ，③カネ，④情報，の4つに区分される。
① ヒト：作業者，熟練工，セールスマン，技術者，研究者，経営者などのことであり，人的資源，人材（人財）といわれることもある。これらのヒト（人的資源）が提供する便益がなければ，企業活動は成り立たない。
② モノ：原材料，部品，建物，工場，設備，土地などのことであり，物的資源ともいわれる。モノ（物的資源）が保持する便益がなければ，企業活動は成り立たない。
③ カネ：手元資金，運転資金，設備投資資金などの資金のことであり，資金的資源ともいわれる。カネ（資金的資源）がなければ，企業活動は成り立たない。
④ 情報：技術，スキル，ノウハウ，ブランド，企業イメージ，暖簾などのことであり，情報的資源ともいわれる。情報的資源は，伊丹［1984］などによって強調された資源の概念であり，見えざる資産（invisible asset）といわれることもある。最近では，能力（ケイパビリティ），コンピタンス，知識など，多くの類似用語があわせて用いられている。

　経営資源は，図表6－1に示されるように，外部からの調達が容易であるか否かによって，①可変的資源，②固定的資源，の2つに大別される[1]。
① 可変的資源：企業活動の必要に応じて，市場など外部から調達できる経営資源のことである。ヒト（人的資源）では未熟練工，モノ（物的資源）では原材料，部品などが可変的資源の例としてあげられる。
② 固定的資源：市場など外部から調達することが難しく，自社で蓄積しな

第6章 経営資源

図表6-1　経営資源の分類

```
経営資源 ┬ 可変的資源
        │
        └ 固定的資源 ┬ 人的資源
                    ├ 物的資源
                    ├ 資金的資源
                    └ 情報的資源 ┬ 環境情報
                                ├ 企業情報（グッドウィル）
                                └ 情報処理特性
```

(出所) 吉原英樹=佐久間昭光=伊丹敬之=加護野忠男[1981] 26頁。

ければならない経営資源のことである。ヒト（人的資源）では熟練工，情報的資源では組織風土，ブランド，企業イメージ，顧客の信用などが固定的資源の例としてあげられる。

　可変的資源と固定的資源の2つを比較すると，経営資源としての重要度は，固定的資源のほうが可変的資源よりも高い。固定的資源は，①市場で調達することが困難であり，内部蓄積に依存する，②固定的資源の価値は企業ごとに異なる，③無形財のため目に見えないものが多い，④多重利用可能性が高い，⑤企業の競争力の源泉になる，などの特徴があるとされている。

❷ 経営資源ポートフォリオ

　上で，「経営資源とは，企業活動を行ううえで必要な資源や能力のことである」と定義した。この経営資源をどのように蓄積し，何にどのように配分するか，という経営資源の蓄積・配分に関する組合せは，経営戦略において極めて重要な課題である。経営資源の蓄積・配分に関する組合せのことを経営資源ポートフォリオという。経営資源の蓄積を適切に行うことによって，新しい事業のシーズが自然に生まれることがあり得る。また，経営資源の全社的な最適配分によって，経営資源に関する効果性および効率性が向上するなど，企業活動に関するインパクトが大きいので，経営資源ポートフォリオは，その企業の内部的な能力や特性を規定するといっても過言ではない。

　本書では，第1章の図表1－4に示されるように，①どのような顧客に，

どのような製品（サービスを含む）を提供するか，②そのために，どのようなビジネス・システムを構築するか，③そのビジネス・システムには，どのような資源と能力を必要とするか，の3点を「企業と環境とのかかわり方」の骨格とした。

いうまでもなく，第一の骨格は，ドメインの定義⇒事業ポートフォリオ戦略⇒製品・市場戦略という一連のプロセスに該当し，第二の骨格は，ビジネス・システムに該当する。そして，第三の骨格は，経営資源ポートフォリオに該当する。第一の骨格，第二の骨格について適切な選択がなされたとしても，経営資源ポートフォリオの選択を誤ると，まさに「絵に描いた餅」になり，競争に打ち勝つことはできない。

近年，経営資源の蓄積・配分の方法が激変しつつある。まず，経営資源の蓄積の方法についてみてみよう。経営資源の蓄積の方法は，①内部蓄積（自社の内部で蓄積する方法），②外部調達（他社の経営資源を自社に取り込む方法），の2つに大別される。

内部蓄積は，実務面では「自前主義」ともいわれ，経営資源の大半を自社内部で，長い年月をかけて継続的に蓄積する方法である。従来，経営資源の蓄積の方法は，この内部蓄積が大半を占めてきた。

ところが近年，経営資源の外部調達が急増しつつある。経営資源の外部調達の方法としては，M＆A，アウトソーシング，提携などがあげられる。M＆A，アウトソーシングについては，本章第5節で考察するので，ここでは提携についてのみ概観する。

提携は，自社の経営資源や能力の弱い部分を，他社との提携によって補う方法である。すなわち，提携の目的として，①余っている生産能力，販売能力，開発能力の有効利用，②不足している能力の補充，③学習を通じた新しい能力の獲得，④投資リスクの節減，などがあげられる。提携の種類は，①生産提携，②販売提携，③研究開発提携，④資本提携などに分類することができる。エレクトロニクス分野では，技術提携も盛んに行われている。

経営資源の配分の方法については，本章第3節のPPM（プロダクト・ポートフォリオ・マネジメント）において考察するので，ここでは省略する。

❸ 未利用資源

　以上で明らかなように，企業は，ヒト（人的資源），モノ（物的資源），カネ（資金的資源），情報（情報的資源）という有形・無形の「経営資源の集合体」であるということができる。

　企業が「経営資源の集合体」であることを最初に提唱したのは，ペンローズ［1959］である。上述した吉原他［1981］や伊丹［1984］の資源概念に関する研究も，主としてペンローズの概念を洗練化したものであり，ペンローズの経営資源の研究における学問的な功績は大きい。

　ペンローズは，一方で企業を「管理組織体」とみなすことにより，企業成長における企業家の役割を重視した。他方，企業を「経営資源の集合体」と捉え，企業の資源から産出される生産的用役の「意味」を重視した。その結果，日々の企業活動を通じて蓄積される未利用資源の有効活用こそが，企業の成長において特に重要であるという認識を示した。

　ところで，未利用資源はなぜ発生するのであろうか。企業活動を推進するうえで必要とされる資源が，1つの事業だけですべてを利用できない場合，あるいは，1つの事業を推進する過程で産出される資源を蓄積したとしても，既存の事業だけでは利用できない場合など，さまざまな理由で企業には未利用資源が発生する。未利用資源の具体的な例として，主産物に対する副産物の例が最も分かり易いと思われる。大半の企業において，事業を開始した当初の段階で，副産物は未利用資源の範疇に含まれる場合が多い。副産物を主産物に変更するプロセスが実現したとすると，これを未利用資源の有効活用という。

　未利用資源は，主産物に対する副産物の例で明らかなように，もともとコスト面で圧倒的な優位性を保有する資源であるので，他に利用が可能であれば，競争優位の源泉になることは当然のことである。その背景として，第8章で考察する「範囲の経済」の獲得があげられる。

　未利用資源の中でも，技術，ブランド，信用，チャネル，顧客情報など，情報的資源で，かつ自社で蓄積するしか他に方法がない固定的資源の活用が

できれば，経営戦略上極めて効果性，効率性が高いことはいうまでもない。

2 経営資源の蓄積・配分

経営資源の蓄積・配分には，考慮すべきいくつかの基礎的条件がある。以下，①経験曲線効果，②プロダクト・ライフ・サイクル，③限界収穫，の3点に焦点を絞って考察する。

❶ 経験曲線効果

経営資源の蓄積と配分に関する基礎的条件の第一として，経験曲線効果について考察する。経営戦略の策定および実行において，経験曲線効果を踏まえた経営資源の蓄積・配分を行うことは，いわば必須条件といえるからである。

経験曲線とは，第2章で考察したように，「製品の累積生産量が2倍になると，単位あたりコストが20〜30％低減する」という生産量とコストに関す

図表6-2　経験曲線

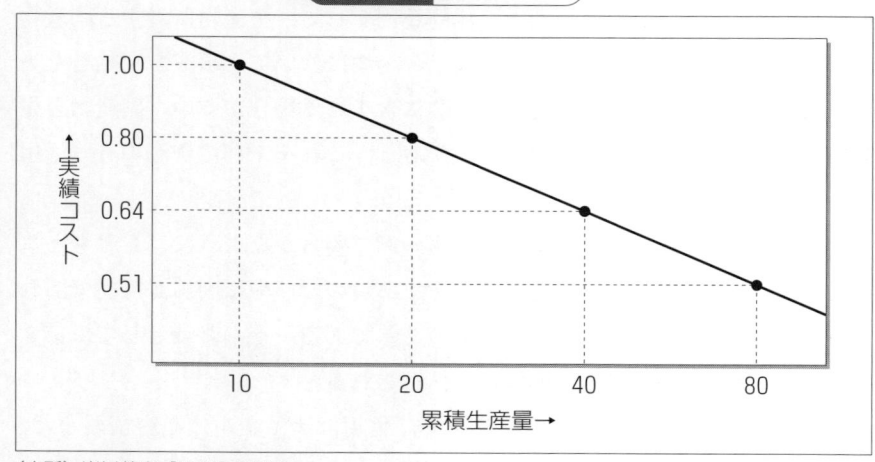

(出所) 岸川善光 [1999] 109頁。

る経験則のことである。ここで経験とは累積生産量のことである。なお，累積生産量が倍増することによって得られるコスト低減効果のことを「経験曲線効果」という。

図表6-2で示した経験曲線は，「累積生産量が2倍になると，単位あたりコストが20％低減する」という事例を図示したものである。この場合，累積生産量が8倍になるとコストがほぼ半分になるので，競合する企業に対して圧倒的な競争優位性を得ることができる。累積生産量はシェア（市場占有率）によって裏づけられるので，シェアの増大が極めて重要な課題とされる。

経営資源の蓄積・配分において，経験曲線効果の実現を可能にする経営資源の蓄積・配分が欠かせない。

❷ プロダクト・ライフサイクル

基礎的条件の第二として，プロダクト・ライフサイクル（product life cycle）について考察する。プロダクト・ライフサイクルと経営資源の蓄積・配分との間にも極めて密接な関連がある。

製品には，人間と同じように寿命がある。製品の寿命，すなわち製品が開発されてから衰退するまでの一連のプロセスのことをプロダクト・ライフサイクルという。プロダクト・ライフサイクルは，通常，図表6-2に示されるように，①開発期，②導入期，③成長期，④成熟期，⑤衰退期，の5つに区分される。

① 開発期：新しい機能を創出したり，既存の製品を抜本的に改良するなど，新たに製品を開発する段階のことである。この段階では，開発コストが発生するので多額の資金が必要になる。競争の激しい近年では，この開発期を短縮しつつ，確実に新製品を開発して市場に導入できるかどうかが企業成長の決め手になりつつある。

② 導入期：開発された製品が市場に導入され，その価値や効用が消費者（顧客）に認知されはじめる段階のことである。この段階では，まだ市場規模は小さく，導入のためのコスト（広告宣伝費など）が発生するので，売上も利益も多くは期待できない。

図表6-3　プロダクト・ライフサイクル

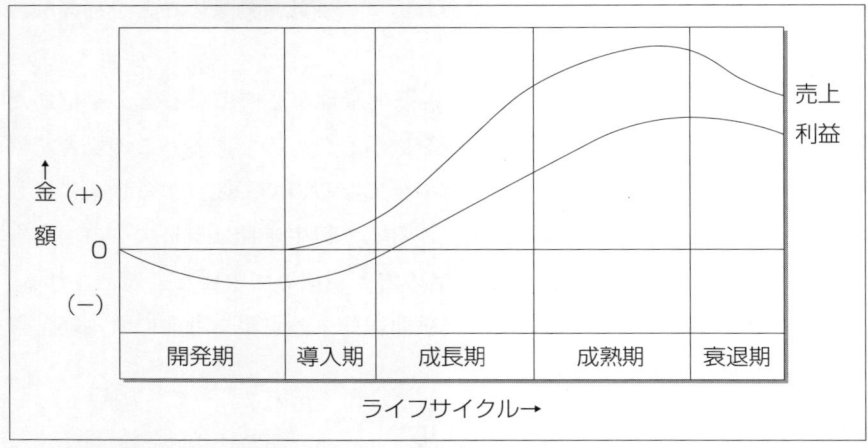

[図：プロダクト・ライフサイクルのグラフ。縦軸は金額（+/−）、横軸はライフサイクル（開発期、導入期、成長期、成熟期、衰退期）。売上と利益の2本の曲線が描かれている。]

（出所）岸川善光［1999］108頁。

③　成長期：製品が市場に浸透し，需要が急速に伸びる段階のことである。この段階では，売上や利益は伸びるものの，シェア（市場占有率）を拡大するための競争が激化し，多くの資金需要が発生する。また，成長期の後期には，競争力の劣る企業が淘汰される。

④　成熟期：製品が市場に広く普及し，市場成長率が次第に低下する段階のことである。この段階では，市場の細分化（セグメンテーション）が進み，各企業のシェア（市場占有率）はほぼ固定する傾向が強い。そのために安定的な売上と利益が見込まれる。

⑤　衰退期：市場はほぼ飽和状態になり，需要は減退し，売上や利益も次第に減少する段階のことである。この段階では，撤退する企業も見られるものの，他方では，新たな資金需要を必要としないので，利益面で好転する企業がある。

　プロダクト・ライフサイクルは，経営戦略上重要なキャッシュ・フローと重要な関連性を有する。ここでキャッシュ・フローとは，文字どおり現金の流れのことであり，現金流入の場合をキャッシュ・インフローと呼び，現金流出の場合をキャッシュ・アウトフローと呼ぶ。

　プロダクト・ライフサイクルの初期（開発期，導入期）では，開発コスト

や広告宣伝費などのキャッシュ・アウトフローが発生し，キャッシュ・インフローはまだ多くない。成長期や成熟期になると，キャッシュ・インフローもキャッシュ・アウトフローも多くなる。衰退期では，キャッシュ・インフローが低下するものの，キャッシュ・アウトフローも大幅に低減する。

このように，プロダクト・ライフサイクルとキャッシュ・フローとの間には極めて重要な関係性がある。

❸ 限界収穫

基礎的条件の第三として，限界収穫について考察する。限界収穫とは，図表6－4に示されるように，限界産出量／限界投入量のことである[2]。

具体的には，生産要素の単位あたり投入量（限界投入量）を増大したとき，単位あたり産出量（限界産出量）が減少する場合，「限界収穫逓減」という。逆に，生産要素の単位あたり投入量（限界投入量）を増大したとき，単位あたり産出量（限界産出量）が増大する場合，「限界収穫逓増」という。

従来，多くの企業が支配されてきたのは「限界収穫逓減」の法則である。
① ヒト（人的資源）：疲労などの理由によって，限界収穫は逓減する。
② モノ（物的資源）：故障などの理由によって，限界収穫は逓減する。

図表6-4　限界収穫逓減と限界収穫逓増

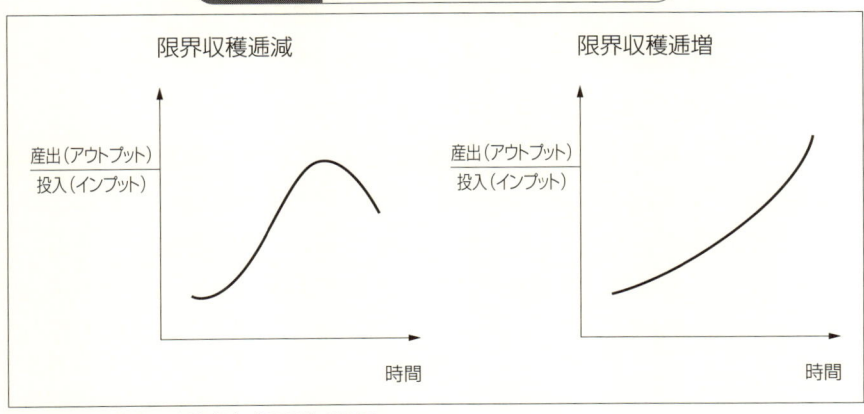

（出所）寺本義也＝岩崎尚人［2000］212頁。

③　カネ（資金的資源）：模倣などの理由によって，限界収穫は逓減する。

しかし，情報（情報的資源）の場合，資源としての特性が，ヒト（人的資源），モノ（物的資源），カネ（資金的資源）とは異なるので，疲労，故障，模倣などの理由で，一義的に限界収穫が逓減するとは限らない。むしろ，「限界収穫逓増」の事例が，情報産業をはじめとして多くの産業において観察されている。

3　PPM（プロダクト・ポートフォリオ・マネジメント）

❶ PPM（プロダクト・ポートフォリオ・マネジメント）の意義

次に，経営資源の配分について考察する。第2章で概観したように，PPM（プロダクト・ポートフォリオ・マネジメント）とは，多角化した事業，製品・市場分野に対する経営資源の配分を適正化する手法のことであり，一般にPPMと略称される。具体的には，企業全体を事業，製品のポートフォリオ（資産一覧表）として捉え，各事業，各製品に投下される経営資源の必要度，優先度などを，ポートフォリオのマトリクスを用いて総合的に分析して，経営資源の選択と集中を図る。

PPMの主な目的は，経営資源の配分（特に，事業間の経営資源配分）を適正化することにある。上述した経験曲線効果とプロダクト・ライフ・サイクルを基礎的条件としていることはいうまでもない。

PPMで用いられる特定の事業，製品を中心とした戦略策定のための組織単位のことをSBU（Strategic Business Unit：戦略事業単位）という。SBUは，GE社でPPMを導入する際に導入されて以来，世界各国に普及した。SBUは，①自己完結性，②認識可能性，③競合存在性，などいくつかの要件を満たす必要がある。

第6章 経営資源

❷ マッキンゼー社のPPM

　PPMの手法には，開発した経営コンサルティング会社によって，いくつかの種類がある。ボストン・コンサルティング・グループが開発したPPM（図表2－3）については，すでに第2章で考察したので，ここでは，マッキンゼー社がクライアントと共同で開発したPPMについて考察する。

　マッキンゼー社のPPMでは，図表6－5に示されるように[3]，横軸に，シェア，販売力，技術力，収益力という代用特性を用いて，自社の強さを測定する。この横軸の自社の強さは，資金創出量（現金流入量）を意味する。すなわち，自社の強さが大きければ，資金の創出が可能で，資金創出量（現金流入量）が増大するからである。ボストン・コンサルティング・グループのPPMと比較すると，ボストン・コンサルティング・グループのPPMの横

図表6-5　PPM（マッキンゼー社）

業種の魅力：
・市場サイズ
・成長性
・市場多様性
・周期変動
・競合関係
・製品代替性
・収益性
・技術
・法規制
・人間要因等

自社の強さ：
・シェア　　・技術力
・販売力　　・収益力

業種の魅力 \ 自社の強さ	高	中	低
高	トップ死守 スケールメリット	拡大成長 リスク甘受	未来商品 投資
中	優位維持 収益最大	選択拡大	厳選 選択撤退
低	資金回収 資金収支極大	食いつぶし 資金収支極大	撤退 損失最小

（出所）大前研一［1984］171頁。

軸では，自社の強さをシェアだけで測定するのに対して，マッキンゼー社のPPMはシェア以外に複数の測定基準を用いており，多面的に自社の強さを測定するという特徴がある。

マッキンゼー社のPPMでは，縦軸に，市場サイズ，成長性，競合関係などの代用特性を用いて業種の魅力度を測定する。この縦軸は，資金需要量（現金流出量）を意味する。すなわち，市場の成長率が高ければ，シェア（市場占有率）を確保するために資金需要が高くなり，現金流出量が増大するからである。ボストン・コンサルティング・グループのPPMと比較すると，ここでも多面的な代用特性を用いた測定基準が用いられている。

上でみた横軸と縦軸に基づいて，マッキンゼー社のPPMは，①トップ死守，②優先維持，③資金回収，④拡大成長，⑤選択拡大，⑥食いつぶし，⑦未来商品，⑧厳選，⑨撤退，という9つの象限に区分される。

そして，自社の強さも業種の魅力度もともに高い象限では，積極的な投資によって「トップ死守」を目指すべきであり，自社の強さが中位で業種の魅力も中位の場合は「選択拡大」を図るべきであるというように，この9つの象限は，ボストン・コンサルティング・グループのPPMの4つの象限（①花形製品，②金のなる木，③問題児，④負け犬）と同様に，それぞれの事業特性に応じた対応策が策定されるのである。

❸ キャッシュフロー・マネジメント

第2章でボストン・コンサルティング・グループのPPMについて検討し，上でマッキンゼー社がクライアントと共同で開発したPPMについて検討した。PPMの表示方法については，4象限（①花形製品，②金のなる木，③問題児，④負け犬）と9象限（①トップ死守，②優先維持，③資金回収，④拡大成長，⑤選択拡大，⑥食いつぶし，⑦未来商品，⑧厳選，⑨撤退）という違いはあるものの，両者は基本的に類似していることが分かる。すなわち，PPMの本質は，経営資源の蓄積・配分のルール，特に，キャッシュフロー・マネジメントに焦点をあてたツールであることが明らかになったであろう。

第6章　経営資源

　第2章でも述べたように，分析型経営戦略の全盛期（1970年代）に，PPMを製品・市場戦略そのものとみる誤解が一時広まったが，PPMは製品・市場戦略そのものではなく，キャッシュフロー・マネジメントのツールであることを正しく認識すべきである。

　次に，ポートフォリオの循環について考察する。ボストン・コンサルティング・グループの創立者であるヘンダーソン（Henderson,B.D.）[1979] は，図表6－6に示されるように，ポートフォリオの循環について，①成功の循環，②失敗の循環という2つの循環パターンを示した。すなわち，成功の循環を要約すれば，「金のなる木」で獲得したキャッシュ・フローを「問題児」に配分し，「問題児」にはさらに追加のキャッシュ・フローを配分して「花形製品」を目指す。他方，「負け犬」や将来性のない「問題児」は切り捨てるというものである。

　失敗の循環は，「花形製品」や「金のなる木」に対する緻密なキャッシュフロー・マネジメントを放棄したがゆえに，「花形製品」や「金のなる木」

図表6-6　ポートフォリオの循環

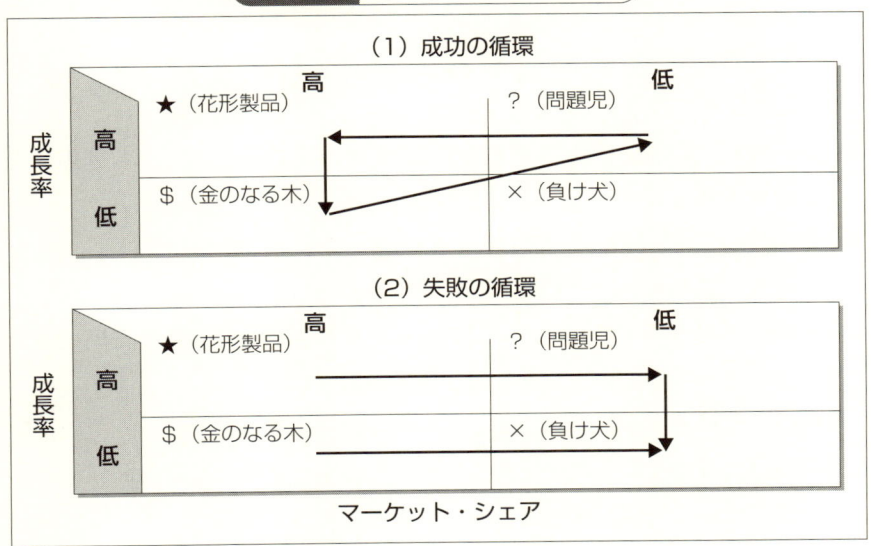

（1）成功の循環

（2）失敗の循環

（出所）Henderson,B.D. [1979] 訳書326頁を筆者が一部修正。

が「問題児」さらには「負け犬」になるということを示している。

ヘンダーソンのポートフォリオの循環については,発表以来,理論的にも,実務的にも,強烈な賛否両論が常に存在している。特に,わが国の企業の場合,たとえ「負け犬」であっても撤退や切捨てをすることは少ない。

4 経営資源と経営戦略

❶ 技術資源と経営戦略

企業活動を推進するうえで,製品開発のみならず,生産,マーケティング,財務など,あらゆる活動のあらゆる局面において,技術の裏づけが欠かせない。技術は,企業活動における具体的な実行のための知識的基盤といえよう。

近年,「技術のわかる経営者」「経営のわかる技術者」の重要性が叫ばれている。これは,経営戦略において,技術資源の重要性がますます高まっていることを示している。各大学におけるMOT(Management of Technology)の昨今の隆盛も,その一環として位置づけることができる。

技術と経営戦略との関係性において,技術は,下記のようにさまざまな分類をすることができる。

① 固有技術:半導体技術,金属加工技術,バイオ技術など,工学分類による各種要素技術。
② 管理技術:IE(Industrial Engineering),VE(Value Engineering)など,管理工学をベースとした各種管理技術。
③ 情報処理技術:ソフトウェア開発技術,情報通信技術,音声処理技術など,情報通信工学をベースとした各種情報処理技術。

経営戦略の策定・実行において,どのように技術資源を分類し,その技術資源を活用してどのように競争優位を獲得するか,を検討することは極めて重要な課題である。例えば,図表6-7に示されるように[4],①市場を固定して,関連技術,新技術による製品開発にチャレンジするのか,②蓄積され

図表6-7　技術・市場マトリックス

	現技術 →	関連技術 →	新技術 →
現市場 ↓	**現事業深耕** ○テレビ・ラジオ ○冷蔵庫 ○電話機 ○オーブンレンジ ○オーディオ ○カーステオ ○エアコン ○半導体 (1.1)	**現市場関連技術多角化** ○VTR ○カーエアコン ○ソーラーシステム ○マイコン電卓 ○カーエレクトロニクス ○PCM音響機器 ○電子玩具 (1.2)	**現市場新技術多角化** ○テレビ電話 ○立体テレビ ○壁かけテレビ ○家事ロボット ○家庭用バイオマスシステム ○ポケット電話 ○家庭用テレタイプ ○DIY教室 ○ホームコンピュータ (1.3)
関連市場 ↓	**現技術関連市場多角化** ○マイコン応用機器 ○業務用エアコン ○会議電話 ○マイコンキット ○オフィス ○教育用TVシステム ○漁船用クーラー ○ボタン電話 (2.1)	**関連市場技術多角化** ○ファクシミリ ○ワードプロセッサー ○防犯システム ○ビデオライブラリー ○ゲームセンター機器 ○太陽電池 (2.2)	**関連市場新技術多角化** ○音声認識装置 ○レーザー測量システム ○複合ファクシミリ ○音声ワードプロセッサー ○ジョセフソン素子 (2.3)
新市場 ↓	**現技術新市場多角化** ○自動車電話 ○都市冷暖房 ○防犯システム ○プロセス制御システム ○外食産業設備ユニット (3.1)	**関連技術新市場多角化** ○衛星通信 ○光通信システム ○工業用ロボット ○微細加工装置 ○CAD-CAM ○無人店舗 ○ME機器 (3.2)	**異分野多角化** ○光コンピュータ ○スペースシャトル ○セラミックエンジン ○電気自動車 ○兵器 (3.3)

（出所）近藤修司［1985］130頁。

た技術をベースとして，関連市場，新市場の開拓にチャレンジするのか，③新技術，新市場を目指して，異分野多角化にチャレンジするのか，これらの選択は，ひとえに技術の蓄積および活用に依存する。

　技術資源と経営戦略の関係性を考察する場合，自社における技術資源のポテンシャルおよびバランスの検討は欠かせない。これらのツールとして開発されたのが技術リレーションシップ分析である。図表6－8に示されるように[5]，まず，自社独自の分類基準によって技術を分類し，それら技術間の関係性を分析することによって，自社の技術資源の蓄積分野を決定するという

図表6-8　技術リレーション分析

・ファインメカニカル	メカニカル	
・超LSI ・大型・高速コンピュータ ・パーソナルコンピュータ ・ファインエレクトロニクス	エレクトロニクス	
・光ファイバー ・レーザー技術	光　学	
・音声入力 ・音声合成	音声処理	
・デジタル通信網 ・衛星通信	通　信	
・高性能セラミック ・超高温耐熱材料 ・超伝導材料・超高圧材料	材　料	
・ファインケミカル ・スペシャルティケミカル	化　学	
・原子力 ・太陽熱利用 ・石炭利用・核エネルギー	資　源・ エネルギー	
・インターフェロン ・固定化酵素 ・バイオマス ・遺伝子工学	ライフサイエンス バイオテク	

先端技術革新 ←

異種技術混合 ↘

マトリクス内項目: メカトロニクス、レーザー加工、オプトエレクトロニクス、音声合成、コンピュータ＆コミュニケーション、超高精度材料、デジタル電話網、光通信、半導体材料、ケミカルエレクトロニクス、エンジニアリングプラスチック、エネルギー危機、光ファイバー、エレクトロニクス、ソーラーシステム、レーザー診断、メディカルエレクトロニクス、エンジニアリングプラスチック、海底開発、超音波診断、メタコール、人工臓器、遺伝子工学応用、バイオマス

(出所) 近藤修司［1985］190頁。

手順を踏む。

❷ 情報的資源（見えざる資産）

　経営資源の内，①ヒト（人的資源），②モノ（物的資源），③カネ（資金的資源），の3つの資源は，いずれも物理的な存在で目に見える。しかし，伊丹［2003］が主張するように，技術開発力，熟練，ノウハウ，特許，ブランド，顧客の信頼，顧客情報の蓄積，組織風土などの「見えざる資産」が，実は経営戦略において極めて重要である。

　この「見えざる資産」の本質は情報であるといわれている。そもそも，情報にはどのような特質があるのであろうか。小池澄男［1995］によれば，情報の特質として，下記の6点があげられる[6]。

① 　複写可能性：「モノ」は，同じ製品を複数作る場合，製品の数だけ材料

や部品を必要とするが，情報は複製が容易で，書籍やCD－ROMなどの媒体（メディア）に乗せて，多くの人々に情報を伝達することができる。この複写可能性という特質は，情報は何度使用しても消耗しないという特性による。

② 不移転性：「モノ」は他人に譲渡すれば手元に何も残らないが，情報は伝達しても所有権は残る。音楽産業やソフトウェア産業では，所有権を有しつつ，それを複写して販売しているのである。

③ 価値の相対性：「モノ」にもある程度当てはまるが，「モノ」以上に情報は，その受け手によって価値の大小の差が大きい。

④ 累積性：「モノ」は一般に，数量に反比例して価値が下がるが，情報は数量に比例して価値が上がるという特質をもつ。例えば，顧客情報やクレーム情報は，継続的に収集することによって累積度が高まると，さまざまな付加価値がつくことが多い。

⑤ 無体性：情報は「モノ」のように実体が存在しているわけではない。見えざる資産などといわれる所以である。

⑥ 循環性：部品や材料などの「モノ」は，通常，一回使用すれば再び使用されることはない。他方，情報はある意思決定のためのインプットとして利用され，その結果アウトプットされた情報は，再度，次の意思決定のインプットとして投入されるなど，循環性を有することが多い。

次に，なぜ見えざる資産が重要なのであろうか。伊丹［2003］は，情報の特質として，①同時多重利用が可能，②使い減りしない，③情報の結合で新たな価値が生まれる，の3点を指摘したうえで[7]，見えざる資産の重要性として，次の3点をあげている[8]。

① 競争優位の源泉：見えざる資産は，固定的資源であるので，市場など外部から調達することは難しく，自社で蓄積しなければならない。自社で蓄積するには，時間と手間がかかる。この時間と手間がかかることが，競争相手に対する競争優位の源泉になる。

② 変化対応力の源泉：情報のもつ同時多重利用が可能であるという特質によって，現在の事業において見えざる資産を活用するだけでなく，新事業

への進出など，変化対応力の源泉になる。
③ 事業活動が生み出すもの：見えざる資産は，現在の事業活動を成功させるために必要なだけではなく，将来の事業のための蓄積という側面を有する。

上で明らかなように，見えざる資産の本質はまさしく情報である。したがって，①情報の蓄積，②情報を伝達し処理するチャネルの性能，の2つが重要な課題となる。換言すれば，見えざる資産の内容は，この2点であるといえよう。

このような考え方に基づいて，伊丹［2003］は，図表6－9に示されるように，情報の流れのフレームワークを提示している。
① 環境情報：環境に関する情報の企業内の蓄積量およびその取り入れチャネルの容量（例えば，技術・生産ノウハウ，顧客情報の蓄積，技術導入のルート，市場情報の獲得ルート）
② 企業情報：企業に関する情報の環境における蓄積量およびその供給チャネルの容量（例えば，ブランド，企業の信用，企業イメージ，流通・下請けへの影響力，広告のノウハウ）
③ 内部情報処理特性：企業内部での情報処理のパターンや特徴（例えば，組織風土，現場のモラール，経営管理能力）

図表6-9　情報の流れのフレームワーク

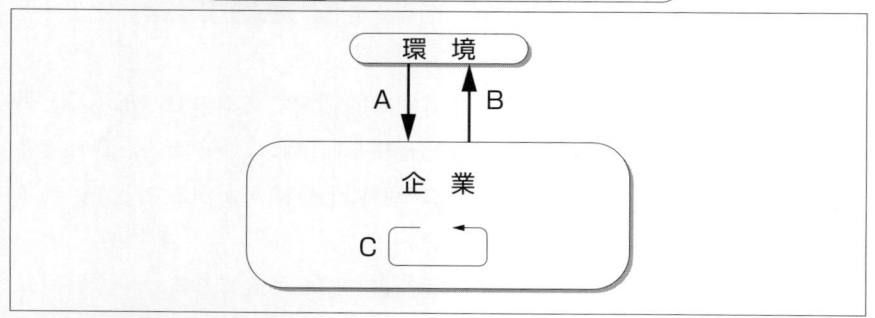

(出所) 伊丹敬之［2003］257頁。

❸ ブランド戦略

　近年，経営資源と経営戦略との関係性について考察する場合，経営資源としてのブランド，さらにブランド戦略が極めて重要な課題になりつつある。

　ケラー（Keller,K.L.）［1998］によれば，ブランド（brand）という用語は，語源的には古ノルド語の「brandr」に由来しており，焼き付ける「to burn」ことを意味している。すなわち，ブランドは自分の家畜を他人のものから区別する手段であった[9]。

　米国マーケティング協会（American Marketing Association）の定義によれば，「ブランドとは，ある売り手または買い手グループの財・サービスを競争相手のものから識別し差別化するための，名前，用語，サイン，デザイン，その組み合わせである」。

　ブランドの主な機能としては，①識別機能（ある企業のある製品について，他企業の類似した製品と識別することによって，顧客が自社製品を購入するように働きかけること），②品質保証機能（自社製品の品質を顧客に保証すること），③意味づけ・象徴機能（製品の機能的な便益だけでなく，ブランドによって多様な意味を顧客に提供し，ブランドがその意味を象徴すること），の3点をあげることができる。

　次に，ブランド・エクイティについてみてみよう。1980年代末から90年にかけて，ブランドの資産的価値およびそれを高める議論がブランド・エクイティ論として展開されるようになった。

　アーカー［1991］によれば，「ブランド・エクイティとは，ブランド，その名前やシンボルと結びついたブランドの資産と負債の集合である。ブランドおよびその名前やシンボルは，製品あるいはサービスが企業ないしは企業の顧客に提供する価値に付加的な価値を付け加えたり減じたりする。ブランドの資産あるいは負債がブランド・エクイティの基礎となるためには，それがブランドの名前ないしはシンボルと結びついていなければならない」[10]。

　ブランド・エクイティは，図表6-10に示されるように，下記の5つのカテゴリーによって構成される。

① ブランド・ロイヤルティ：自社の顧客がブランドに対して持つ執着心の測度であり，ブランド・ロイヤルティが高まるにつれ，競争企業からの攻撃から回避できる。
② ブランド認知：あるブランドがある製品カテゴリーに属していることを，潜在的な購買者が認識あるいは想起できること。
③ 知覚品質：ある製品またはサービスについて，代替品と比較した場合，全体的な品質ないし優位性に関する顧客の知覚のことであり，必ずしも客

図表6-10　ブランド・エクイティ

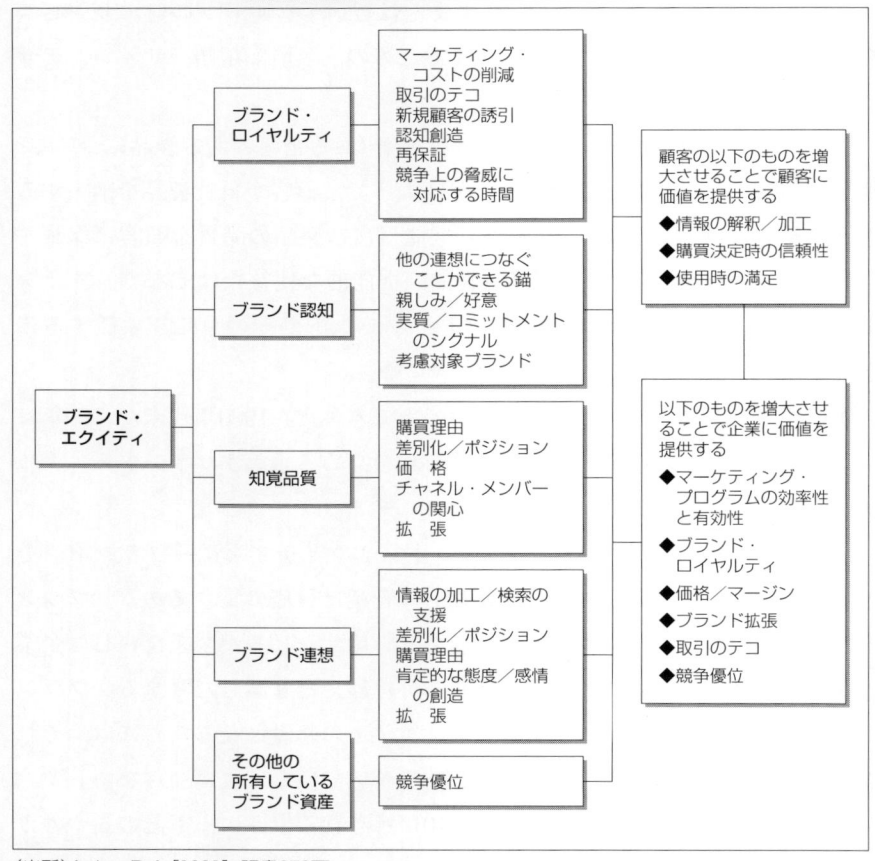

```
                    ┌─ ブランド・ロイヤルティ ─┬─ マーケティング・コストの削減
                    │                          │  取引のテコ
                    │                          │  新規顧客の誘引
                    │                          │  認知創造
                    │                          │  再保証
                    │                          └─ 競争上の脅威に対応する時間
                    │
                    ├─ ブランド認知 ─┬─ 他の連想につなぐことができる錨
                    │                │  親しみ／好意
                    │                │  実質／コミットメントのシグナル
                    │                └─ 考慮対象ブランド
                    │
 ブランド・エクイティ ├─ 知覚品質 ─┬─ 購買理由
                    │              │  差別化／ポジション
                    │              │  価　格
                    │              │  チャネル・メンバーの関心
                    │              └─ 拡　張
                    │
                    ├─ ブランド連想 ─┬─ 情報の加工／検索の支援
                    │                │  差別化／ポジション
                    │                │  購買理由
                    │                │  肯定的な態度／感情の創造
                    │                └─ 拡　張
                    │
                    └─ その他の所有しているブランド資産 ── 競争優位
```

顧客の以下のものを増大させることで顧客に価値を提供する
◆情報の解釈／加工
◆購買決定時の信頼性
◆使用時の満足

以下のものを増大させることで企業に価値を提供する
◆マーケティング・プログラムの効率性と有効性
◆ブランド・ロイヤルティ
◆価格／マージン
◆ブランド拡張
◆取引のテコ
◆競争優位

(出所) Aaker, D.A. [1991] 訳書376頁。

観的に決定できない場合がある。
④ ブランド連想：ブランドに関する記憶と「関連している」すべてのことである。
⑤ その他の所有しているブランド資産：特許，トレードマーク，チャネル・リレーションシップなど，競合企業からブランドを守る諸資産のこと。

このように，ブランド・エクイティは，顧客の信頼性，満足度を向上することによって，取引のテコ，競争優位の獲得など，多くの戦略的な意味合いを有している。ブランド戦略は，ブランド・エクイティの資産面，負債面を客観的に把握し，資産面の活用にその主眼が置かれることはいうまでもない。

5 選択と集中

経営資源の蓄積・配分において，選択と集中が必要不可欠である。なぜならば，経営資源は無限ではなく，有限であるという厳然たる事実があるからである。そこで本節では，選択と集中に関するテーマとして，①コア・コンピタンス，②M＆A，③アウトソーシング，の3点に焦点を絞って考察する。

❶ コア・コンピタンス

ハメル＝プラハラード［1994］によれば，「コア・コンピタンスとは，顧客に対して他社には真似のできない自社ならではの価値を提供する企業の中核的な力のこと」[11]である。すなわち，コア・コンピタンスとは，顧客に特定の利益をもたらす一連のスキルや技術をいう。近年，このコア・コンピタンスが経営資源ベースの経営戦略論を中心として，重要な経営資源とみなされつつある。

従来，競争戦略では，特定の製品を単位として，競争優位の源泉について検討してきた。ポジショニング，経験曲線，コストなどの論点は，単一の製品，または密接に関連しあった製品群という枠組みで論じられることが多かったのである。

コア・コンピタンスは，製品単位で競争優位の源泉を検討するのではなく，もっと幅広く，企業全体の競争力として捉える概念である。企業におけるさまざまな経営資源を組合せて，新しいアウトプットをつくるプロセスを生み出し，運営する能力のことをコア・コンピタンスという。企業の風土，伝統，文化などと深く関わる概念であるといえよう。

　ハメル＝プラハラード［1994］によれば，コア・コンピタンスには，次の3つの要件が不可欠である[12]。

① 顧客価値：コア・コンピタンスは，顧客に認知される価値を他の何よりも高めなければならない。コア・コンピタンスかどうかは，顧客の利益を中心に判断される。

② 競合他社との違い：コア・コンピタンスは，ユニークな競争能力でなければならない。特定企業の企業力のレベルが，他社と比較して数段優れているのでない限りコア・コンピタンスとはいわない。

③ 企業力を広げる：コア・コンピタンスは，明日の市場への入り口でなければならない。すなわち，新たな製品・市場への参入が可能な能力をコア・コンピタンスという。

　このように，企業力としてのコア・コンピタンスは，個別的なスキルや技術を指すのではなく，むしろそれらを束ねたものである。従来の経営資源の概念が要素に注目したものであるのに対して，コア・コンピタンスの概念は，要素を組み合わせる能力に注目した概念であるといえる。

❷ M&A

　M&A（merger and acquisition：合併・買収）とは，文字通り，合併・買収のことであり，近年，経営資源の外部調達の方法として脚光をあびている。従来，わが国ではM&Aは，企業の乗っ取りというイメージが広く社会に浸透し，経営戦略の主流とはなり得なかった。ところが近年，経営資源の調達を中心とした経営戦略の諸施策の中で，M&Aが次第に重視されはじめており，多くの事例がマスコミでも脚光をあびるようになってきた。

　合併と買収は，本来的には異なった概念であるが，それらがともに他企業

の経営権ないし支配権の獲得を目的とした企業行動であることから，企業の成長戦略として，M＆Aとひとくくりに扱われることが多い。

M＆Aの内，合併は2つ以上の企業が法的・経済的・組織的に結合して1つの企業になることである。合併には，一方の企業が存続し他が消滅する吸収合併と，双方が消滅し新会社を設立する新設合併がある。

他方，買収は，他企業の全部またはその一部を取得することであり，営業譲渡によるものと，株式取得によるものがある。株式取得は他企業を支配する目的のために必要な株式を取得し，子会社とすることである。株式取得には，株式譲渡（相対取引，公開市場での株式買付），TOB（株式公開買付），新株引受け（株主割当増資，第三者割当増資，転換社債，ワラント債）がある。

M＆Aの背景としては，わが国だけでなく世界的な潮流として，規制緩和や税制改革，さらに独禁法改革・緩和など，事業のプラットフォームの革新に対する迅速な対応，投資機会の枯渇による資金過剰対策，事業の再編・再構築などがあげられる。

M＆A戦略は，①新事業分野への進出，②製品力の向上，③市場支配力の拡大，④海外市場の獲得，⑤研究開発力の強化，⑥多角化による既存事業とのシナジーの実現，⑦生産コストの低減，⑧管理費の削減など，数多くの狙いが考えられるものの，企業の置かれた立場およびタイミングによってその重要性は企業ごとに異なる。

M＆A戦略の最大の利点としては，製品・市場，ノウハウなどの経営資源を迅速に調達することによって，競争企業に対する競争優位を獲得することができることである。

❸ アウトソーシング

近年，企業活動を取り巻く環境は激変しており，競争も激化の一途をたどっている。このような環境下，アウトソーシングを行う企業が増えている。アウトソーシングとは，企業活動に必要な活動（機能）の一部を，外部の企業に継続的に委託することである。経営資源の外部調達の新たな方法である

といえよう。

　アウトソーシングとして，最も頻繁に活用されているのは情報処理業務である。中小企業では，総務機能，経理機能などのアウトソーシングも多用されている。近年では，メーカーでありながら生産活動のアウトソーシングを行っている企業も増大しつつあり，ファブレス企業と呼ばれている。アウトソーシングをさらに徹底し，ほとんどの活動（機能）をアウトソーシングして，それらの活動（機能）の調整機能だけに特化した企業をバーチャル企業と呼んでいる。

　アウトソーシングの効果としては，①外部の企業に競争原理を導入することによって，高品質で迅速なサービスを安価に得ることができる，②固定費の変動費化によって，変化に対する柔軟な対応力を得ることができる，③自社の活動（機能）を本業に特化させることによって，より深いコア・コンピタンス（独自能力）を蓄積することができる，④外部の企業を活用することによって，必要な投資を削減することができる，などのメリットを得ることができる。

---

1) 吉原英樹他［1981］26頁。
2) 寺本義也＝岩崎尚人［2000］212頁。
3) 大前研一［1984］171頁。
4) 近藤修司［1985］130頁。
5) 同上書190頁。
6) 小池澄男［1995］58-60頁。
7) 伊丹敬之［2003］245頁。
8) 同上書241-242頁。
9) Keller,K.L.［1998］p.2.
10) Aaker,D.A.［1991］訳書20-21頁。
11) Hamel,P.＝Prahalad,C.K.［1994］訳書11頁。
12) 同上書　訳書260-265頁。

第7章 競争戦略

　本章では，競争戦略について考察する。競争戦略とは，「特定の事業分野，製品・市場分野において，競合企業（競争相手）に対して，持続可能な競争優位を獲得するために，環境対応のパターンを将来志向的に示す構想であり，組織構成員の意思決定の指針となるもの」である。

　まず，競争戦略の定義について理解を深めた後，ポーターの「業界の収益性を規定する5つの要因」について考察する。また，持続可能な競争優位の獲得には，ポジション，能力の2つの源泉が必要不可欠であることを理解する。

　次に，価値連鎖について考察する。価値連鎖の基本形，価値システムなど，ポーターの競争優位の源泉を創出するためのフレームワーク（分析枠組み）について考察し，その後，フレームワークを活用して競合分析の方法について理解を深める。

　次いで，競争の基本戦略について考察する。ポーターのコスト・リーダーシップ戦略，差別化戦略，集中戦略，の3つについて，具体的な事例を用いて，基本を正しく理解する。

　さらに，競争環境のダイナミズムについて考察する。環境の変化に対応した競争戦略を策定するには，マーケット・ライフ・サイクルの各段階別の競争要因を踏まえなければならない。衰退期および敵対的市場における競争戦略についても考察する。

　最後に，競争戦略の定石について考察する。競争戦略において，業界標準（デファクト・スタンダード）の獲得は重要である。市場におけるポジショニングを踏まえ，経営資源を踏まえた競争戦略の定石について理解を深める。

1 競争戦略の意義

❶ 競争戦略とは

　競争戦略（competitive strategy）とは，「特定の事業分野，製品・市場分野において，競合企業（競争相手）に対して，持続可能な競争優位（sustainable competitive advantage）を獲得するために，環境対応のパターンを将来志向的に示す構想であり，組織構成員の意思決定の指針となるもの」である。

　競争戦略は，経営戦略の体系の中では，成長戦略と対位的に位置づけられる。すなわち，成長戦略は，企業が長期的な発展を維持していくための構想であるのに対して，競争戦略は，特定の事業分野，製品・市場分野における競合状況および自社の強み・弱みを認識して，それをもとに経営資源の蓄積・配分を通じて，持続可能な競争優位を獲得することを目的とする。競争戦略は，組織階層との関連性でいえば，事業レベルを対象領域とする事業戦略に該当する。

　競争戦略では，「競合企業（競争相手）に対して，いかに持続可能な競争優位を獲得するか」ということが最も重要である。そのためには，下記の4点が課題となる。

① 競合企業（競争相手）：競争戦略では，まず「誰を競合企業（競争相手）とするか」を選択しなければならない。近年では，競合企業（競争相手）は，同一製品・類似製品の生産者だけでなく，代替品の生産者，潜在的代替品の生産者など，その範囲が拡大しつつある。競合企業（競争相手）を明確化することは，それらの競合企業（競争相手）が存在している市場セグメントを事業分野として選択することでもある。

② 競争力の源泉：競争戦略において，「何を競争力の源泉として戦うか」ということは，極めて重要な課題である。競争力の源泉は，企業が顧客の

第7章 競争戦略

ためにつくり出すことのできる価値である。価値は顧客が喜んで払ってくれる対価であり，基本的には，同等の便益を競合企業（競争相手）よりも安い価格で提供するか，あるいは競争企業（競争相手）の製品・サービスと比べて顧客にとって魅力のある特異性をもった便益を提供するか，の2つに大別される。

③　競争力の活用：競争戦略において，「競争力をどのように活用するか」ということも重要である。競争の方法，場，タイミングを考慮しつつ，競争力を活用することによって，競争優位の獲得という所期の目的を実現することができる。

④　競争力の構築：競争戦略において，「競争力をいかに効率的につくるか」ということは，競争戦略の根源的な課題である。競争力の源泉である価値は，製品，価格，ブランドなど製品に直接的に関連するもののみならず，近年では，ビジネス・システム，企業文化など，多くの要素が考えられる。競争力の源泉である価値をいかに効率的につくるか，ということは企業力（能力）の向上策でもある。

現代の自由経済の社会では，市場における競争によって社会の資源配分が行われている。市場における競争には，次のような多くの利点があげられる。
①　市場への参入，市場での取引，市場からの撤退などの諸局面において，自己責任原則に基づく自由が尊重される。
②　ある一定の条件が満たされた場合，資源配分の合理性がもたらされる。
③　イノベーションの根底となる熱心さと努力の誘発が容易である。
④　ゲームとしての面白さがある。

反面，市場における競争には，次のような多くの欠点がある。
①　敗者が不可避的に発生する。
②　公共財にみられるように，独占的に供給したほうがうまくいく，いわゆる「市場の失敗」と呼ばれるケースが発生する。
③　公害など外部不経済の多発に対して無力である。

このように，市場における競争は万能ではないものの，市場における競争原理はその利点の大きさによって，今日では世界的にみても広く認知されつ

つある。企業の競争戦略は，社会の資源配分の基盤でもある。

❷ 業界の収益性

　市場における競争環境は，常に変化している。例えば，産業構造の変化，新たな規制の出現や規制緩和の促進，社会的価値観の変化，技術革新の進展など，競争環境は，変化こそが常態であるともいえる。これらの競争環境の変化は，企業に多くのリスクをもたらす。

　企業はこのような環境変化のリスクに対応しつつ，競争に打ち勝つことによってのみ，存続し発展することができる。競争に打ち勝つには，打ち勝つことのできる競争環境を選択することが何よりも重要である。競争環境を選択するうえで，収益性は極めて重要なファクターである。収益性が低ければ，競争そのものの意義が小さくなるからである。

　ポーター［1980］によれば，業界の魅力度と業界内の競争的地位が収益性を規定するという。ポーターは，「現代の孫子」といわれる経営戦略論の世界的権威であるが，ポーターの理論は，ベイン［1968］に代表される「構造・行動・成果パラダイム」と呼ばれる伝統的な産業組織論の成果を競争戦略に適用し，産業の構造，産業の中の企業のポジショニングが当該企業の業績を規定するという立場をとるので，「ポジション・スクール」とも呼ばれる。

　ポーターの「業界の収益性を規定する5つの要因」についてみてみよう[1]。図表7－1に示されるように，特定の事業分野における業界の収益性を決定する要因は，①新規参入の脅威，②代替品（製品・サービス）の脅威，③買い手の交渉力，④売り手の交渉力，⑤業者間の敵対関係，の5つである。すなわち，業界の収益力は，業界内だけではなく，業界の外にある環境要因も大きく影響することを示している。

　次に，業界の収益性を規定する5つの要因ごとに，具体的な項目をもう少し詳しくみてみよう。

① 　新規参入の脅威：参入障壁の程度，規模の経済，製品の差別化，資金の必要性，流通システムへのアクセスなど。

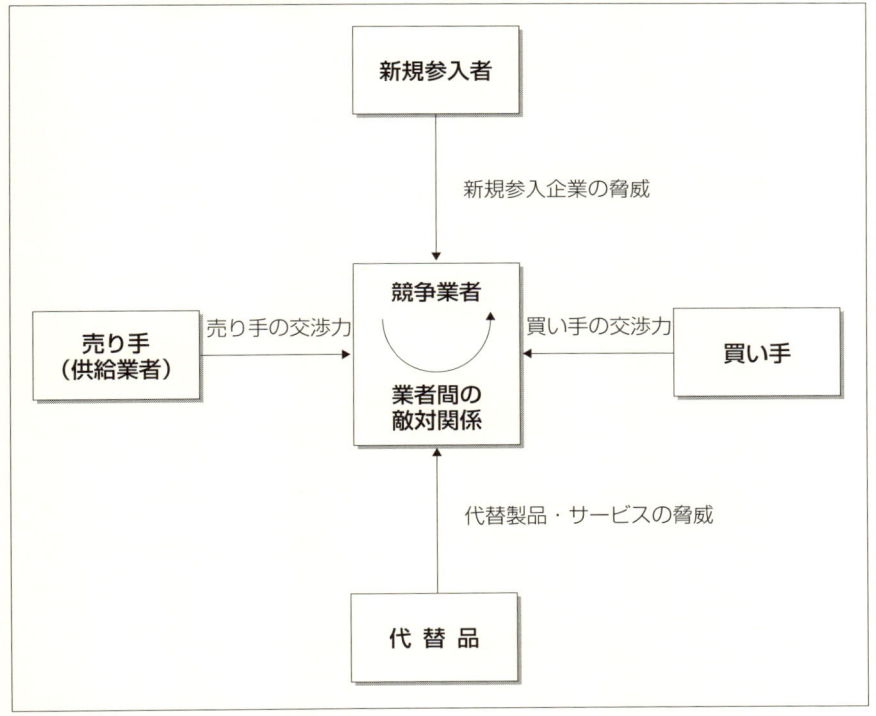

図表7-1　業界の収益性を規定する5つの要因

```
                    新規参入者
                        │
                 新規参入企業の脅威
                        ↓
   売り手         競争業者          買い手
 （供給業者） ─売り手の交渉力→ ┌─────┐ ←買い手の交渉力─ 買い手
                              │業者間の│
                              │敵対関係│
                              └─────┘
                        ↑
                 代替製品・サービスの脅威
                        │
                     代 替 品
```

(出所)Porter,M.E.[1980] 訳書18頁。

② 代替品（製品・サービス）の脅威：同一の顧客機能を持つ代替品の有無，コスト・パフォーマンスの大小，収益力の高い業界が生産する代替品の有無など。
③ 買い手の交渉力：大量購入の可能性，標準化の程度など。
④ 売り手の交渉力：供給業者の寡占度，スイッチング・コストの大小など。
⑤ 業者間の敵対関係：ポジションの優劣，企業数など。

　このような業界の収益性を規定する5つの要因を正しく把握し，自社に有利なポジションを選択する必要がある。

❸ 持続可能な競争優位

　上述したように，競争戦略では，持続可能な競争優位の獲得がその主眼と

なる。持続可能な競争優位は,そもそも何によって獲得することができるのであろうか。

ホッファー=シェンデル［1978］は,持続可能な競争優位の獲得は,①製品・市場のポジショニング,②独自の資源展開,の2つによって可能であると述べている[2]。また,製品・市場のポジショニングは全社レベルの戦略,独自の資源展開は事業レベルの戦略にとって,より重要であると指摘している。

サローナー=シェパード=ポドルニー（Saloner,G.=Shepard,A.=Podolny,J.）［2001］は,持続可能な競争優位の獲得は,①ポジションを基盤とする優位性（positional advantages）,②組織能力を基盤とする優位性（capability advantages）,の2つによって可能であると指摘している[3]。

① ポジションを基盤とする優位性：魅力ある産業構造から生じるポジション優位,業界内の多様性から生じるポジション優位,ネットワークから生じるポジション優位がある。このポジションを基盤とする優位性は,他社

図表7-2　持続可能な競争優位

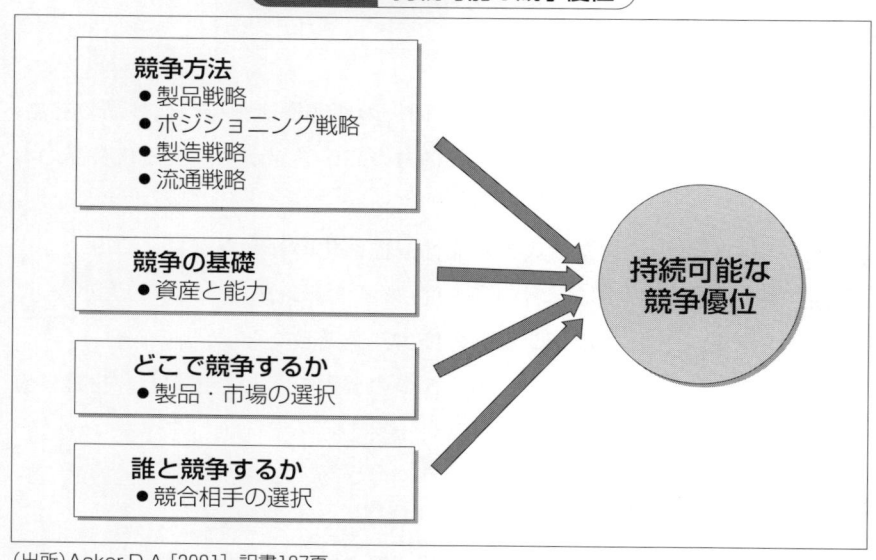

競争方法
- 製品戦略
- ポジショニング戦略
- 製造戦略
- 流通戦略

競争の基礎
- 資産と能力

どこで競争するか
- 製品・市場の選択

誰と競争するか
- 競合相手の選択

→ 持続可能な競争優位

（出所）Aaker,D.A.［2001］訳書187頁。

が市場で同じ地位を得るか,ポジション自体の価値が失われると消滅する。ポジションを基盤とする優位性の具体的な事例として,ブランド名,顧客との関係性,政府の保護や支援,ステータス,流通チャネル,地理的立地,事実上の標準,製品や情報の流れのゲートキーパー,などがあげられる。

② 組織能力を基盤とする優位性:組織能力基盤の優位性の複雑さ,組織能力基盤の優位性の暗黙知的特性などがある。この組織能力を基盤とする優位性は,競合他社がその競争優位性を分析し,模倣し,陳腐化させてしまうと消滅する。組織能力を基盤とする優位性の具体的な事例として,企業文化,組織学習,などがあげられる。

上述したポジションを基盤とする優位性,組織能力を基盤とする優位性は,相互に密接に関連しながら企業に競争優位性をもたらすことが多い。換言すれば,ポジションだけでも,組織能力だけでも,単独では持続可能な競争優位の獲得はなかなか困難であるといえよう。

アーカー[2001]は,持続可能な競争優位の獲得について,図表7-2に示されるように,①競争方法,②競争の基礎,③製品・市場の選択,④競合相手の選択,の4つをあげている。

アーカー[2001]は,競争の方法としてポジショニング戦略を重視しつつ,他方では,競争の基礎として資産と能力を重視しており,極めてバランスのよい理論体系となっているといえよう。

2 価値連鎖

❶ 価値連鎖とは

企業を全体として捉えても,競争優位を獲得することはできない。競争優位は,企業における開発・製造・マーケティング・物流・サービスなど,企業のすべての活動の中から生まれる。具体的には,それぞれの活動のコスト・ビヘイビア,活動の差別化などによって,競争優位を獲得することがで

図表7-3　価値連鎖の基本形

```
支援活動 ┌ 全般管理（インフラストラクチャ）
         │ 人事・労務管理                         マ
         │ 技 術 開 発                            ー
         └ 調 達 活 動                            ジ
           ┌──┬──┬──┬──────┬───┐  ン
           │購 │製 │出 │販売・    │サ │
           │買 │  │荷 │マーケ    │ー │
           │物 │造 │物 │ティング  │ビ │
           │流 │  │流 │          │ス │
           └──┴──┴──┴──────┴───┘
                      主 活 動
```

(出所) Porter, M.E. [1985] 訳書49頁。

きる。したがって，競争優位の獲得のためには，企業のすべての活動およびその相互関係を体系的に検討するためのフレームワーク（分析枠組み）が必要である。

　価値連鎖（value chain）は，ポーター［1985］が競争戦略の基本的なフレームワーク（分析枠組み）の1つ，すなわち，すべての活動のコスト・ビヘイビアおよび活動の差別化の源泉を理解するためのフレームワーク（分析枠組み）として提示した概念である。ちなみに，価値連鎖は，企業間価値連鎖である「価値システム」というさらに大きなシステムの1つの構成要素として位置づけられる。

　価値連鎖は，図表7－3に示されるように，主活動と支援活動の2つによって構成される[4]。なお，ここでいう価値とは，「顧客が企業の提供するものに進んで支払ってくれる金額のこと」[5]である。

　価値連鎖の主活動としては，次の5つがあげられる。

① 購買物流：原材料仕入業務，品質検査，部品の選択と納入など。

② 製造：コンポーネントの製造，アセンブリー，機器調整とテスト，メンテナンス，設備稼働など。
③ 出荷物流：受注処理，出荷など。
④ 販売・マーケティング：広告宣伝，販売促進，セールス，チャネル管理など。
⑤ サービス：修理，サービス代理店，スペア部品供給など。

また，価値連鎖の支援活動としては，次の4つがあげられる。
① 全般管理：企業全体の経営管理。
② 人事・労務管理：募集，訓練，賃金管理など。
③ 技術開発：オートメーション・システムの設計，機器設計，情報システム開発，市場調査，サービス・マニュアルなど。
④ 調達活動：原材料，エネルギー，コンピュータ・サービス，輸送サービスなどの調達。

価値連鎖におけるそれぞれの価値活動は，競争優位の獲得のための部分集合ではあるものの，価値連鎖は，単に個々の独立した価値活動の集合体ではなく，相互に依存した活動のシステムである。

❷ 価値システム

上述したように，価値連鎖は，価値活動の内部的な連結関係から競争優位の源泉を創出するためのフレームワーク（分析枠組み）である。ここで連結関係とは，1つの価値活動の実績と，他の活動のコストまたは成果との間の関係のことである。連結関係は，①最適化，②調整，という2つの方法によって競争優位を導き出す。

連結関係を考える場合，企業の内部的な連結関係だけでなく，図表7－4に示されるように，企業間の連結関係も重要な要因になりつつある。ポーターは，企業間の価値連鎖のつながりのことを価値システムと呼んでいる[6]。

価値システムにおける連結関係は，原材料供給企業（川上），流通チャネル企業（川中），買い手・顧客（川下）など，多くの企業・顧客との間で，さまざまな連結の形態が存在する。

図表7-4　価値システム

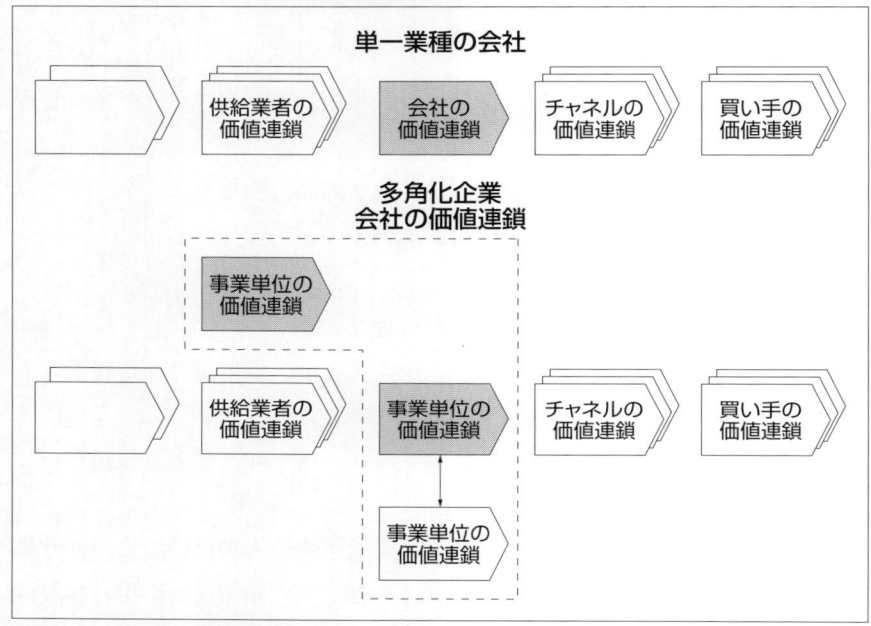

単一業種の会社

供給業者の価値連鎖 → 会社の価値連鎖 → チャネルの価値連鎖 → 買い手の価値連鎖

多角化企業　会社の価値連鎖

事業単位の価値連鎖

供給業者の価値連鎖 → 事業単位の価値連鎖 → チャネルの価値連鎖 → 買い手の価値連鎖

事業単位の価値連鎖

(出所) Porter,M.E.[1985] 訳書46頁。

この価値システムについては，第8章のビジネス・システムについて考察する際に，詳細に考察するので，ここでは概観だけにとどめる。

❸ 競合分析

上で，競争戦略の基本的なフレームワーク（分析枠組み）の1つである価値連鎖および価値システムについて理解したので，次に，競争優位を具体的に獲得するための方法として，競合分析（competitor analysis）について考察する。

われわれはすでに第3章で，SWOT分析について考察した。図表3－6（十字チャート）を用いて，太陽熱利用の給湯システムの事例についても検討した。競合分析は，SWOT分析における自社の強み（strength）・弱み（weakness）の項目と，競合相手（competitor）の強み（strength）・弱み（weakness）の項目を直接的に比較・分析するものであり，図表3－6でい

図表7-5 競合相手の理解

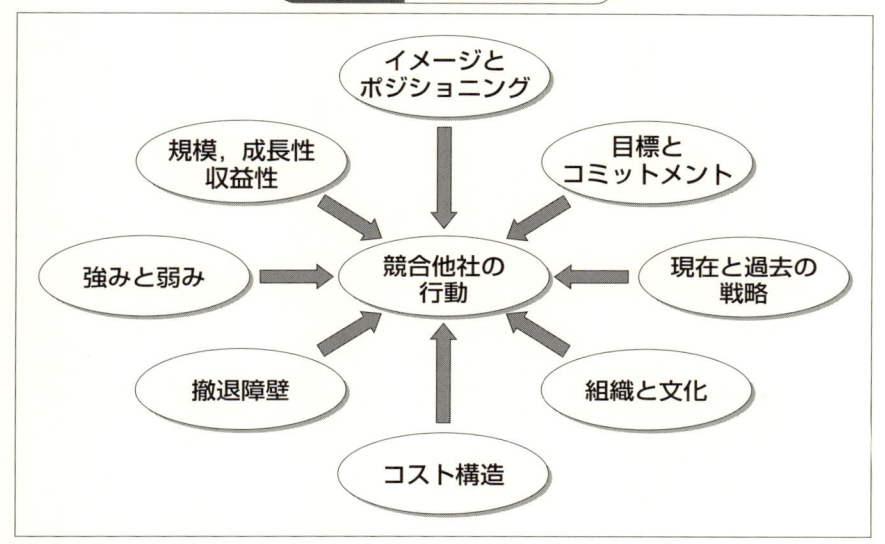

- イメージとポジショニング
- 規模，成長性，収益性
- 目標とコミットメント
- 強みと弱み
- 現在と過去の戦略
- 撤退障壁
- 組織と文化
- コスト構造

→ 競合他社の行動

(出所) Aaker.D.A.[2001] 訳書96頁。

えば，下段の部分をより現実的・実務的に分析することである。

競合分析を行うには，まず，競合相手の特定が必要不可欠である。ここでの競合相手には，現在の競合相手は当然のこととして，潜在的な競合相手も含まれる。競合相手を特定する主な方法として，①顧客の視点から識別する，②競合相手の競争戦略に基づいて戦略グループに分類する，という2つがあげられる。

競合相手が識別されたら，次の焦点は，競合相手とその戦略を理解しなければならない。アーカー［2001］は，競合相手を理解する項目として，図表7-5に示されるように，①目標とコミットメント，②現在と過去の戦略，③組織と文化，④コスト構造，⑤撤退障壁，⑥強みと弱み，⑦規模，成長性，収益性，⑧イメージとポジショニング，の8項目をあげている[7]。

これらの8項目について，可能な限り定量的な基準を設定して，競合相手との客観的な比較分析を行うことが重要である。主観的な項目についても，代用特性を用いて，主観の客観化を図るなどの工夫が欠かせない。

さらに，図表7-6に示されるように[8]，自社と競合相手を比較する項目

図表7-6　強みと弱みの分析

革新性
・製品技術力あるいは
　サービスの優秀さ
・新製品開発
・研究開発
・技　術
・特　許

製　造
・コスト構造
・生産活動の柔軟性
・設　備
・原材料へのアクセス
・垂直統合
・従業員の態度とモチベーション
・生産（処理）能力

財　務——資本へのアクセス
・営業活動からの資金
・買掛等による資金
・負債や新株発行による資金調達能力
・親会社の資金供給意欲

経　営
・トップ経営者と中間管理層の質
・事業に関する知識
・文　化
・戦略的目標とプラン
・起業家的主眼
・プラニング／オペレーション・
　システム
・忠誠心——離職率
・戦略的意思決定の質

マーケティング
・製品品質に関する評判
・製品特性／差別化点
・ブランド認知
・製品ラインの広範さ
　　——販売システムとしての能力
・顧客志向
・セグメンテーション／集中
・流　通
・小売との関係
・広告／宣伝スキル
・販売員
・顧客サービス／製品サポート

顧客ベース
・規模とロイヤルティ
・市場シェア
・参入しているセグメントの成長率

（出所）Aaker,D.A.[2001]　訳書106頁。

ごとに，自社の強み・弱み，競合相手の強み・弱みを客観的に測定して，その結果を競争優位の獲得に結びつける必要がある。

3　競争の基本戦略

　ポーター［1980］は，競争の基本戦略を，図表7-7に示されるように，

第7章 競争戦略

図表7-7　競争の基本戦略

	競争優位	
	他社より低いコスト	差別化
広いターゲット（顧客ターゲットの範囲）	1. コスト・リーダーシップ	2. 差別化
狭いターゲット	3a. コスト集中	3b. 差別化集中

(出所) Porter, M.E.[1980] 訳書61頁。

競争優位のタイプおよび顧客ターゲットの範囲という2つの観点を組合せて，①コスト・リーダーシップ戦略，②差別化戦略，③集中戦略，の3つの種類に分けている[9]。以下，3つの競争の基本戦略について考察する。

❶ コスト・リーダーシップ戦略

　コスト・リーダーシップ戦略（cost leadership strategy）とは，同一製品・サービスを，競争企業と比較して低コストで生産し，コスト面で優位性を確保するという戦略である。この戦略は，主として第6章で述べた「経験曲線効果」（製品の累積生産量が2倍になると，単位あたりコストが20～30％低減する）を活用することによって実現することができる。

　「経験曲線効果」を得るには，市場においてその生産量を販売できるだけのシェア（市場占有率）を獲得することが必要不可欠である。すなわち，競合企業（競争相手）を上回る累積生産量を確保することによって低コストの製品・サービスを実現し，そのことによってシェアを高め，さらにスケー

図表7-8　購買物件の単位コストを動かす推進要因

コスト推進要因	調達活動へのコスト推進要因	その説明
規模の経済性	購買規模	特定供給業者からの購入量によってその業者に対する交渉力が変化する。
連結関係	供給業者との連結関係	供給業者との間で，仕様，納品，その他の活動について調整がうまく行われると，トータル・コストが下がる。
相互関係	他の事業単位と共同して資材の購買をする	同系事業単位と共同購買をやると，供給業者に対する交渉力が強くなる。
統合	社内生産か購買か	統合によって，購買物件のコストが上がることもあれば下がることもある。
タイミング	供給業者との関係の時間的長さ	供給業者と長い取引関係にあるか，ゴタゴタした問題があるかによって，購買コスト，品不足のときの買付け，業者から提供されるサービスが変わる。
ポリシー	購買慣行	購買慣行のいかんによって，業者に対する交渉力が強くなったり，業者が進んで特別サービスを提供したりする。例えば， ・供給業者の数や組合せを自由に選べる。 ・リスク減少のヘッジができる。 ・業者のコストおよび取引可能な業者リストについての情報に投資する。 ・年間契約かその都度購入か。 ・副産物の利用。
立地	供給業者の立地	供給業者の立地条件は，輸送コスト，連絡のしやすさなどで，購買物件のコストに影響する。
制度的要因	政府および労組からの規制	政府の政策によって購入が規制されたり，関税，課税，その他の手段によってコストが変化する。労組は，海外からの購入を制限したり，組合に加盟していない業者からの購入を制限したりする。

(出所) Porter, M. E. [1985] 訳書116頁。

第7章　競　争　戦　略

ル・メリットを確保することによって一層のコスト低減を実現するという一連の方策がとられる。

　コスト低減をもたらす源泉は，「経験曲線効果」だけではない。ポーター [1985] によれば，コスト優位は，その価値活動のコスト・ビヘイビアによって規定される。コスト・ビヘイビアは，コストを動かす下記（①～⑩）の構造的要因（コスト推進要因）に左右される。
①　規模の経済：スケール・メリットなど。
②　習熟度：ラーニング，経験の共有など。
③　キャパシティ利用のパターン：稼働率向上による固定費のカバーなど。
④　連結関係：活動の最適化，調整による最適化など。
⑤　相互関係：活動の共有化など。
⑥　統合：垂直統合など。
⑦　タイミング：先発の有利，後発の有利など。
⑧　自由裁量：製品政策，マーケティング・ミックスなど。
⑨　ロケーション：原材料コスト，人件費の変化など。
⑩　制度的要因：規制，法律，労働慣行など。

　コスト・ビヘイビアについて理解を深めるために，購買物件の単位コストを動かす推進要因について具体的に考察する。図表7-8に示されるように[10]，購買物件の単位コストは，①規模の経済，②連結関係，③相互関係，④統合，⑤タイミング，⑥ポリシー，⑦立地，⑧制度的要因，の構造的要因（コスト推進要因）によって左右されることが分かる。

　コスト・リーダーシップ戦略には，①過去の投資や習熟が無駄になってしまうようなテクノロジーの変化や新規参入者による模倣などによって，その持続力を失うことがある。②コスト低減にばかり注意を集中するために，競合企業（競争相手）による製品やマーケティングの差別化を見過ごす，など多くのリスクがある。

❷ 差別化戦略

　差別化戦略（differentiation strategy）とは，自社の製品・サービスに何

らかの独自性を出し，顧客の「ニーズの束」に対して競合企業（競争相手）との差をつけることによって，相対的かつ持続的な優位性を保つための戦略である。

差別化の手段としては，①製品そのもの（品質，性能，デザイン，ブランドなど）の特異性による差別化，②販売促進（広告，セールスマンの数，見本市・展示会の開催頻度など）の特異性による差別化，③流通システム（流通チャネル，取引形態，マージンなど）の特異性による差別化，などさまざまな差別化が行われている。

ポーター［1985］は，差別化の源泉として，図表7－9に示されるように，

図表7-9　価値連鎖における代表的な差別化源泉

	購買物流	製造	出荷物流	販売・マーケティング	サービス	
全般管理	トップマネジメントの販売支援 会社のイメージを高める建物・施設 優れたマネジメント情報システム						マ ー ジ ン
人事・労務管理	優れた社員訓練	安定した労務政策 労働の質を高める生涯計画 最高の科学者・技術者を引きつける計画		最高のセールスマンをやめさせない奨励策 質の高い販売・サービス用品の募集	サービス技術者の広範な訓練	
技術開発	原材料の扱いと仕分けのための優れた技術 独占的な品質保証機器	特異な製品特徴 モデル導入の速度 特異な生産工程または機械自動検品法	特異な輸送車スケジュールソフトウェア 特殊用途の車またはコンテナー	応用技術支援 優れた媒体調査 特注モデルに関してすばやい見積り	一歩抜きん出たサービス技術	
調達活動	資材納入のための最も信頼性の高い輸送	最高品質の原材料 最高品質のコンポーネント	最良立地の倉庫 破損を最小に抑える輸送会社	最も望ましい媒体利用製品ポジショニングとイメージ	高品質の取替部品	
	破損または品質低下を最小に抑える資材の扱い方 製造にタイムリーに納品される資材	仕様書に完全に一致する 魅力的な製品外観 仕事の変更にただちに応じる 低い不良品率 製造時間の短さ	タイムリーな急配 正確ですばやい受注処理 破損を最小に抑えた取扱い	うまい広告 セールス活動のもれのなさと質の高さ チャネルとの個人的な親密さ 技術説明書その他の販売援助物が優れている 広範な販売促進 買い手に供与するクレジット	早い据付け 高いサービスの質 取替部品の完全装備 サービス範囲の広さ 買い手訓練の徹底	

（出所）Porter, M.E.［1985］訳書154頁。

多くの具体的な事例を示した。

差別化戦略には，競合企業（競争相手）と比べてコスト面での劣位性がありすぎると，差別化によるブランド・ロイヤルティが維持できなくなり，差別化の要因に対する買い手のニーズが落ち込んだり，買い手が差別化と認めなくなるなどのリスクがある。

❸ 集中戦略

コスト・リーダーシップ戦略と差別化戦略が業界全体を対象としているのに対して，集中戦略（focus strategy）は市場を細分化して，特定のセグメントに対して経営資源を集中する戦略である。集中戦略は，コスト集中戦略と差別化集中戦略に分けられる。

集中戦略では，特定のセグメントとして，特定の製品・市場，顧客などが選択される。特定のセグメントをターゲットとして，きめ細かく効率的な対応を図ることによって，市場全体としては低コストや差別化が不可能であっても，特定のセグメントでは低コストや差別化の達成が可能になることがある。

集中戦略には，①戦略的に絞ったセグメントと市場全体で要望される製品やサービスの間に，品質や特徴面の差が小さくなる，②戦略的に絞ったセグメントの内部にさらに小さな市場を競争企業が見つけて，集中戦略を進める企業を出し抜いてしまう，などのリスクがある。

4 競争環境のダイナミズム

❶ マーケット・ライフ・サイクル

競争の基本戦略は，上述したように3つの基本戦略にパターン化されているものの，競争環境や競争構造は常に変化している。競争企業の戦略の変化はもとより，新規参入企業や代替品の出現，技術革新，消費者ニーズの変化，あるいはプロダクト・ライフ・サイクルの短縮化など，さまざまな競争環境

の変化が競争構造を変化させる。したがって，競争環境および競争構造の変化に応じて，競争の基本戦略を適宜組合せるなど，さまざまな工夫が不可欠である。

　ところで，競争環境はマーケット・ライフ・サイクルによって大きく異なることが観察される。マーケット・ライフ・サイクルは，図表7-10に示されるように，①導入期，②成長期，③成熟期，④衰退期，の4つの段階に区分することができる[11]。

① 導入期：製品が市場に導入され，その価値や効用が消費者（顧客）に徐々に認知されはじめる段階のことである。この段階では，売上はまだ小さく，導入のためのコスト（広告宣伝費など）が発生するので，利益もキ

図表7-10　マーケット・ライフ・サイクル

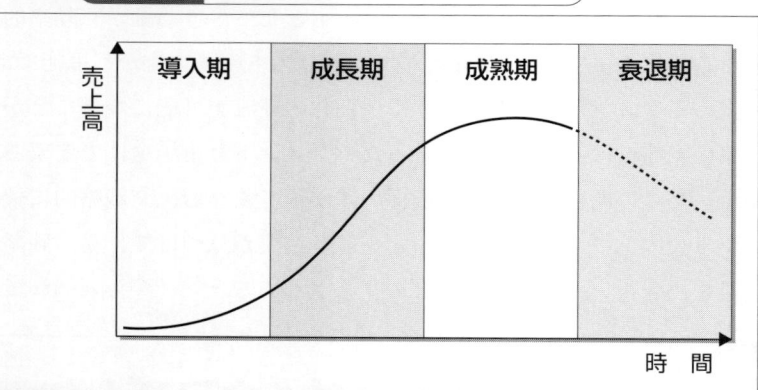

	導入期	成長期	成熟期	衰退期
売上高	低い	急成長	低成長	低下
利益	マイナス	ピークに達する	低下へ	低下
キャッシュフロー	マイナス	プラスへ	プラス	マイナスへ
競合企業	ほとんどなし	増加	多い（特徴ある競争者）	減少
マーケティング目標	市場拡大	市場浸透	シェア維持	生産性の確保
マーケティングの重点	製品認知	ブランド	ブランド・ロイヤルティ	選択的
ターゲット	改革者	大衆	大衆	保守的顧客

（出所）グロービス・マネジメント・インスティテュート編［1999］80頁。

ャッシュフローもマイナスである場合が多い。競合企業（競争相手）は，ほとんど存在しない。
② 成長期：製品が市場に浸透し，需要が急速に伸びる段階のことである。売上・利益は急増する。競合企業（競争相手）は増え，市場浸透のためのコストも増大するが，キャッシュフローは，次第にプラスに転換する。
③ 成熟期：製品が市場に普及し，市場成長率が徐々に低下する段階のことである。この段階では，特徴のある競合企業（競争相手）が増加するが，資金需要は減少するので，キャッシュフローはプラスを維持する。
④ 衰退期：市場はほぼ飽和状態になり，需要は減退し，売上も利益も次第に減少する段階のことである。競合企業（競争相手）は減少し，キャッシュフローは，通常マイナスに転換する。

❷ ライフ・サイクル別競争要因

市場競争環境は，決して不変のものではなく常に変化する。そこで，競争環境のダイナミクスについて考察する。具体的には，上述したマーケット・ライフ・サイクルに準拠して，ライフ・サイクルごとに，競争要因がどのように変化するかについて考察する。
① 導入期：導入期における競争要因は，製品認知および市場拡大に重点が置かれる。すなわち，いかに顧客のニーズを迅速かつ正確に理解するか，いかに顧客のニーズを技術的に実現するかなど，製品認知および市場拡大に関する競争要因は，顧客ニーズと技術との相互作用のあり方にかかわるものが多い。
② 成長期：成長期における競争要因は，市場浸透およびブランド化に重点が置かれる。市場浸透およびブランド化に最も効果的な競争要因は，「業界標準（デファクト・スタンダード）」を獲得することである。「業界標準（デファクト・スタンダード）」をめぐる競争戦略は，過去の事例をみても，「業界標準（デファクト・スタンダード）」を獲得した勝者と獲得し損なった敗者では，まさに天国と地獄の違いであった。
③ 成熟期：成熟期における競争要因は，シェア（市場占有率）の維持とブ

ランド・ロイヤルティに重点が置かれる。シェア（市場占有率）の維持は，経験曲線効果を取り込む対応でもあり，キャッシュフローの増加のためにも不可欠である。ブランド・ロイヤルティの獲得のためには，ブランド認知，知覚品質など，ブランド・エクイティのマネジメントが欠かせない。

④ 衰退期：衰退期における競争要因は，生産性の確保および選択的対応に重点が置かれる。競合企業（競争相手）が減少し，資金需要も減少するので，製品差別化と市場細分化への対応がうまくいけば，キャッシュフローの増加が見込めることもある。まさに選択的対応が欠かせない。

❸ 衰退市場および敵対的市場における競争戦略

第6章で，ヘンダーソン［1979］のポートフォリオの循環について考察したとき，ポートフォリオ・マトリクスにおける「問題児」および「負け犬」の扱いについて，理論的にも，実務的にも，強烈な賛否両論が常に存在することを指摘した。また，わが国の企業の場合，たとえ「負け犬」であっても，撤退や切捨てをすることは少ないことも指摘した。

マーケット・ライフ・サイクルの初期段階では，欧米の企業とわが国の企業の差異は少ないが，なぜマーケット・ライフ・サイクルの終期段階で，欧米の企業とわが国の企業との間で，企業行動の差異が大きいのであろうか。

アーカー［2001］は，マーケット・ライフ・サイクルの終期段階にある衰退市場について，正しい戦略に従う企業にとって，むしろ好機を提供してくれることがあると指摘している[12]。もちろん，手をこまねいていては衰退するばかりであるので，次の再活性化策を提示している。

① 新市場：無視または見過ごされていた市場セグメントの発見。
② 新製品：市場の再活性化を可能にする既存製品の新たな変種の投入。
③ 新用途：既存顧客の製品の使用方法から学び，新用途を提案。
④ マーケティングの活性化：新店舗，直販などの新チャネル，宣伝方法の刷新など，新マーケティング・ミックスの投入。
⑤ 政府刺激策による成長：エアバッグの装着など，政府の規制，規制緩和の活用。

⑥ 成長下位市場の利用：全体としては成熟あるいは衰退している産業の中で，ビール業界における発泡酒のように，成長している下位領域を発掘。

次に，敵対的市場についてみてみよう。アーカー［2001］によれば，敵対的市場とは，設備過剰，低利益率，激烈な競争，あるいは混迷の中での経営を強いられるような市場のことである[13]。

敵対的市場には，①需要の減退，②設備能力の過剰，という2つの大きな原因がある。上述した衰退期には，この敵対的市場が生まれ易い。敵対的市場において成功する競争戦略として，アーカー［2001］は，①大口顧客への集中，②信頼性による差別化，③広範な価格帯のカバー，④競合企業が育たない価格，⑤効果的なコスト構造，の5つをあげている。現実に，フェデラル・エクスプレス，ロードウェイ，IBMなどが，敵対的市場においてこれらの競争戦略を採用しているという。

5 競争戦略の定石

❶ 業界標準

上述したように，マーケット・ライフ・サイクルの成長期における競争戦略では，業界標準（デファクト・スタンダード）の獲得が，最も重要な戦略的課題である。

業界標準（デファクト・スタンダード）は，特定の標準化機関によってではなく，市場での競争を通じて標準を獲得したものをいう。デファクト・スタンダード（de facto standard）は，正式には，事実上の業界標準と呼ばれる。これに対して，市場競争の結果に関わらず，特定の公的機関が定める業界標準をデジューリ・スタンダード（de jure standard）という。

デファクト・スタンダードの例としては，家庭用VTRのVHS，パソコンOSのMS－DOSなどがあげられる。業界標準とは，多くの企業によって供給され，多くのユーザーを獲得しているか，もしくは獲得すると予想される製

品に適用される。

　山田英夫［1993］は，業界標準をめぐる競争が激化しつつある背景について，①企業間の技術レベルの均衡，②普及までの期間の短縮，③業界標準（デファクト・スタンダード）と業績とのリンク，④企業連合の増大，の4つの理由をあげている[14]。これらは，現実的にも実証されているといえよう。

　ところで，業界標準（デファクト・スタンダード）には，どのような経済的な意味があるのであろうか。業界標準（デファクト・スタンダード）が意味を有するのは，製品・市場にいわゆる「ネットワーク外部性」が働く場合である。ここで「ネットワーク外部性」とは，ある製品から得られる便益が，当該製品のユーザーが増えるに伴って増大する特性をいう。

　「ネットワーク外部性」が働く場合，将来多くのユーザーを獲得する製品を購入すれば，より大きな便益を得ることができる。そのため，ある製品が主流になると予想されて，それが業界標準（デファクト・スタンダード）と認められれば，多くのユーザーを獲得し，予想が現実のものとなる。すなわち，製品の機能や価格面の優劣だけでなく，どのような予想が形成されるかが業界標準（デファクト・スタンダード）に関する企業間競争の結果を左右する。

　企業が自社製品をデファクト・スタンダードにするには，①他社の模倣を防ぎながら早期に市場を支配してしまう方法（クローズド・ポリシー），②他社に規格を公開して互換製品を供給してもらい，自社製品とその互換製品との累計シェアを高める方法（オープン・ポリシー），の2つがある。

　近年では，エレクトロニクス産業を中心として，競争戦略の一環として，オープン・ポリシーが多く採用されつつある。このオープン・ポリシーの採用に伴って，企業連合，企業統合など，単に競争戦略の範囲を超えて，企業間ネットワークの構築の原動力になる事例も出始めた。

❷ 市場におけるポジショニング

　競争戦略の中で，市場におけるポジショニング（positioning）に基づいて，自社の競争優位を獲得しようという研究がある。その典型はコトラー［1980］

である。コトラーは，シェア（市場占有率）に基づいて，①リーダー，②チャレンジャー，③ニッチャー，④フォロワー，の4つに区分した。

嶋口充輝［1986］は，コトラー［1980］に準拠しつつも，経営資源の質量という基準によって，市場におけるポジショニングを図表7－11に示されるように，下記の4つに類型化した[15]。

① リーダー：量的経営資源にも質的経営資源にも優れる企業のこと。一般的には，業界のシェアが1位の企業を指す。
② チャレンジャー：量的経営資源には優れるが，質的経営資源がリーダー企業に対して相対的に劣る企業のこと。通常，業界の2～4位企業を指すことが多い。
③ ニッチャー：質的経営資源には優れるが，量的経営資源がリーダー企業に対して相対的に劣る企業のこと。通常，リーダー企業のようなフルライン政策や量の拡大を目指さない企業を指す。
④ フォロワー：量的経営資源にも質的経営資源にも恵まれない企業のこと。短期的にはリーダー企業の地位を狙うことはできない。

近年では，持続可能な競争優位の獲得は，先述したホッファー＝シェンデル［1978］によれば，①製品・市場のポジショニング，②独自の資源展開の

図表7-11　競争地位の類型化

経営資源	経営資源力（量）	
	大	小
経営資源独自性（質） 高	リーダー	ニッチャー
経営資源独自性（質） 低	チャレンジャー	フォロワー

（出所）嶋口充輝［1986］99頁。

2つの分類，サローナー=シェパード=ポドルニー［2001］によれば，①ポジションを基盤とする優位性,②組織能力を基盤とする優位性の2つの分類，アーカー［2001］によれば，①ポジション，②資産と能力の2つの分類に見られるように，コトラー［1980］や嶋口［1986］に典型的な，市場におけるポジショニングに基づいて自社の競争優位を獲得しようという研究に加えて，自社独自の資源および能力を基盤とした競争優位の研究が進められている。

❸ 経営資源パラダイムによる競争戦略の定石

市場におけるポジショニングに基づいて，自社の競争優位を研究してきた代表的な研究者である嶋口［1986］は，自社独自の経営資源や能力についてどのように考えているのであろうか。嶋口［1986］は，図表7－12に示されるように，経営資源パラダイムによる競争戦略の定石を示している[16]。嶋口［1986］に準拠して，それぞれの競争戦略の定石についてみてみよう。

① リーダー：リーダー企業の戦略の定石として，周辺需要拡大政策，同質化，非価格対応，最適シェア維持，の4つが示されている。周辺需要拡大政策とは，市場規模そのものを拡大することである。リーダー企業は，競合企業と比較して，質量共に優れた経営資源を持っている。したがって，周辺需要が拡大すると，既存市場のシェア相当分だけは，少なくとも拡大することができる。同質化とは，チャレンジャーがとってきた差別化戦略に対して，リーダーが保有する相対的に優位な経営資源によって，それらを模倣・追随し，その差別化戦略の効果を消滅させることである。非価格対応とは，非価格競争のことである。非価格競争に安易に応じると，最も利益の減少幅が大きいのはリーダー企業であるからである。最適シェア維持とは，シェアをとり過ぎると，独禁法などの問題によって，かえってトータル・コストが高くなることがある。

② チャレンジャー：チャレンジャー企業の競争戦略の定石は，リーダー企業が追随できない差別化戦略を採用することである。効果的な差別化戦略として，リーダーが同質化できない製品上の差別化，価格上の差別化，流

第7章 競争戦略

図表7-12 経営資源パラダイムによる競争戦略の定石

相対的経営資源の位置		量			
		大		小	
質	高	リーダー		ニッチャー	
		市場目標	戦略方針	市場目標	戦略方針
		最大シェア 最大利潤 名声イメージ	全方位化	利潤 名声イメージ	集中化
	低	チャレンジャー		フォロワー	
		市場目標	戦略方針	市場目標	戦略方針
		市場シェア	差別化	生存利潤	模倣化

(出所) 嶋口充輝［1986］101頁。

通上の差別化などがあげられる。最も効果的な戦略は，リーダーが蓄積してきた経営資源を負の経営資源にすることである。ビール業界で実際に採用されて話題を呼んだ。

③　ニッチャー：ニッチャー企業の競争戦略の定石は，特定のニッチ市場において，擬似的独占を実現することである。したがって，リーダー企業の競争戦略の定石である周辺需要拡大政策，同質化，非価格対応，最適シェア維持の4つを，特定のニッチ市場において推進することが効果的である。

④　フォロワー：フォロワー企業の競争戦略の定石は，経営資源が質量ともに不足するので，上位企業の戦略の模倣が競争戦略のベースとなる。

以上，嶋口［1986］による経営資源パラダイムによる競争戦略の定石について考察した。経営資源パラダイムによる競争戦略を考える場合でも，市場におけるポジショニングは必要不可欠であることが分かる。

---

1) Porter,M.E.［1980］訳書18頁。
2) Hofer,C.W.＝Shendel,D.E.［1978］訳書32頁。
3) Saloner,G.＝Shepard,A.＝Podolny,J.［2001］訳書51-69頁。

4）Porter,M.E.〔1985〕訳書49頁。
5）同上書　訳書49頁。
6）同上書　訳書46頁。
7）Aaker,D.A.〔2001〕訳書96頁。
8）同上書　訳書106頁。
9）Porter,M.E.〔1980〕訳書61頁を一部修正。
10）Porter,M.E.〔1985〕訳書116頁。
11）グロービス・マネジメント・インスティテュート編〔1999a〕80頁。
12）Aaker,D.A.〔2001〕訳書345頁。
13）同上書　訳書344頁。
14）山田英夫〔1993〕31頁。
15）嶋口充輝〔1986〕99頁。
16）同上書101頁。

第8章 ビジネス・システム戦略

　本章では，ビジネス・システム戦略について考察する。ビジネス・システムとは，顧客に価値を届けるための機能・経営資源を組織化し，それを調整・制御するシステムのことである。

　まず，ビジネス・システムの意義について考察する。具体的には，上述したビジネス・システムの定義，ビジネス・システムの進化，ビジネス・システムの評価基準，の3点について理解を深める。

　次に，経済性の概念とビジネス・システムとの関連性について考察する。規模の経済，範囲の経済，連結の経済の3つを取り上げ，特に，連結の経済と経営戦略との関連性について考察する。

　次いで，ビジネス・システムの典型例である供給連鎖について考察する。SCM（サプライチェーン・マネジメント）の発展経緯を理解した後，ビジネス・システムの形態（垂直的統合，水平的統合）の内，供給連鎖は，垂直的統合にその特徴があることを理解する。また，今後のビジネス・システムの主流になると思われる需要連鎖について理解を深める。

　さらに，ビジネス・システムは，その性格上複数の企業にまたがるので，企業間関係について考察する。企業間関係の革新の原動力の1つになっているロジスティクスを取り上げ，企業間関係の革新の形態，ロジスティクスの形態と企業間関係の革新との関連性について理解する。

　最後に，BPR（ビジネス・プロセス・リエンジニアリング）について考察する。BPRの定義，ビジネス・プロセス，BPRの形態と効果の3点に焦点を絞って理解を深める。

1 ビジネス・システムの意義

❶ ビジネス・システムとは

　従来,「どのような顧客に,どのような製品(サービスを含む)を提供するか」という製品・市場戦略が経営戦略の中核とされてきた。ところが近年では,顧客に価値を届けるための仕組み(ビジネス・システム)が,経営戦略において急激に重要性を増大しつつある。

　ビジネス・システム (business system) とは,どのようなものであろうか。ビジネス・システムという概念は,比較的新しいので,まだ統一的な見解は存在しないといえよう。例えば,①ビジネス・システム,②ビジネス・モデル,③ビジネス・プロセス,④価値連鎖(バリュー・チェーン),⑤供給連鎖(サプライ・チェーン),⑥需要連鎖(ディマンド・チェーン),⑦ロジスティクスなど,多くの類似概念が存在し,概念間に相互に重複が見られ,混乱さえ生じている。そこで,まず類似概念を含めて,先行研究における主な定義について概観する。

　第一に,ビジネス・システムの定義についてみてみよう。加護野［1999］は,「顧客に価値を届けるために行われる諸活動を組織化し,それを制御するシステムをビジネス・システムという」[1]と定義している。伊丹［2003］は,「ビジネス・システムとは,顧客を終着点として,そこに実際に製品を届けるまでに企業が行う仕事の仕組みのことである」[2]と定義している。

　第二に,ビジネス・モデルの定義についてみてみよう。ビジネス・モデルについては,第4章で考察したように,國領［1999］は,「ビジネス・モデルとは,①誰にどんな価値を提供するか,②そのために経営資源をどのように組み合わせ,その経営資源をどのように調達し,③パートナーや顧客とのコミュニケーションをどのように行い,④いかなる流通経路と価格体系のもとで届けるか,というビジネスのデザインについての設計思想である」[3]

第8章 ビジネス・システム戦略

と定義している。江上［2000］は、ビジネス・モデルを事業活動の形態と捉えたうえで、事業活動を推進するために、①顧客（顧客は誰なのか）、②顧客価値（顧客にどのような価値を提供するのか）、③提供手段（その方法はどうするのか）、④対価の回収手段（顧客に提供した価値の対価を誰からどのように受け取るのか）、という要素を述べて、「ビジネス・モデルとは、ビジネスの仕組み、ビジネスの構造である」[4]と定義した。

第三に、ビジネス・プロセスについてみてみよう。ダベンポート（Davenport,T.H.）［1993］は、「ビジネス・プロセスとは、特定の顧客に対して、特定のアウトプットを作り出すために、デザインされ構造化された評価可能な一連の活動のことである」[5]と定義している。

第四に、価値連鎖（バリュー・チェーン）についてみてみよう。価値連鎖は、すでに第7章で考察したように、ポーター［1980］が提示した「価値活動の内部的な連結関係から競争優位の源泉を創出するためのフレームワーク（分析枠組み）のこと」である。具体的には、①主活動（購買物流、製造、出荷物流、販売・マーケティング、サービス）、②支援活動（全般管理、人事・労務管理、技術開発、調達活動）、の2つによって構成される。価値連鎖は、企業間価値連鎖である「価値システム」の1つの構成要素でもある。

第五に、供給連鎖（サプライ・チェーン）についてみてみよう。供給連鎖は、「生産者起点による製品の流れ、機能連鎖、情報連鎖のこと」である。製造業の場合、①調達、②製造、③マーケティング、④物流、⑤顧客サービス、の5つの機能、または研究開発を含めて6つの機能によって構成されることが多い。

第六に、需要連鎖（ディマンド・チェーン）についてみてみよう。需要連鎖は、「消費者起点による製品の流れ、機能連鎖、情報連鎖のこと」である。機能としては、供給連鎖と同一であるものの、顧客ニーズ主導型のビジネスの構造である。

第七に、ロジスティクスについてみてみよう。米国ロジスティクス管理協議会［1986］によれば、「ロジスティクスとは、顧客のニーズを満たすために、原材料、半製品、完成品およびそれらの関連情報の産出地点から消費地

点に至るまでのフローとストックを,効率的かつ費用対効果を最大ならしめるように計画,実施,統制することである」。

このように,ビジネス・システムおよびその類似概念に関する定義を概観すると,いくつかの異同点が見えてくる。まず,顧客に価値を届ける仕組みであることは,ビジネス・システムおよびその類似概念の定義において共通している。また,価値を届けるために,機能の連鎖,経営資源の連鎖が不可欠であることも共通している。ビジネス・システムとビジネス・モデルの場合,内容的にみれば,ほぼ重なる概念といえる。

異なる点としては,機能の連鎖,経営資源の連鎖の中で,どの機能,どの経営資源を自社で分担し,どの機能,どの経営資源を他社に委ねるか,というデザインの局面において,システムとモデルという2つの用語の持つイメージの違いがかなり大きいといえよう。加護野＝井上［2004］は,図表8－1に示されるように,システムとモデルの違いを,①定義の違い,②学問視角,③競争優位,④カギ概念,の4つの項目ごとに要約している[6]。

本書では,もともとビジネス・システムという用語を用いているように,

図表8-1　システムとモデルの相違

	システム	モデル
定義の違い	結果として生み出されるシステム（意図せざる結果を含む）	設計思想
学問視覚	現実のもの 経営学的視点に特化 個別企業の収益性	理念型 経済学的視点も含む 社会的効率
競争優位	模倣困難 独自性 持続的優位を重視	模倣可能 標準性 一時的優位にも注目
カギ概念	システム 要素還元をこえて 全体の設計と分析 経路依存	モデル 要素還元のアプローチ 部分の設計と分析 文脈を切り離す

（出所）加護野忠男＝井上達彦［2004］48頁。

図表8-1に示されるモデル概念ではなく，システム概念を採用していることはいうまでもない。そして，「ビジネス・システムとは，顧客に価値を届けるための機能・経営資源を組織化し，それを調整・制御するシステムのことである」と定義して議論を進める。ちなみに，ビジネス・システム戦略は，このビジネス・システムを競争優位の源泉とする戦略のことである。

❷ ビジネス・システムの進化

各企業におけるビジネス・システムは，極めて多様性を帯びており，多種多様なビジネス・システムが存在する。このようなビジネス・システムの違いが，企業の競争優位の源泉になる。近年，企業の競争優位の源泉は，製品だけでなく，ビジネス・システムにその比重が移りつつあるといわれるが，その背景について考察する。

加護野＝井上［2004］が指摘するように，ビジネス・システムの進化をもたらす主な要因として，①製品技術・生産技術の進化，②交通技術の進化，③情報伝達・情報処理技術の進化，④取引・組織技術の進化，⑤社会構造や生活習慣の進化，の5つがあげられる[7]。

この5つの要因と同時並行的かつ複合的に，①情報ネットワークの進化，②ロジスティクスの進化の2点は，特にビジネス・システムの進化をもたらす根源的な要因としてあげられる。

1980年代に入って，コンピュータと情報通信システムを統合した情報ネットワークが普及するにつれ，社会，経済，産業，経営のあらゆる面において，従来と比較するとその様相が一変した。特に，1985年に電電公社が民営化され，通信市場が自由化されてからこの変化が加速した。この動きこそ高度情報社会，ネットワーク社会の到来といわれる現象に他ならない。

高度情報社会，ネットワーク社会では，「情報を制するものがビジネスを制する」といわれる。最近では，「ネットワークを制するものがビジネスを制する」ともいわれる。この「ビジネスを制する力」の源泉は，①情報のコンテンツ（内容），②情報通信システム，の2つに大別されるが，ここでは情報通信システムに焦点をあてて考察する。

図表8-2　情報通信システムのインパクト

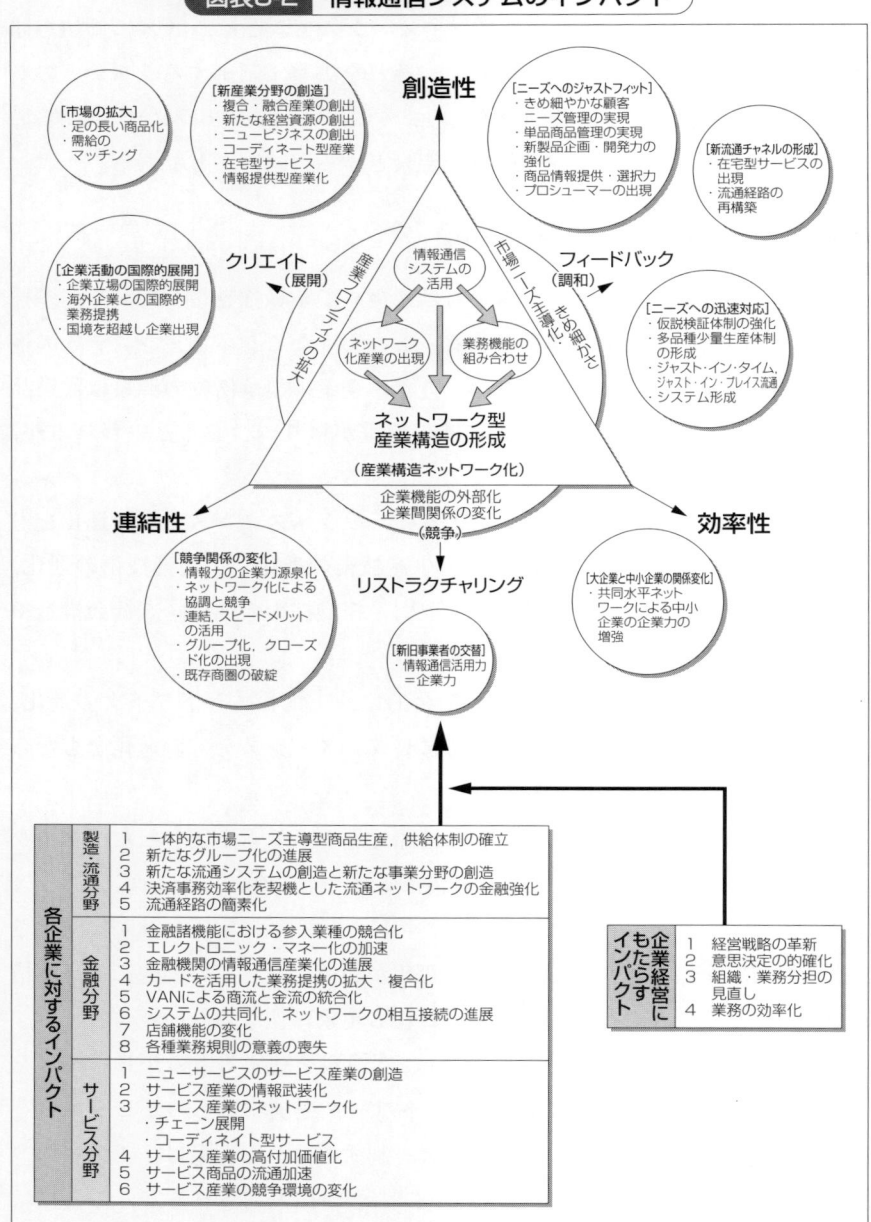

創造性

[市場の拡大]
・足の長い商品化
・需給のマッチング

[新産業分野の創造]
・複合・融合産業の創出
・新たな経営資源の創出
・ニュービジネスの創出
・コーディネート型産業
・在宅型サービス
・情報提供型産業化

[ニーズへのジャストフィット]
・きめ細やかな顧客ニーズ管理の実現
・単品商品管理の実現
・新製品企画・開発力の強化
・商品情報提供・選択力
・プロシューマーの出現

[新流通チャネルの形成]
・在宅型サービスの出現
・流通経路の再構築

クリエイト（展開）　情報通信システムの活用　フィードバック（調和）

ネットワーク化産業の出現　業務機能の組み合わせ

ネットワーク型産業構造の形成
（産業構造ネットワーク化）

[企業活動の国際的展開]
・企業立地の国際的展開
・海外企業との国際的業務提携
・国境を超越し企業出現

[ニーズへの迅速対応]
・仮説検証体制の強化
・多品種少量生産体制の形成
・ジャスト・イン・タイム、ジャスト・イン・プレイス流通
・システム形成

連結性　　企業機能の外部化　企業間関係の変化（競争）　　**効率性**

リストラクチャリング

[競争関係の変化]
・情報力の企業力源泉化
・ネットワーク化による協調と競争
・連結、スピードメリットの活用
・グループ化、クローズドの出現
・既存商圏の破綻

[新旧事業者の交替]
・情報通信活用力＝企業力

[大企業と中小企業の関係変化]
・共同水平ネットワークによる中小企業の企業力の増強

各企業に対するインパクト

製造・流通分野
1. 一体的な市場ニーズ主導型商品生産, 供給体制の確立
2. 新たなグループ化の進展
3. 新たな流通システムの創造と新たな事業分野の創造
4. 決済事務効率化を契機とした流通ネットワークの金融強化
5. 流通経路の簡素化

金融分野
1. 金融諸機能における参入業種の競合化
2. エレクトロニック・マネー化の加速
3. 金融機関の情報通信産業化の進展
4. カードを活用した業務提携の拡大・複合化
5. VANによる商流と金流の統合化
6. システムの共同化, ネットワークの相互接続の進展
7. 店舗機能の変化
8. 各種業務規制の意義の喪失

サービス分野
1. ニューサービスのサービス産業の創造
2. サービス産業の情報武装化
3. サービス産業のネットワーク化
　・チェーン展開
　・コーディネイト型サービス
4. サービス産業の高付加価値化
5. サービス商品の流通加速
6. サービス産業の競争環境の変化

企業経営にもたらすインパクト
1. 経営戦略の革新
2. 意思決定の的確化
3. 組織・業務分担の見直し
4. 業務の効率化

（出所）郵政省［1991］276頁に基づいて筆者が一部加筆。

図表 8 - 2 に示されるように[8]，情報通信システムが各産業，各企業にもたらすインパクトは極めて大きい。製造業・流通業に対しては，①市場ニーズ主導型の商品開発・供給体制の確立，②新たなグループ化の進展，③新たな流通システムの創造，④新たな事業分野の創造，⑤流通経路の簡素化，など情報通信システムのインパクトは多大なものがある。

金融業に対しては，①参入企業の増加，②金融機関の情報通信産業化，③店舗機能の変化，などのインパクトを及ぼしている。

サービス業に対しては，①新たなサービス産業の創造，②サービス産業のネットワーク化，③サービス産業の高付加価値化など，これも情報通信システムがもたらすインパクトは極めて大きい。

このように，高度情報社会，ネットワーク社会における情報通信システムは，企業経営さらには産業構造に対して極めて大きなインパクトを与えている。今後，高度情報社会，ネットワーク社会がさらに進展するに伴って，①新たな産業フロンティアの拡大，②新たな企業間関係の創出，③新たな市場ニーズへの対応など，その役割およびインパクトはますます増大するものと思われる。

ロジスティクスの進化については，本章第 4 節の企業間関係の革新の箇所で詳しく考察するので，ここではビジネス・システムの進化をもたらす根源的な要因の 1 つとして指摘するにとどめるが，宅配便の事例を取り上げただけでも，各産業，各企業のビジネス・システムの進化に大きなインパクトを及ぼす要因であることは容易に理解することができる。

❸ ビジネス・システムの評価基準

上で，「ビジネス・システムとは，顧客に価値を届けるための機能・経営資源を組織化し，それを調整・制御するシステムのことである」と定義し，情報ネットワークの進化，ロジスティクスの進化の 2 点が，特にビジネス・システムの進化をもたらす根源的な要因であることを述べた。

ところで，ビジネス・システムの優劣を評価する場合，どのような基準が考えられるであろうか。加護野＝井上［2004］は，ビジネス・システムの客

観的な評価基準として，次の5つを指摘している[9]。
① 有効性：ビジネス・システムから商品やサービスを受ける顧客にとって，より大きな価値があると認められるかどうか。すなわち，顧客価値の大小がビジネス・システムの有効性（効果性）を評価する基準になる。これは具体的には，「どのような顧客に，どのような価値を提供するか」というビジネス・コンセプトに対して，設計されたビジネス・システムが合致しているかどうか，ということに他ならない。
② 効率性：同じ価値あるいは類似の価値を提供する他のビジネス・システムと比べて効率性がよいか。すなわち，効率的であれば，同じ価値を低コストで提供できるので，競争優位の源泉になる。
③ 模倣困難性：競争相手にとって，どの程度模倣が難しいか。すなわち，模倣しやすいビジネス・システムであれば，差別化戦略の源泉にはなり得ない。
④ 持続可能性：ビジネス・システムの優位性が長期にわたって維持し得るかどうか。すなわち，変化に対応できる柔軟性がないと，ビジネス・システムとしての持続可能性は低い。
⑤ 発展可能性：将来の発展可能性をどの程度もっているか。すなわち，新事業，新業態を創出する源泉になり得るビジネス・システムならば，ビジネス・システムとしての発展可能性は高いといえる。

このように，ビジネス・システムの優劣は，上の5つの評価基準によって評価することができる。この5つの評価基準のすべてを満たすビジネス・システムは，現実的にはほとんど存在しない。

2 経済性の概念とビジネス・システム

❶ 経済性の概念のシフト

次に，経済性の概念とビジネス・システムとの関連性について考察する。

図表8-3 経済性の概念の変遷

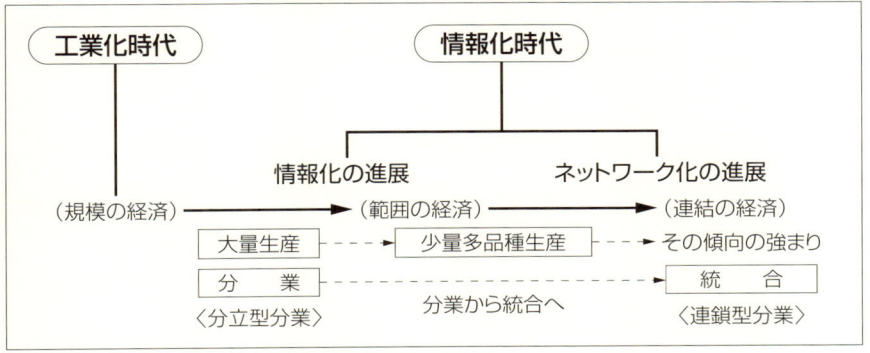

```
工業化時代          情報化時代
                 ┌──────┴──────┐
              情報化の進展    ネットワーク化の進展
(規模の経済) ──→ (範囲の経済) ──→ (連結の経済)
            大量生産 ---→ 少量多品種生産 ---→ その傾向の強まり
            分　業  ──────────────────────→ 統　合
         〈分立型分業〉    分業から統合へ        〈連鎖型分業〉
```

(出所) 宮沢健一 [1988] 51頁に基づいて筆者が一部修正。

近年,各産業において,情報化と業際化が飛躍的に進展している。情報化についてはすでに考察したが,業際化は,この情報化の進展に伴って,産業,業種,業態の垣根が低くなり,相互乗り入れによる新たな競合関係や協力関係が生じる現象のことをいう。

最近,情報化および業際化の進展の要因の1つとして,企業が追求している経済性そのものの変化を指摘する研究者が増えてきた。追求する経済性が変化することは,とりもなおさず経営戦略の変化の大きな要因となる。

経済性とは,インプット(コスト,投入資源)とアウトプット(成果・産出)の関数のことである。企業経営,特に経営戦略において,経済性の概念は極めて重要である。また,経済性の概念は,時代とともにその重要性に変化がみられる。

宮沢健一 [1988] によれば,経済性の概念は,図表8−3に示されるように,工業化時代に重要であった「規模の経済」(economies of scale) から,情報化時代では「範囲の経済」(economies of scope) にその重要性がシフトし,さらにネットワーク化の進展に伴って「連結の経済」(economies of linkage) が重要になりつつある[10]。

❷ 3つの経済性の概念

「規模の経済」とは,インプット(投入資源)に着目した経済性の概念で

ある。具体的には,活動規模の拡大に伴って,製品単位あたりの平均費用が低下する傾向のことである。

「規模の経済」が生ずる主な原因は,生産活動の「分割不可分性」にある。すなわち,生産要素がその機能を発揮するには,一定の大きさ(規模)を必要とするのである。この「分割不可分性」は,工場レベル,企業レベルなどさまざまなレベルで存在する。例えば,工場レベルの「分割不可分性」は,機械・装置・生産方式・管理方式など,主として技術的な要因によって生ずる。また,企業レベルの「分割不可分性」は,管理能力,原材料・燃料などの大量購入などによって生ずる。

宮沢によれば,「規模の経済」は,工業化時代の経済性の概念であり,大量生産,分業システムがその最大の特徴であるという。実際に,工業化社会では,「規模の経済」の実現を目指して,大量生産方式,分業システムが採用され,工場規模や企業規模の拡大が図られた。

ところが,情報化時代に入ると,大量生産から少量多品種生産に生産形態が変わり,「規模の経済」に代わって「範囲の経済」が重要になってきた。「範囲の経済」とは,インプット(投入資源)に着眼して,複数の事業活動を行った費用よりも,それらをまとめて行うときの費用が少ない場合,そこで生ずる費用節約効果のことである。

「範囲の経済」は,このように複数財の生産や複数の組織活動による業務多角化・多様化によって得られる経済性であり,業務やノウハウなどの「共通生産要素」によってもたらされる。

さらに,情報化の進展の時代からネットワーク化の進展の時代に入ると,「範囲の経済」の他に「連結の経済」が重要な経済性の概念になってきた。

「連結の経済」とは,複数の主体間のネットワークが生む経済性であり,組織結合による相乗効果がその典型的な事例としてあげられる。近年,ブレッサン(Bressand,A.)[1990]をはじめとして,さまざまな研究者によって「連結の経済」に関する研究が進められている。わが国では,旧経済企画庁に設置された流通問題研究会の座長であった宮沢[1986][1988]が,その研究会において新造語として提示したものである。①アウトプット面に着目

したこと，②外部資源の活用による「共有要素」の活用を重視していること，③複数主体の連結活動を極めて重視していることなど，ネットワーク社会における経済性の概念として，極めて魅力的な仮説であるといえよう。

❸ 「連結の経済」と経営戦略

上述したように，「連結の経済」は，複数の主体間のネットワークが生む経済性である。連合，提携，統合，事業基盤共有，合併など，組織結合による相乗効果をビジネス・システムとしていかに具現化するか，このことが経営戦略上重要な課題となってきた。

「連結の経済」は，図表8-4に示されるように[11]，「範囲の経済」と4つの論点で異なる特性を有する。宮沢［1986］［1988］によれば，「範囲の経済」と「連結の経済」の違いは，次の3点に要約される。

① 「範囲の経済」が経営資源のインプット面を重視しているのに対して，「連結の経済」は，単に共通生産要素が無コストあるいは低コストで転用可能というインプット面だけではなくて，情報・ノウハウなどが核となった，組織間・主体間の結合によってシナジー効果が創出されるなど，アウトプット面の条件を併せ含める。（中略）コスト節約という以上の，アウトプット面での効果をそれは持つ。

② 仮にインプット面だけに限ってみても，「範囲の経済」が内部資源の活用のみを念頭においているのに対して，「連結の経済」は「組織の外にある他企業の外部資源と結びつける活動面にも，経済性成立の1つの根拠をみたい。「共通」要素というよりは「共有」要素こそが，ネットワークでの核をなすからである。企業によっては内部資源の制約が高まってきたため，外部資源の活用が求められるケースが増えている。コスト節約も多面化して，共通要素プラス共有要素，という場に拡がったのである」。

③ 「範囲の経済」は，単一主体，単一組織の多角化を指しているのに対して，「連結の経済」は，「複数主体」間の結びつきが，知識・技術の多重利用によって生む経済性を意味しようとする。この概念のひとつの核心は，主体間の連結というところに経済性成立の局面をみることにある。これは，

図表8-4　連結の経済

4つの論点	「範囲の経済」	「連結の経済」
(1) インプット面だけでなくアウトプット面にも	共通生産要素の低コストでの転用 ＝インプット面重視	組織結合による相乗効果の発揮など ↓ コスト節約を越える産出成果面も
(2) インプット面に限定しても	企業内・組織内資源活用（内部資源）	企業外・組織外の資源活用（外部資源） ↓ 「共通」要素よりも「共有」要素の活用
(3) 主体行動の側面	単一主体・単一組織の立場での複合生産「多角化対応」	複数主体・複数組織の結合という形をとった「主体連結対応」 ↓ 焦点は「業際化」

(4) 内部組織の経済学 の見方との対比

　｛市場か／組織か｝ の選択の中間形態　→　中間組織
　　　　　　　　　　　　　　　　　　　　（例）企業グループ（企業集団）

「連結の経済」の見方
　├─ 市場
　├─ 組織（体）　をつなぐ，第三システムとして
　└─ ネットワーク＝ 連鎖型組織 を位置づける
　　→ 第三の調整システム，第三の社会システムの成立

（出所）宮沢健一［1988］55頁に基づいて筆者が一部修正。

「範囲の経済」の見方では落ちこぼれる「業際化」における主体間の連結関係に他ならない。「範囲の経済」が主体の「多角化対応」であるとすれば，「連結の経済」は主体間の「主体連結対応」である。

以上，「連結の経済」の概念について，わが国における提唱者である宮沢自身の説明を中心に概観した。「連結の経済」は，①複数主体の活動と統計上の産業分類をどのように対応させるのか，②組織結合による相乗効果をどのように認識するのか，③「共有」要素の範囲をどのように認識するか，な

第8章 ビジネス・システム戦略

ど困難な問題を数多く残しており，「範囲の経済」と同様に，有力で魅力的な仮説には違いないものの，現段階では，まだ検証済みの定説とはいえない。

次に，「連結の経済」とビジネス・システムの相関関係について考察する。ビジネス・システムにおけるインプット（コスト・投入資源）面における「連結の経済」としては，複数の主体（企業）の連結による「コストの削減」をあげることができる。コストはいうまでもなく，投入資源を金額で測定し表示したものであるので，投入資源の削減と言い替えてもよい。

コストの種類は，①生産コスト，②流通コスト，③取引コスト，の3つに大別することができる。複数の主体（企業）の連結によって，生産コスト，流通コストの削減が期待されるものの，その要因は「規模の経済」であったり，「範囲の経済」であったりすることが多い。

そこで，われわれは「連結の経済」の対象を「取引コスト」の削減に限定することにする。具体的には，「取引コスト」の内，情報コスト，決済コスト，在庫コストの削減がその中心となる。すなわち，インプット（コスト・投入資源）面における「連結の経済」の狙いは，外部資源の活用および外部資源の共有による「取引コスト」の削減ということができよう。

アウトプット（成果・産出）面における「連結の経済」としては，広義の連結による「外部効果の内部化」をあげることができる。ここでいう連結とは，連合，提携，統合，事業基盤共有，合併などのことを指す。さらに，アウトソーシングやバーチャル・コーポレーションなども，広義の連結に含めることができる。すなわち，複数の主体（企業）が機能的に1つになることが広義の連結である。

「外部効果の内部化」とは，外部性（外部経済，外部不経済）の内，市場の評価の外に漏れた効果（外部効果）を企業内部に取り込むことをいう。「外部効果の内部化」は，第一に，企業間の資源・情報交換の面で考えられる。いわゆる資源連結によるシナジー，情報連結によるシナジーがその典型である。資源や情報は，通常は，各経済主体に分散している。しかし，企業間で資源や情報が部分的に重複している場合も多い。広義の連結によって，これらの資源や情報が，複数の主体間において共通の目的のために共有され

201

るならば，資源連結によるシナジー，情報連結によるシナジーが発生する。

「外部効果の内部化」は，第二にビジネス・ノウハウの面で現実化する。具体的には，①企業間の資源連鎖や機能連鎖の組み替えによる新たなビジネス・ノウハウの修得，②情報連結による「新たな価値の創出」をもたらす新たな情報や新たな意味の創造，などがあげられる。

このように，高度情報社会，ネットワーク社会では，完全に検証済みとはいえないものの，各企業が追求する経済性の概念が変わりつつある。各企業が「範囲の経済」や「連結の経済」を追求すればするほど，情報化および業際化の進展が加速するであろう。ここで考察した「範囲の経済」および「連結の経済」は，ビジネス・システムの構築ひいては経営戦略の策定・実行において，大きな革新の原動力になりつつある。

3 供給連鎖

❶ 供給連鎖とは

近年，競争環境は激変しており，企業レベルにおける競争だけでなく，提携，連合，統合，事業基盤共有，合併など，「企業間関係」の革新を伴う企業グループ間の競争も次第に熾烈さを増している。この熾烈な競争の背景には，供給連鎖（supply chain）をめぐる主導権争いがある。

供給連鎖（サプライ・チェーン）とは，「生産者起点による製品の流れ，機能連鎖，情報連鎖のこと」である。具体的には，製品の開発から消費に至る一連のプロセスのことである。製造業の場合，通常，図表8－5に示されるように，①調達，②製造，③マーケティング，④物流，⑤顧客サービス，の5つの機能の連鎖によって構成されることが多い。これに研究開発を加えて，6つの機能の連鎖とすることもある。ビジネス・システムの典型例でもある。

⓪　研究開発：研究（基礎研究，応用研究），開発（製品開発，技術開発），

図表8-5　供給連鎖

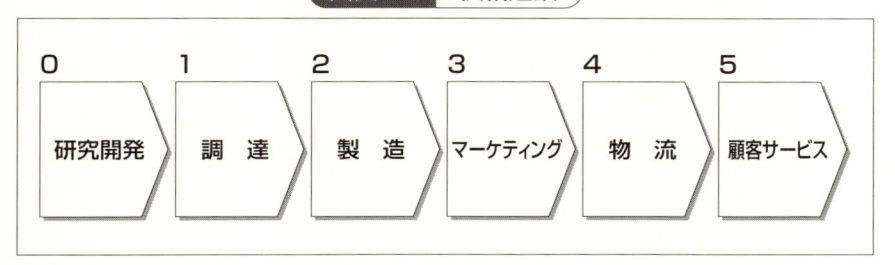

```
0 研究開発 → 1 調達 → 2 製造 → 3 マーケティング → 4 物流 → 5 顧客サービス
```

製品化（設計，試作，生産技術支援）など。

① 調達：購買（原材料，部品），仕入，調達先の選定など。
② 製造：生産技術（固有技術，管理技術），製造（工程管理，作業管理，品質管理，原価管理），資材管理。
③ マーケティング：市場調査（需要動向，競合動向），販売（受注，契約，代金回収），販売促進（広告，宣伝，代理店支援）など。
④ 物流：輸送，配送，在庫管理，荷役，流通加工など。
⑤ 顧客サービス：アフターサービス，カスタマイズ，クレーム処理など。

　供給連鎖は，その性格上複数の企業にまたがるので，供給連鎖の組み替えを図ると，必然的に連合，提携，事業基盤の共有，統合，合併など「企業間関係」の革新を伴うことになる。「企業間関係」の革新のプロセスは，具体的には，どの企業ないしは企業グループが供給連鎖の主導権を握るかということであり，この競争の勝敗は各企業の経営に致命的な影響を及ぼす。

　供給連鎖の概念は，図表8－6に示されるように[12]，①物流の時代（1980年代中頃以前），②ロジスティクスの時代（1980年代中頃から），③SCM＝サプライチェーン・マネジメント（1990年代後半から）の時代，という3つの段階を経て普及しつつある。

　SCM（サプライチェーン・マネジメント）について，①時期，②対象，③管理の範囲，④目的，⑤改善の視点，⑥手段・ツール，⑦テーマ，の相関関係を理解することは，ビジネス・システムの発展過程を理解することでもある。すなわち，①供給連鎖の全体最適，②顧客満足の視点，③企業間関係の構築，④ＩＴの活用，というSCM（サプライチェーン・マネジメント）

図表8-6　SCM（サプライチェーン・マネジメント）の発展過程

	物　流	ロジスティクス	サプライチェーン・マネジメント
時期（日本）	1980年代中頃以前	1980年代中頃から	1990年代後半から
対　象	輸送，保管，包装，荷役	生産，物流，販売	サプライヤー，メーカー，卸売業者，小売業者，顧客
管理の範囲	物流機能・コスト	価値連鎖の管理	サプライチェーン全体の管理
目　的	物流部門内の効率化	社内の流通効率化	サプライチェーン全体の効率化
改善の視点	短期	短期・中期	中期・長期
手段・ツール	物流部門内システム機械化，自動化	企業内情報システム POS，VAN，EDIなど	パートナーシップ，ERP，SCMソフト，企業間情報システム
テーマ	効率化（専門化，分業化）	コスト＋サービス 多品種，少量，多頻度，定時物流	サプライチェーンの最適化 消費者の視点からの価値 情報技術の活用

（出所）SCM研究会［1999］15頁を筆者が一部修正。

の目的は，ビジネス・システムとして極めて妥当なものであることが分かる。

❷ 垂直的統合と水平的統合

　次に，供給連鎖を基軸として，ビジネス・システムの形態について考察する。ビジネス・システムの革新は，①垂直的統合（vertical integration），②水平的統合（horizontal integration），の2つの方法によってなされることが多い。

① 　垂直的統合：垂直的統合とは，原材料の調達から製品の販売，顧客サービスに至る機能（業務，活動）を垂直的な流れとみて，2つ以上の機能（業務，活動）を1つの企業内にまとめることをいう。すなわち，ある機能（業務，活動）を市場取引から企業内取引へと取り込んで，今まで外部に任せていた機能（業務，活動）を企業自らが行うようになることである。

　　垂直的統合には，2つの方向がある。原材料の調達から製品の販売に至

第8章 ビジネス・システム戦略

る機能（業務，活動）の内，原材料調達に近いほうを川上，製品販売に近いほうを川下というが，この川下の方向に向かうものを前方統合（forward integration）といい，川上の方向にさかのぼるものを後方統合（backward integration）という。

素材メーカーが完成品の生産に進出したり，完成品メーカーが既存の流通チャネル（卸・小売）を回避して，直販を行うなどは前者の例であり，逆に，完成品メーカーが原材料の生産に乗り出したり，小売店が自社ブランドの製品を生産するなどは後者の例である。

② 水平的統合：同種の事業分野，製品・市場分野に進出し，事業範囲を拡大することを水平的統合という。企業同士を結合することによって達成されることが多く，同種の事業分野における企業の合併を意味して使われる場合が多い。

水平的統合の目的は，主として，「規模の経済」の実現と競争優位の獲得である。国際競争力を高めるために大銀行同士が合併したり，類似製品を生産しているメーカー同士が合併するケースがこれにあたる。

水平的統合は，研究開発，生産，マーケティングなど機能（業務，活動）を結合することによって，規模の利益の実現が可能になる他に，生産拠点の再配置，設備投資の重複の排除，管理組織の削減などの利益が得られる。供給連鎖は，ビジネス・システムの形態という視点で分類すると，垂直的統合の典型例であるといえる。ちなみに，ポーター［1980］の価値連鎖も，ビジネス・システムの形態としては，機能を垂直的に連結したビジネス・システムである。すなわち，ポーターの価値連鎖は，垂直統合型の「機能連鎖」であるので，その意味では，供給連鎖と呼んだほうがむしろ適当かもしれない。

森本博行［1998b］は，図表8－7に示されるように，垂直統合型バリュー・チェーンと水平統合型バリュー・チェーンの事例を分かり易く図示している[13]。森本のいう水平統合型バリュー・チェーンのことを，ポーターは，「相互支援戦略（cross-unit collaboration）」と呼び，垂直統合型バリュー・チェーンと区別している[14]。

図表8-7　垂直統合型バリュー・チェーンと水平統合型バリュー・チェーン

垂直統合型バリュー・チェーン

支援活動
- インフラストラクチャー
- 人事・労務管理
- 技術開発
- 調達活動

主活動
- 購買物流
- 製造
- 出荷物流
- 販売・マーケティング
- サービス

→ マージン

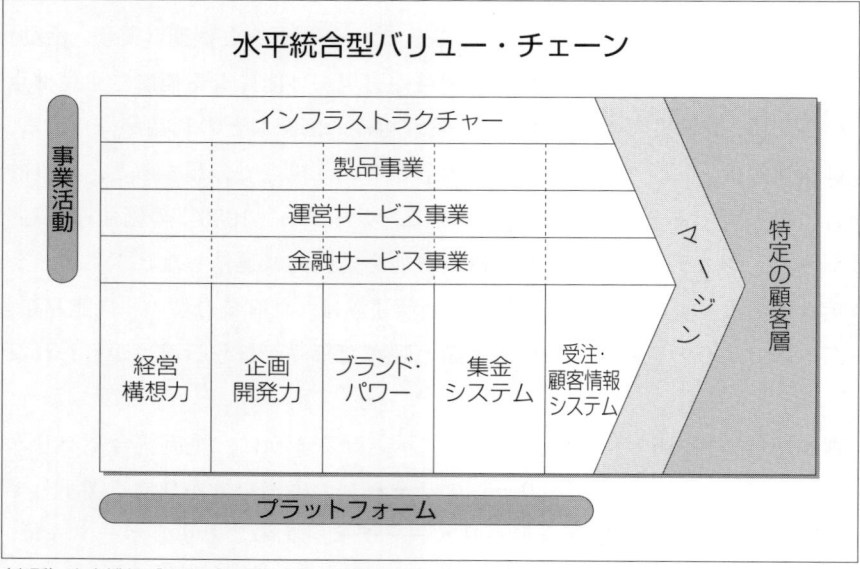

水平統合型バリュー・チェーン

事業活動
- インフラストラクチャー
- 製品事業
- 運営サービス事業
- 金融サービス事業

プラットフォーム
- 経営構想力
- 企画開発力
- ブランド・パワー
- 集金システム
- 受注・顧客情報システム

→ マージン → 特定の顧客層

（出所）森本博行［1998b］8頁。（ダイヤモンド・ハーバードビジネス編集部編［1998b］，所収）

❸ 需要連鎖

　需要連鎖（demand chain）とは，「顧客起点による製品の流れ，機能連鎖，情報連鎖のこと」である。需要連鎖（ディマンド・チェーン）は，機能としては供給連鎖と同一であるものの，情報連鎖の方向が供給連鎖とは全く異なる。需要連鎖は，顧客起点，ニーズ起点にその最大の特徴があり，ニーズ主導型のビジネス・システムとして，近年飛躍的に増大しつつある。

　需要連鎖は，顧客の需要を満たすための機能（業務，活動）の流れであるので，顧客との「接点」が極めて重要になる。具体的には，①接点の形成，②接点のデータベース化，の2点が必要不可欠である。

　需要連鎖は，従来のビジネス・システムとは異なり，生産─販売型のビジネス・システムの形態をとらない。需要，ニーズを起点とするので，受注─生産型のビジネス・システムの形態になることが多い。具体的には，無在庫型のビジネス・システムを志向することになる。

　需要連鎖が可能になった背景としては，ITの進展，情報ネットワーク化の進展があげられる。顧客のニーズが発生したその時点の情報を取り込んで，ビジネスの起点とするため，従来のビジネス・システムと比較して，速度の経済など多くのメリットがある。今後のビジネス・システムの主流の1つになるであろう。

4 企業間関係の革新

❶ 企業間関係とは

　上述した供給連鎖に見られるように，ビジネス・システムは，その性格上複数の企業にまたがる。したがって，ビジネス・システムを革新するためには，必然的に企業間関係の革新が欠かせない。換言すれば，企業間関係の革新を実現することによって，企業レベルを超えた機能（業務，活動）につい

て，調整・制御を行う仕組みを構築することが，ビジネス・システム戦略には必要不可欠である。

企業間関係については，すでに多くの先行研究が存在する。その中で，山倉健嗣［1993］は，企業間関係を組織間関係と名づけたうえで，①組織間の資源・情報交換（資源依存とコミュニケーションのあり方），②組織間のパワー関係（力の非対称関係），③組織間調整メカニズム（2つ以上の組織間の協力の仕組み），④組織間構造（組織間の分化と統合の仕組み），⑤組織間文化（組織間で暗黙のうちに了解されているものの考え方や見方），の5つを組織間関係における重要課題として指摘した[15]。

企業間関係は，さまざまな企業間のパターンを構築するプロセスとして捉えることができる。すなわち，企業間レベルでいえば，自由な意思を持つ2つ以上の企業同士が自主的に連結しながら，さまざまなパターンを有する企業間関係を構築する。

企業間関係は，組織論的に見れば，市場のもつ柔軟性を持ちつつ，内部組織の長所を取り入れた中間的な組織である。企業間関係の構築を通じて，企業間の共通目標を達成するとともに，各企業はそれぞれに固有の「新たな価値」を創造していくのである。

❷ 企業間関係の革新の形態

次に，企業間関係の革新の形態について考察する。具体的には，ロジスティクスの形態の革新を事例として取り上げる。

ロジスティクスを事例として取り上げる理由としては，近年，ロジスティクスを原動力として，企業間の「連合」を目指す行動，企業間の「提携」を目指す行動，企業間の「統合」を目指す行動など，企業と企業との関係，すなわち企業間関係の設計・再設計が多くの産業領域において急速に進展しているからである。

企業間関係の設計・再設計において，ロジスティクスが重視される背景には，「顧客満足」の充足のためには，供給連鎖の組み替えが不可欠であるという現実がある。顧客の視点にたって供給連鎖の組み替えを実現しようとす

第8章 ビジネス・システム戦略

ると，企業間関係の設計・再設計が不可欠になるケースが多い。

　先述したように，米国ロジスティクス管理協議会［1986］の定義によれば，「ロジスティクスとは，顧客のニーズを満たすために，原材料，半製品，完成品およびそれらの関連情報の産出地点から消費地点に至るまでのフローとストックを効率的かつ費用対効果を最大ならせしめるように計画，実施，統制することである」。

　このロジスティクスの形態について考察する場合，さまざまな観点から考察することができるものの，本書では，①ロジスティクスの対象である供給連鎖の範囲の広狭，②ロジスティクスの基盤としてのネットワーク（情報ネットワーク，資源ネットワーク）の種類，の2つの観点を用いてロジスティクスの形態について考察する。

　ロジスティクスの基本機能は，供給連鎖の効率性および費用対効果を最大ならしめるように計画・実施・統制することである。本節では，供給連鎖の機能を，①調達，②製造，③マーケティング，④物流，⑤顧客サービス，の5つに区分して考察する。

　製造業と流通業など，供給連鎖には多くのバリエーションが存在するが，供給連鎖の範囲の広狭が異なれば，ロジスティクスの基本機能である「供給連鎖の効率性および費用対効果を最大ならしめるように計画・実施・統制する」という形態が異なるのではないかということが推測される。

　供給連鎖の広狭という観点から，ここでは供給連鎖の範囲を類型化して下記の2つに大別する。

　・全体：供給連鎖（調達・製造・マーケティング・物流・顧客サービス）
　　　　　の全部を対象範囲とする。
　・部分：供給連鎖（調達・製造・マーケティング・物流・顧客サービス）
　　　　　の一部を対象範囲とする。

　ロジスティクスの最大の基盤はネットワークである。そのネットワークは，主として情報ネットワークと物流ネットワークを中核とする資源ネットワークに大別することができる。

　これらのネットワーク（情報ネットワーク，資源ネットワーク）は，情報

連結，資源連結の形態の違いによって，クローズド・ネットワークとオープン・ネットワークに大別することができる。

ここでクローズド・ネットワークとは，情報ネットワークおよび資源ネットワークの形態が自己完結型のネットワークをいう。自己完結型とは，情報ネットワークでいえば，CIMにみられるように，自社の組織内ネットワークが他の組織内ネットワークに直接的には連結されずに，独立して存在するネットワークのことである。また，物流ネットワークを中核とする資源ネットワークでいえば，自己完結型ネットワークとは，自社専用の資源ネットワーク（自社調達ネットワーク，自社製造ネットワーク，自社物流ネットワーク）を保有する場合をいう。

他方，オープン・ネットワークとは，情報ネットワーク，資源ネットワークの形態が共有型のネットワークをいう。共有型とは，情報ネットワークの形態としては，EDIにみられるように，自社の組織内ネットワークと他の組織内ネットワークが連結され，複数の企業において企業間ネットワークの共有が図られているネットワークのことである。また，物流ネットワークを中核とする資源ネットワークの形態としては，製造や物流のアウトソーシングにみられるように，自社専用の資源ネットワーク（自社調達ネットワーク，自社製造ネットワーク，自社物流ネットワーク）を保有することなく，複数の企業でこれらを共有し活用する場合をいう。

このように，ロジスティクスの最大の基盤であるネットワーク（情報ネットワーク，資源ネットワーク）は，情報連結，資源連結の違いによって，クローズド・ネットワークとオープン・ネットワークに大別することができる。

ネットワークの種類には，1つの企業においてクローズド・ネットワークとオープン・ネットワークの組合せが存在するなど，現実には多くのバリエーションがあるが，ここではネットワークの種類を類型化して下記の2つに大別する。

・クローズド：情報ネットワーク，資源ネットワークの形態が自己完結型
　　　　　　　のネットワーク

第8章 ビジネス・システム戦略

図表8-8　ロジスティクスの形態

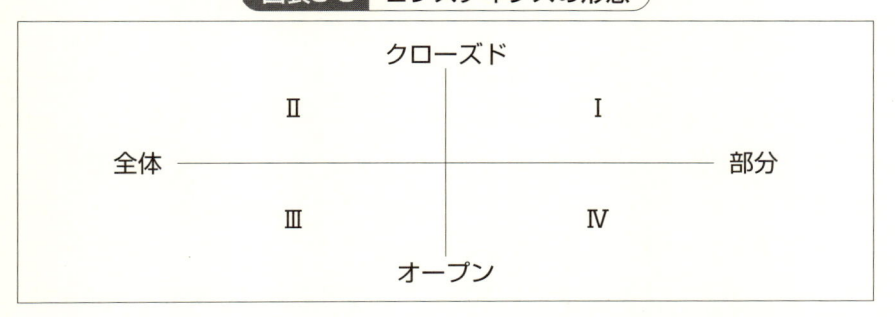

```
              クローズド
         Ⅱ            Ⅰ
  全体 ─────────────────── 部分
         Ⅲ            Ⅳ
              オープン
```

・オープン　：情報ネットワーク，資源ネットワークの形態が共有型のネットワーク

　上で，ロジスティクスの形態について考察する観点として，①供給連鎖の範囲の広狭，②ネットワークの種類，の2つについて考察した。この供給連鎖の範囲とネットワークの種類の2つを組合せると，ロジスティクスの形態は，図表8－8に示されるように，次の4つの形態に分類することができる。

　形態Ⅰは，供給連鎖の一部をロジスティクスの対象範囲として，ネットワーク（情報ネットワーク，資源ネットワーク）はクローズド・ネットワークを活用するロジスティクスの形態である。本節で取り上げる事例は，M社，A社，B社，C社，D社の5つである。

　形態Ⅱは，供給連鎖の全部をロジスティクスの対象範囲として，ネットワーク（情報ネットワーク，資源ネットワーク）はクローズド・ネットワークを活用するロジスティクスの形態である。本節で取り上げる事例は，花王，（一部オープン・システム化しつつあるが，ここではクローズド・ネットワークに含めた），キリンビール，サントリー，味の素の4つである。

　形態Ⅲは，供給連鎖の全部をロジスティクスの対象範囲として，ネットワーク（情報ネットワーク，資源ネットワーク）はオープン・ネットワークを活用するロジスティクスの形態である。本節で取り上げる事例はミスミ，プラネット，QR，ECRの4つである。

　形態Ⅳは，供給連鎖の一部をロジスティクスの対象範囲として，ネットワーク（情報ネットワーク，資源ネットワーク）はオープン・ネットワークを

活用するロジスティクスの形態である。本節で取り上げる例は，ユニック，菱食の2つである。

次に，このロジスティクスの形態別の特徴について考察する。具体的には，ロジスティクスの形態別（形態Ⅰ～形態Ⅳ）に，典型的な企業を1社ずつ選定して，①ロジスティクス基盤（情報ネットワーク，物流ネットワーク），②ロジスティクス機能（調達，製造，マーケティング，物流，顧客サービス），③ロジスティクス戦略（対象，主体，手順），④ロジスティクス部門（部門，業務分担），⑤ロジスティクスに影響を与える外的要因（業界，行政施策，商慣行），⑥企業間関係の革新（革新に対する制約，革新の方向），の6つの要因について事例研究を行う。

図表8-9は，4社の事例研究を踏まえて，ロジスティクスの形態別の特徴を要約したものである。

形態Ⅰ（供給連鎖の部分―クローズド：M社の事例）では，情報ネットワーク，物流ネットワーク共に，自己完結型のクローズド・ネットワークをロジスティクスの基盤としており，ロジスティクス機能の対象は供給連鎖の一部しかカバーしていない。ロジスティクス戦略は，主として国内の物流業務に限定されており，物流部門が業務を分担している。業界固有の行政施策および商慣行がロジスティクスに大きな影響を及ぼしている。企業間関係の革新はほとんどなされていない。

形態Ⅱ（供給連鎖の全体―クローズド：花王の事例）では，情報ネットワークは自己完結型のネットワークの他に，プラネットなどオープン・ネットワークを併用して，ロジスティクス基盤としている。物流ネットワークも，自社のロジスティクスセンターを中心とした自己完結型のネットワークの他に，一部オープン・ネットワークをロジスティクス基盤としている。ロジスティクス戦略の対象は，供給連鎖の全体をカバーしている。ロジスティクス戦略はロジスティクス総合センターが主として策定している。ロジスティクス部門としては，本社のロジスティクス総合センターがこれに該当する。企業間関係の革新の方向としては，供給連鎖の全体を縦（垂直的）に連結するので，企業間の「統合」を志向する。

第8章 ビジネス・システム戦略

図表8-9 ロジスティクスの形態別の特徴（要約）

NO.	要因	項目	形態Ⅰ:供給連鎖の部分—クローズド(M社の事例)	形態Ⅱ:供給連鎖の全体—クローズド(花王の事例)	形態Ⅲ:供給連鎖の全体—オープン(ミスミの事例)	形態Ⅳ:供給連鎖の部分—オープン(ユニックの事例)
1	ロジスティクス基盤	情報ネットワーク	自社内情報ネットワーク・生産管理情報システム・物流管理情報システム	VANを中核とした情報ネットワーク(プラネットなどオープン・ネットワークを併用)	EDIを中核とした情報ネットワーク(大和総研へアウトソーシング済)	MCA, EDIを中核とした情報ネットワーク
		物流ネットワーク	自社物流センター(全国に8ヶ所)＋一部外注	ロジスティクス・ネットワーク・本社のロジスティクス総合センター・全国80ヶ所のロジスティクスセンター(一括納入制度などを一部併用)	流通センター(全国に3ヶ所)	自社物流ネットワーク＋共同物流ネットワーク
2	ロジスティクス機能	調達	原材料,部品の購入など	原材料の購入など	調達先の開拓・育成,調達条件の提示など	商品の仕入など
		製造	生産技術,工程管理,品質管理,設備管理など	生産技術,原価管理,工程管理など	外部委託(アウトソーシング)	—
		マーケティング	マーケティング機能の大半を商社に依存	市場調査,販売,販売促進など	市場情報の収集,顧客の開拓など	商品販売,代金回収など
		物流	物流センターの集約	工場物流,販売物流など	アウトソーシング	配送,在庫管理など
		顧客サービス	提案営業(コンサルティングセールス)の試行	顧客クレームの組織的収集など	カスタマイズ,標準化の促進など	医薬情報の提供など
3	ロジスティクス戦略	対象	主として国内の物流機能に限定	生産,販売,物流など供給連鎖にかかわるすべての機能	供給連鎖にかかわるすべての機能	物流機能とマーケティング機能の一部
		主体	物流部門が策定	ロジスティクス総合センター	それぞれのビジネス・ユニット(チーム)	物流部＋情報システム部
		手順	機能別戦略の一環として策定後,経営企画部が全社計画としてとりまとめる	データ中心の戦略策定手順を採用	臨時,社内外公募	機能別戦略の一環として策定後,経営企画部が全社計画としてとりまとめる
4	ロジスティクス部門	機能	主として物流機能	販売,物流,生産の統合・一元化	関係のマネジメント(顧客と生産者との関係の再構築)	受注,配送,保管＋情報
		業務分担	主として輸配送,保管	情報の統合による販売・物流・生産の統合・一元化	企画(ネットワークの企画,関係の再構築の企画)	受注,配送,保管＋情報
5	ロジスティクスに影響を与える外的要因	業界	業界別	業界＋業際	業界＋業際	業界＋業際
		行政施策	業界別	業界	業界	業界
		商慣行	価格,返品	業界＋業際	独自	リベート
6	企業間関係の革新	革新に対する制約	多い	多い	少ない	少ない
		革新の方向	積極的に革新を目指すことは少ない	供給連鎖の全体を縦(垂直的)に連結する場合は,企業間の「統合」を目指す	供給連鎖の全体を縦(垂直的)および横(水平的)に連結する場合は,企業間の「提携」を目指す	供給連鎖の一部を横(水平的)に連結する場合は企業間の「連合」を目指す

213

形態Ⅲ（供給連鎖の全体―オープン：ミスミの事例）では，オープン・ネットワークをロジスティクスの基盤としており，ロジスティクスの対象としては，供給連鎖の全体をロジスティクス機能がカバーしている。ロジスティクス戦略は，関係のマネジメント（顧客と生産者との関係の再構築）に基づいて，ネットワークの企画，関係の再構築の企画などがその主たる内容である。ロジスティクス部門は，チーム制によって編成・運営されている。ロジスティクスに影響を与える外的要因として商慣習があげられるが，独自の商慣行を創出している。企業間関係の革新の方向としては，供給連鎖の全体を縦（垂直的）および横（水平的）に連結するので，企業間の「提携」を志向する。

　形態Ⅳ（供給連鎖の部分―オープン：ユニックの事例）では，ロジスティクスの基盤として，オープン・ネットワークの他に，自己完結型ネットワークを一部併用している。ロジスティクスの対象としては，供給連鎖の一部をカバーしており，ロジスティクス戦略は，物流部と情報システム部が共同でこれを策定している。企業間関係の方向としては，供給連鎖の一部を横（水平的）に連結するので，企業間の「連合」を志向する。

❸ ロジスティクスの形態と企業間関係の革新との関連性

　続いて，ロジスティクスの形態と企業間関係の革新との関連性について考察する。

　形態Ⅰ（供給連鎖の部分―クローズド）では，M社（外装材，住宅機器，繊維板等），A社（和室部材，積層部材等），B社（厨房機器，浴槽機器等），C社（建材等），D社（防音床，住宅機器システム等）の5つの事例を取り上げる。

　形態Ⅱ（供給連鎖の全体―クローズド）では，花王（日用品等），キリンビール（ビール，医薬品等），味の素（調味料，油脂製品，食品等）の3つの事例を取り上げる。

　形態Ⅲ（供給連鎖の全体―オープン）では，ミスミ（金型用部品，医療用消耗品等），プラネット（日用品業界VAN），QR＝クイックレスポンス（ア

パレル業界のサプライ・チェーン・マネジメント・システム等）の3つの事例を取り上げる。

形態Ⅳ（供給連鎖の部分―オープン）では，ユニック（医薬品卸等），菱食（缶詰等）の2つの事例を取り上げる。

事例研究の方法としては，ロジスティクスの形態（形態Ⅰ～形態Ⅳ）ごとに，各社の企業概要，事業内容，ロジスティクス関連指標（売上，売上総利益，営業利益，計上利益，損益分岐点，在庫月数等など，質的項目および量的項目の両面から，それぞれ5～10年間の時系列分析を行う。

図表8-10は，これらの事例研究に基づいて，ロジスティクスの形態別の効果（費用面での効果，便益面での効果）を一覧化したものである。

以上の分析を踏まえて，ロジスティクスの形態別の特徴と効果について，その関連性についてみてみよう。

形態Ⅰ（供給連鎖の部分―クローズド）に属する企業は，M社の事例にみられるように，企業間関係の革新を目指すとすれば，多くの制約があるので，企業間関係の革新を積極的に目指すことは少ない。そして，ロジスティクスの形態Ⅰを採用する企業では，ロジスティクスの費用面での効果がほとんど得られていない。また，便益面での効果についても，新業態の開発，新事業の創出，新市場の開拓など，「新たな価値の創出」に失敗している事例が共通して観察され，その結果，売上および利益の増分に寄与していない。

形態Ⅱ（供給連鎖の全体―クローズド）に属する企業は，花王の事例にみられるように，企業間関係の革新の形態としては，供給連鎖の全体を縦（垂直的）に連結するために，自社および自社の企業グループを垂直的に「統合」し，供給連鎖を縦断することが多い。そして，ロジスティクスの形態Ⅱを採用する企業では，ロジスティクスの費用面での効果として，物流費の低減が共通して観察される。また，便益面での効果としては，供給連鎖の組み替えによって，新業態の開発や新事業の創出など，「新たな価値の創出」によって売上および利益の増分が見込まれており，すでに効果の一部が顕在化しているケースも見受けられる。

形態Ⅲ（供給連鎖の全体―オープン）に属する企業は，ミスミの事例にみ

図表8-10 ロジスティクスの形態別の効果

		形態Ⅰ：供給連鎖の部分―クローズド	形態Ⅱ：供給連鎖の全体―クローズド		形態Ⅲ：供給連鎖の全体―オープン		形態Ⅳ：供給連鎖の部分―オープン
費用面での効果	M社	調達コストの急騰（負の効果），材料費比率の向上（負の効果），在庫月数の増加（負の効果），営業費率の漸増（負の効果），物流費の低減	花王	物流費の低減	ミスミ	情報コスト（取引コスト）の低減，在庫管理コスト（取引コスト）の低減，物流費の低減	ユニック	情報コスト（取引コスト）の低減，在庫コスト（取引コスト）の低減，営業費率の低減
			キリンビール	物流費の低減，在庫管理コスト（取引コスト）の低減，調達コストの低減見込み				
	A社	売上総利益の漸減（負の効果），在庫月数の増加（負の効果）	味の素	物流費の低減	プラネット	共用化・標準化による費用低減	菱食	情報コスト（取引コスト）の低減，物流費の低減
	B社	物流費の低減，原材料費の低減			QR（クイックレスポンス）			
	C社	調達コストの上昇（負の効果），在庫月数の増加（負の効果），物流費の低減						
	D社	営業費率の上昇（負の効果）			ECR（効率的な消費者対応）			
便益面での効果	M社	事業分野の変化なし（負の効果），調達先の固定化（負の効果），売上・利益の増分なし（負の効果），新たな価値の創出なし（負の効果）	花王	一括物流（物流を武器とした商流の覇権獲得）	ミスミ	新業態の開発，新事業の創出，売上・利益の増加	ユニック	事業基盤の創出，新業態の開発，新事業の創出，売上・利益の増加
	A社	売上総利益率に変化なし，新たな価値の創出なし（負の効果）	キリンビール	売上総利益の増加（調達機能，製造機能の向上），新業態の開発，新事業の創出	プラネット	新業態の主導，新事業の創出		
	B社	売上・利益の減少（負の効果），新たな価値の創出なし（負の効果）			QR（クイックレスポンス）		菱食	事業基盤の創出，新業態の開発，新事業の創出，売上・利益の増加
	C社	調達先の固定化（負の効果），売上・利益の減少（負の効果），新たな価値の創出なし（負の効果）	味の素	新業態の開発（見込み），新事業の創出（見込み）	ECR（効率的な消費者対応）			
	D社	売上・利益の減少（負の効果），新たな価値の創出なし（負の効果）						

られるように，企業間関係の形態としては，供給連鎖の全体を縦（垂直的）および横（水平的）に連結するために，連結の容易な企業間の「提携」を目指すことが多い。そして，ロジスティクスの費用面での効果として，情報コスト，在庫コストなど「取引コスト」の低減による企業業績への寄与がみられる。また，便益面での効果としては，新業態の開発，新事業の創出など「新たな価値の創出」によって，売上および利益の増加が現実のものになっている。

形態Ⅳ（供給連鎖の部分―オープン）に属する企業は，ユニックの事例にみられるように，企業間の革新の形態としては，供給連鎖の一部を横（水平的）に連結するために，連結の容易な「連合」を目指すことが多い。そして，ロジスティクスの費用面での効果として，情報コスト，在庫コストなど「取引コスト」の低減が図られている。便益面での効果としては，ロジスティクス・ネットワークによる事業基盤の創出，新業態の開発，新事業の創出などによって，売上および利益の増分がみられる。

このように，ロジスティクスの形態の違いによって，企業間の「統合」，企業間の「連合」など，企業間関係の設計・再設計において，一定の法則性を見出すことができる。すなわち，供給連鎖を縦（垂直的）に連結するか，横（水平的）に連結するかが，企業間関係の設計・再設計におけるキー・ファクターであるといえる。

ちなみに，ロジスティクスの形態の違いによって，その効果（費用面での効果，便益面での効果）も大きく異なることが判明した。事例研究の範囲でいえば，供給連鎖の全体を対象として，オープン・ネットワークを活用したロジスティクスの形態Ⅲを採用した企業の業績は，ミスミの事例にみられるように，極めて高い成長率を示している。なお，企業業績の成長率でみると，ロジスティクスの形態Ⅳおよび形態Ⅱに属する企業の業績の成長率が，形態Ⅲに属する企業業績の成長率に次いで高い。ロジスティクスの形態Ⅰに属する企業の業績は極めてよくない。

5　BPR

❶ BPRとは

　次に，ビジネス・システムの再構築について考察する。具体的には，BPR（ビジネス・プロセス・リエンジニアリング）を事例として取り上げる。

　ハマー＝チャンピー（Hammer,M.＝Champy,J.）［1993］によれば，「BPR（ビジネス・プロセス・リエンジニアリング）とは，コスト，品質，サービス，スピードのような，重大で現代的なパフォーマンス基準を改善するために，ビジネス・プロセスを根本的に考え直し，抜本的にそれをデザインし直すこと」[16]である。

　なぜ，ビジネス・プロセスを根本的に考え直し，抜本的にデザインをし直さねばならないのであろうか。BPRにおいて最も重要な視点は「顧客満足」の充足である。すなわち，BPRでは「顧客満足」の充足を目的として，ビジネス・プロセスを4つの視点（コスト，品質，サービス，スピード）からゼロベースで再構築し，抜本的にデザインし直すのである。

　BPRは1980年代後半の米国において，産業空洞化の進行，市場の成熟化・飽和化など極めて厳しい状況のもとで，米国企業の競争力の復活を目指して出現した。その後，米国企業のBPRに対する取組みは功を奏し，わが国の企業の競争力を凌ぐまでになった。イノベーションに対する取組みが経営戦略においていかに重要かを示すものとして注目されている。

❷ ビジネス・プロセス

　ダベンポートによれば，「ビジネス・プロセスとは，特定の顧客あるいは市場に対して，特定のアウトプットを作り出すために，デザインされ構造化された評価可能な一連の活動のこと」[17]である。

　ちなみに，同じくダベンポートによれば，「プロセスとは，組織が顧客に

第8章 ビジネス・システム戦略

図表8-11　先進企業におけるビジネス・プロセス

IBM	ゼロックス	ブリティッシュ・テレコム
・市場情報の獲得 ・市場選択 ・市場要求分析 ・ハードウェアの開発 ・ソフトウェアの開発 ・サービスの開発 ・生　産 ・受注出荷 ・顧客関係管理 ・サービス ・顧客フィードバック ・マーケティング ・ソリューションの統合 ・財務分析 ・計画の統合 ・会　計 ・人的資源管理 ・情報技術の基盤管理	・顧客との契約 ・在庫管理と 　ロジスティクス ・製品設計と製造技術 ・製品保守 ・技術管理 ・製造および 　オペレーション管理 ・市場管理 ・サプライヤー管理 ・情報管理 ・ビジネス管理 ・人的資源管理 ・リースや固定資産 　の管理 ・法　務 ・財務管理	・直接ビジネス ・ビジネスの計画 ・プロセスの開発 ・プロセス・オペレーション 　の管理 ・福利厚生サービス ・製品および 　サービス・マーケティング ・顧客サービスの提供 ・製品やサービスの管理 ・コンサルティング・サービス 　の提供 ・ネットワークの計画 ・ネットワークのオペレーション ・支援サービスの提供 ・情報資源管理 ・財務管理 ・技術的研究開発の提供

（出所）Davenport,T.H.［1993］訳書41頁。

対して価値を創造するために，必要なことを実行する構造のこと」である。さらに，「プロセスとは，時と場所を横断し，始めと終わり，および明確に識別されるインプットとアウトプットを持つ，仕事の活動の特定の順序のことである」とも述べている。

　このような考察を踏まえて，本書では，「ビジネス・プロセスとは，顧客満足の充足のために，顧客に対して価値を提供する一連の活動のことである」と定義しておこう。

　図表8－11は，BPRに関する先進企業であるIBM，ゼロックス，ブリティシュ・テレコムのビジネス・プロセスである。図表8－1で明らかなように，ビジネス・プロセスには次の3つの特徴があげられる。

① ビジネス・プロセスの数：3社のいずれにおいても，ビジネス・プロセスの数は15から20の範囲におさまっており，BPRに対して積極的な取組みをしていない企業と比較するとはるかにその数が少ない。
② 顧客との接点：BPRの目的が「顧客満足」の充足にあることから，顧客との接点業務（例えば，要求分析，契約など）を重視している。
③ 管理業務：財務管理，人的資源管理，情報資源管理などのいわゆる管理業務については従来の分類と大差はない。

❸ BPRの形態と効果

BPRは，対象領域の広狭によって，図表8－12に示されるように[18]，①部門内BPR，②部門間BPR，③企業内BPR，④企業間BPR，⑤産業間BPR，⑥官民間BPR，の6つに分類することができる。

① 部門内BPR：部門内の業務を対象として，コスト，品質，サービス，スピード，の4つの視点から業務をゼロベースで見直して，業務の再構築を行うことが中心になる。部門内BPRでは，通常，業務の再構築を行ううえで，業務プロセスにあわせた情報システムをその手段として導入するケースが多い。
② 部門間BPR：複数の関連部門にまたがる業務を対象として，業務スピードの向上すなわち時間競争力の強化を主な目的として，ゼロベースで業務プロセスの再構築を行うことが中心になる。例えば，機能別組織による業務の逐次直列処理ではなくて，業務の同時平行処理を可能にするためにLANなどの情報ネットワークを用いて，部門間にまたがる業務プロセスを再構築するケースはこの部門間BPRに該当する。
③ 企業内BPR：企業内の業務プロセスを抜本的にデザインし直すために，企業内の組織再編を中心として業務の再構築を行うことが多い。ほとんどの場合，従来の機能別組織から事業別の業務プロセスに基づいて組織の再編が行われる。
④ 企業間BPR：複数の企業にまたがる業務プロセスを対象として，一般的には，戦略的提携を中心として業務プロセスの再編成が行われる。EDI

第8章　ビジネス・システム戦略

図表8-12　BPRの対象領域

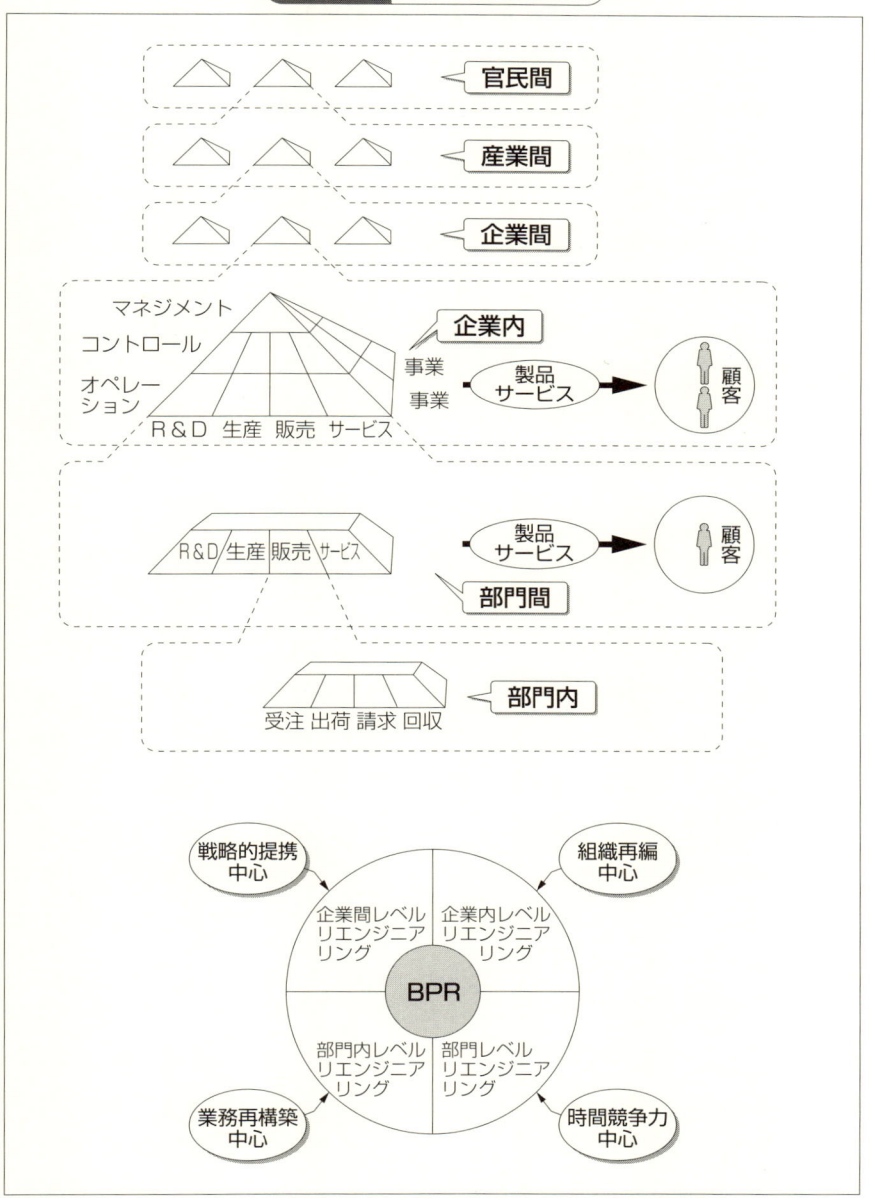

官民間

産業間

企業間

マネジメント
コントロール
オペレーション
R&D　生産　販売　サービス
事業　事業　→　製品サービス　→　顧客
企業内

R&D　生産　販売　サービス　→　製品サービス　→　顧客
部門間

受注　出荷　請求　回収
部門内

戦略的提携中心　　　　　　　　組織再編中心

企業間レベルリエンジニアリング　｜　企業内レベルリエンジニアリング

BPR

部門内レベルリエンジニアリング　｜　部門レベルリエンジニアリング

業務再構築中心　　　　　　　　時間競争力中心

(出所) 上図：岸川善光［1999］249頁。(トーマツ編［1994］29頁に基づいて加筆修正)
　　　下図：トーマツ編［1994］29頁。

221

(electronic data interchange：電子データ交換) を具体的な手段として，日用品製造企業と大手流通企業が戦略的に提携し，新たな業務プロセスを再構築した事例などはこの企業間BPRに該当する。

⑤ 産業間BPR：従来の産業ないしは業種の垣根を超えて，事業の再構築を行うことである。具体的には，従来の産業ないしは業種を超えて，新たな産業や業態を創出することである。例えば，産業間BPRの事例の1つとして，図書の宅配便事業をあげることができる。図書の宅配便事業は，運送業と図書の流通業が結合して，図書流通の業務プロセスを抜本的に組替えることによって新たに創出された事業である。図書の宅配便事業は，地方都市に住む顧客にとって図書の入手が容易になり「顧客満足」が増大するので，近年この事業は急激に伸びている。その反面，地方都市では従来のいわゆる本屋が存亡の危機を迎えている。

⑥ 官民間BPR：官（政府，行政体）と民（私企業）との垣根を超えて，事業の再構築を行うことである。具体的には，官業の民営化がその典型である。従来，公益に奉仕する事業分野では，生産経済体，営利原則，独立性などの企業特性を持つ私企業による事業展開は不向きとされ，「市場の失敗」を避けるためにも，官業ないしは公企業の存在が法的にも認められてきた。ところが，世界各国の規制緩和の流れの中で，今までの官（政府，行政体）と民（私企業）との役割を抜本的に見直す動きが生まれた。その結果，官民間BPRの対象範囲は，今後ますます拡大するものと思われる。

事業の再構築ないしはBPRの目的は，いうまでもなく「顧客満足」の充足である。「顧客満足」を充足させるためには，顧客（消費者・生活者）を起点とした事業に転換せざるを得ない。

事業の再構築ないしはBPRには，さまざまな光と影がある。新産業分野の創出，新事業の創造，雇用機会の創出，貿易摩擦の回避，市場メカニズムの回復，国際競争力の強化，内外価格の是正など，事業の再構築ないしはBPRには多くの光の面があげられる。他方，既存産業の没落，既得権の消滅，雇用の不安定さなど，影の面も数多く指摘されている。

BPRに見られるように，ビジネス・システムの再構築を行う場合，経営戦

略の視点の重要性はいうまでもないが，その他にも多くの課題について熟慮しなければならない。

---

1) 加護野忠男［1999］787頁。（神戸大学大学院経営学研究室編［1999］，所収）
2) 伊丹敬之［2003］164頁。
3) 國領二郎［1999］24頁。
4) 江上豊彦［2000］42頁。（ＢＭＰ研究会編［2000］，所収）
5) Davenport,T.H.［1993］訳書14-15頁。
6) 加護野忠男＝井上達彦［2004］48頁。
7) 同上書22頁。
8) 郵政省［1991］276頁に基づいて一部加筆。
9) 加護野忠男＝井上達彦［2004］43-44頁。
10) 宮沢健一［1988］51頁。
11) 同上書55頁。
12) SCM研究会［1999］15頁。
13) 森本博行［1998b］8頁。（ダイヤモンド・ハーバードビジネス編集部編［1998b］，所収）
14) Porter,M.E.［1985］訳書526-532頁。
15) 山倉健嗣［1993］22-23頁。
16) Hammer,M.＝Champy,J.［1993］訳書57頁。
17) Davenport,T.H.［1993］訳書14-15頁。
18) 岸川善光［1999］249頁。（トーマツ編［1994］29頁に基づいて加筆修正）。

第9章 経営戦略の適合と革新

　本章では，経営戦略の適合と革新について考察する。本章の狙いは，第1章から第3章までの総論，第4章から第8章までの各論を，適合と革新という観点から体系化し，理解を深めることである。

　まず，本書における経営戦略の5つの構成要素，すなわち，ドメイン，製品・市場戦略，経営資源，競争戦略，ビジネス・システム戦略について確認し，構成要素の戦略的適合の意義，戦略的適合の効果について理解する。

　次に，顧客の創造と維持のために，顧客適合の重要性について考察する。顧客適合のためには，経営戦略の構成要素のすべてが適合しなければならないが，その中でも特に，製品・市場適合，競争適合が不可欠であるので，この2つに焦点を絞って考察する。

　次いで，インターフェースの構築において，ドメイン適合とビジネス・システム適合の重要性について考察する。ドメインの設定が不適切であれば，顧客の創造そのものができない。また，顧客に価値を届けるための機能・経営資源を組織化し，それを調整・制御するビジネス・システムの適合が実現されないならば，顧客に価値を提供することができない。

　さらに，内部適合の重要性について考察する。内部適合として，経営資源適合，組織適合の2つに焦点を絞って体系的に理解する。

　最後に，経営戦略の革新について考察する。具体的には，適合パラダイムの限界，生命論パラダイムの援用，経営戦略の革新と生命論パラダイム，の3点を取り上げて，経営戦略論の今後の方向性について理解を深める。

1 経営戦略の戦略的適合

❶ 経営戦略の構成要素

　本書では，第1章から第3章までを経営戦略論の総論と位置づけ，下記の3点を取り上げた。
① 経営戦略の意義：環境変化と経営戦略，経営戦略の定義，企業と環境とのかかわり方，将来志向的な構想，意思決定の指針
② 経営戦略論の生成と発展：経営戦略論の生成，分析型経営戦略論，プロセス型経営戦略論，情報創造型経営戦略論，社会調和型経営戦略論
③ 経営戦略の体系：全体戦略と個別戦略，経営戦略の構成要素，経営戦略の策定と実行，経営戦略の構成要素の適合性，経営戦略論の位置づけ
　この総論の内容に基づいて，第4章から第8章まで経営戦略論の各論を展開した。各論で展開した本書における経営戦略の構成要素は，下記の5つである。
① ドメイン：ドメインの意義，ドメイン定義の要件，ドメインの再構築，ドメインと場，ビジネス・モデル
② 製品・市場戦略：製品・市場戦略の意義，多角化戦略，差別化と細分化，新製品開発，新市場開拓
③ 経営資源：経営資源の意義，経営資源の蓄積・配分，PPM（プロダクト・ポートフォリオ・マネジメント），経営資源と経営戦略，選択と集中
④ 競争戦略：競争戦略の意義，価値連鎖，競争の基本戦略，競争環境のダイナミズム，競争戦略の定石
⑤ ビジネス・システム戦略：ビジネス・システムの意義，経済性の概念とビジネス・システム，供給連鎖，企業間関係の革新，BPR（ビジネス・プロセス・リエンジニアリング）
　本書における経営戦略の構成要素は，図表9－1に示されるように，企業

第9章　経営戦略の適合と革新

図表9-1　経営戦略の構成要素

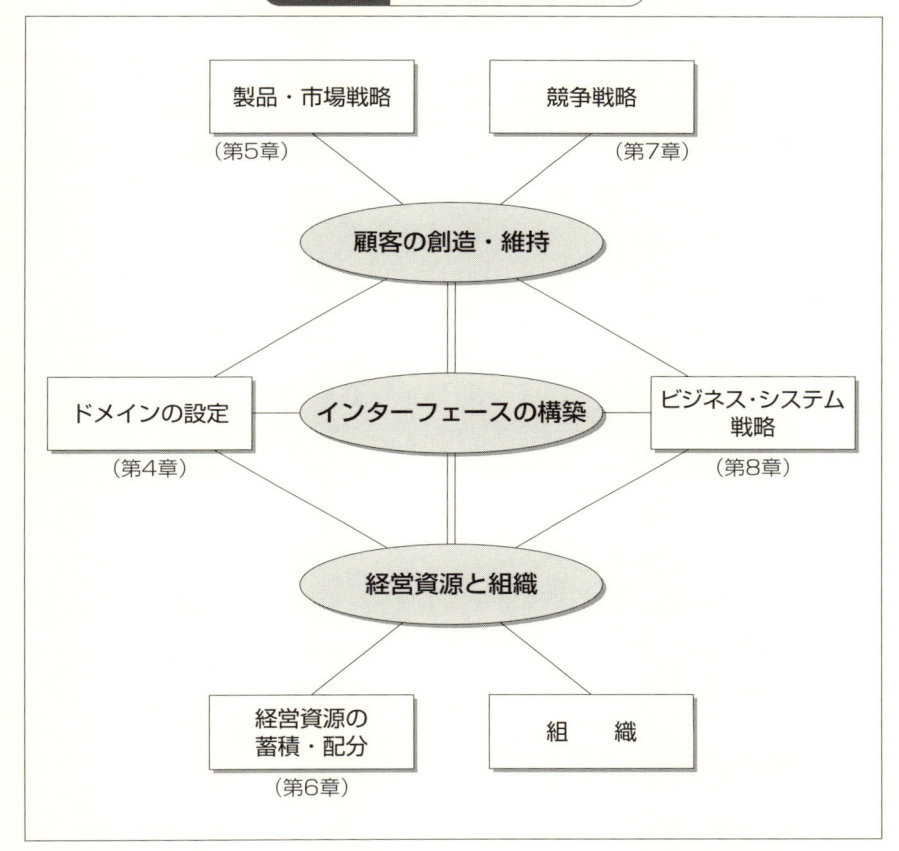

```
         製品・市場戦略              競争戦略
           （第5章）                （第7章）

                  顧客の創造・維持

  ドメインの設定     インターフェースの構築     ビジネス・システム戦略
    （第4章）                              （第8章）

                    経営資源と組織

       経営資源の                    組　　織
       蓄積・配分
        （第6章）
```

と環境とのかかわり方に関する3つの骨格，すなわち，①顧客の創造・維持，②インターフェースの構築，③経営資源と組織，を実現するために，各論で展開した経営戦略の5つの構成要素，すなわち，①ドメイン，②製品・市場戦略，③経営資源，④競争戦略，⑤ビジネス・システム戦略，がそれぞれ密接な関連性を有して，ネットワーク状に構成されていることが分かる。

❷　構成要素の戦略的適合

　次に，本書における経営戦略の構成要素を踏まえて，構成要素の戦略的適合について考察する。すでに第3章でみたように，伊丹 ［1984］ によれば，

戦略的適合（strategic fit）とは，「戦略の内容が，戦略を取巻くさまざまな要因（例えば顧客）とうまくマッチした状態になっていること」である[1]。

　奥村［1989］が指摘するように，伝統的に，経営戦略論の中心的なパラダイムは，企業が環境にいかに適合するかという事柄をめぐって展開されてきた。つまり，企業は変化する環境を十分に調査・予測し，その中の大きな流れを掴み，そのうえで自社の能力を評価し，戦略代替案を列挙し，最も利得の多いものを選択するというものであった。上述した伊丹［1984］は，この適合を環境のみならず，企業内の要素間適合へと拡張したのである[2]。

　適合という概念は，そもそも語源的には，静的な概念である。ある特定の時空間において，経営戦略のコンテンツと構成要素との関連性，さらに，経営戦略の構成要素間の関連性を分析し，それがマッチする場合，一般には適合性があるという。この適合性を中心に考察するパラダイムを適合パラダイムと呼べば，適合パラダイムでは，論理整合性，首尾一貫性などを重視することに最大の特徴がある。

　企業をシステムとして捉え，システム論として経営戦略論を展開する場合，システムの要素間の適合性は極めて重要な課題であるので，適合パラダイムを援用する場合が多い。

❸ 戦略的適合の効果

　適合パラダイムには，後述するように多くの欠点があるものの，環境―経営戦略―組織の適合性，経営戦略の構成要素間のバランスなど，多くの利点や効果がある。

　戦略的適合の事例として，キャプラン＝ノートン（Kaplan,R.＝Norton,D.）［2001］のバランスト・スコアカードをみてみよう。キャプラン＝ノートン［2001］は，「戦略の本質は，ユニークな価値提案をするために，競合企業とは違う方法で活動を実行するための選択である」[3]と述べている。そのうえで，彼らが開発した「バランスト・スコアカードの設計プロセスは，戦略は仮説であるとする前提の上にある」としている。経営戦略は，現在の位置から，不確実であるが到達すべき将来の位置へと企業を動かしていくことを

第9章 経営戦略の適合と革新

図表9-2　バランスト・スコアカードの構造

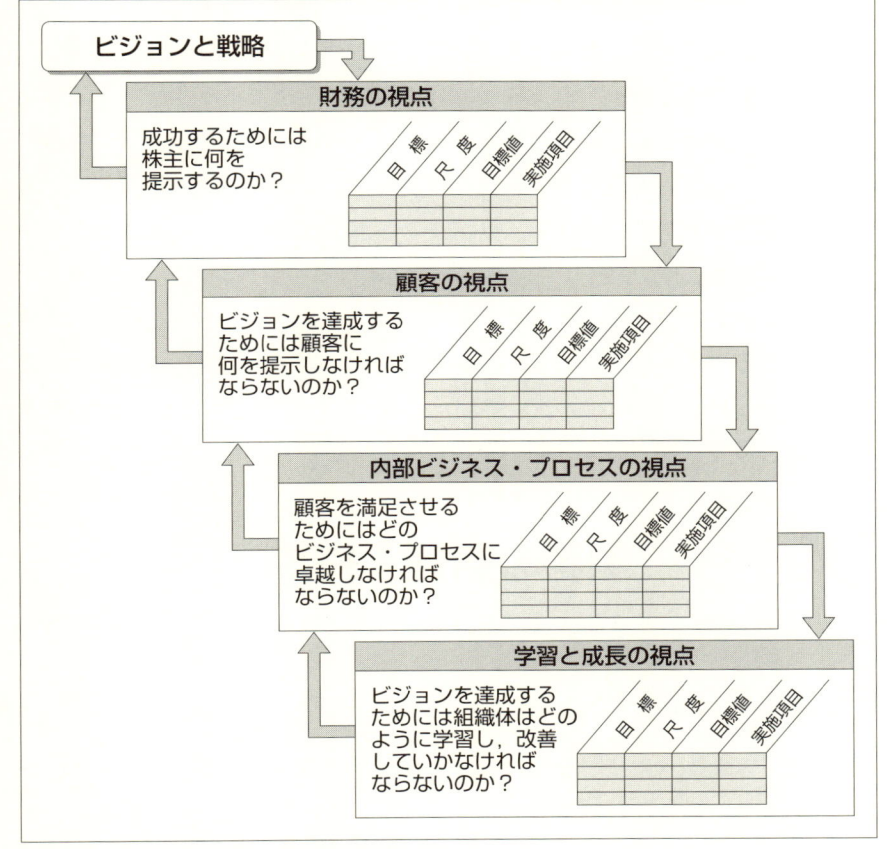

```
ビジョンと戦略
  ├─ 財務の視点
  │   成功するためには株主に何を提示するのか？
  │   [目標／尺度／目標値／実施項目]
  │
  ├─ 顧客の視点
  │   ビジョンを達成するためには顧客に何を提示しなければならないのか？
  │   [目標／尺度／目標値／実施項目]
  │
  ├─ 内部ビジネス・プロセスの視点
  │   顧客を満足させるためにはどのビジネス・プロセスに卓越しなければならないのか？
  │   [目標／尺度／目標値／実施項目]
  │
  └─ 学習と成長の視点
      ビジョンを達成するためには組織体はどのように学習し，改善していかなければならないのか？
      [目標／尺度／目標値／実施項目]
```

（出所）Kaplan,R.＝Norton,D.[2001] 訳書109頁。

意味している。どの企業も将来には行ったことがないので，意図される道筋は一連の結び付けられた仮説であるというのが彼らの解釈である。

　バランスト・スコアカードの構造は，図表9－2に示されるように，①財務の視点，②顧客の視点，③内部ビジネス・プロセスの視点，④学習と成長の視点，の4つの視点によって構成される。

　図表9－2で明らかなように，バランスト・スコアカードは，短期的な目標群と活動を連結し，競合企業と自社を差別化し，長期にわたる顧客価値および株主価値を生み出すドライバー（先行指標）および成果（遅行指標）を

229

定義づける。

　バランスト・スコアカードによって，戦略的な仮説は系統立てられ，検証可能な一連の因果関係として説明することが可能になる。さらに，仮説としての戦略において，求められる成果（遅行指標）を導くドライバー（先行指標）となる活動を確認することが求められる。戦略実行の鍵は，すべての組織構成員に対して，基礎となる仮説を理解させ，仮説に向けて資源投入を方向づけ，仮説を継続的に検証し，リアルタイムで求められていることを実現することである。

　このように，バランスト・スコアカードは，適合パラダイムを援用した典型的な手法といえよう。先に述べた論理整合性，首尾一貫性に加えて，因果関係性，検証可能性など，バランスト・スコアカードに典型的な適合パラダイムには，多くの利点および効果を指摘することができる。

2　顧客の創造・維持

❶ 顧客適合の重要性

　第1章でみたように，ドラッカーが主張した「顧客の創造」は，まさに企業活動の基盤である。対価を支払ってくれる顧客がいなければ，企業そのものが存在し得ないからである。顧客の創造・維持がうまくマッチした状態を顧客適合と呼べば，企業にとって顧客適合こそ，その他の何ものよりも最優先されるべき課題である。

　顧客が対価を支払ってくれる源泉は，価値の提供にある。価値とは，顧客のニーズを充足することによって生まれる。換言すれば，顧客のニーズを満たすことのできる製品を提供することができるかどうかが，顧客適合の直接的なエッセンスであるといえよう。

　顧客適合を実現するためには，図表9－3に示されるように，顧客のニーズと企業側のシーズをうまく適合させることがすべての出発点になる。

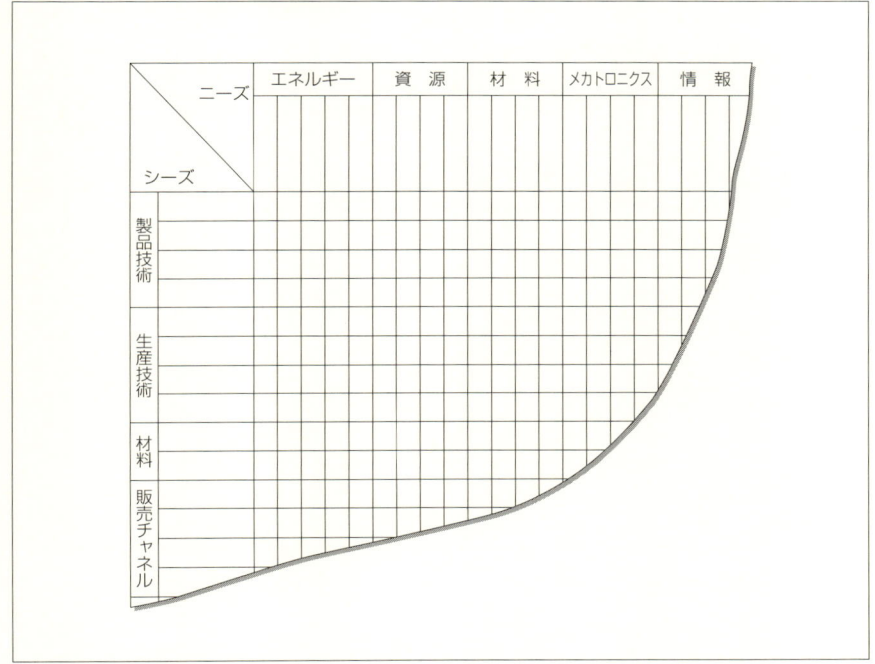

図表9-3 ニーズ・シーズマトリクス

	エネルギー	資源	材料	メカトロニクス	情報
製品技術					
生産技術					
材料					
販売チャネル					

（出所）近藤修司［1985］129頁。

　顧客のニーズは，すべてが顕在化しているとは限らない。潜在的なニーズをいかに発掘するかを含めて，顧客ニーズの充足こそが顧客適合に必須の要件であるといえよう。

　なお，顧客適合のためには，図表9－1で明らかなように，製品・市場戦略，競争戦略をはじめとして，ドメイン，ビジネス・システム，経営資源，組織など，本書で取り上げた経営戦略の構成要素のすべてが密接に関連する。

　その中でも，顧客適合にとって，製品・市場適合，競争適合は，特に直接的な関連性を有するので，以下この2つの構成要素について考察する。

❷ 製品・市場適合

　第5章で考察したように，どのような顧客に，どのような製品を提供するか，を決定することを製品・市場戦略という。製品・市場戦略は，ドメイン，

図表9-4　製品・市場マトリクス

P 製品 \ M 市場			既存	拡大 産業用（システム）			新規 一般用個人		新規 海外		評価	
			産業用・単体	公害	建設	レジャー	レジャー	生活	産業	一般	成長性	自社の強さ
既存	ポンプ	UA（小型）	○								↘	○
既存	ポンプ	UB（大型）	○								↘	○
拡大	水処理システム	排水処理システム		○				△			↗	◎
拡大	水処理システム	ビル／地域水再利用システム			△			△			↗	◎
新規	ライフ	泡風呂健康器					△			△	↗	○
新規	レジャー	ウォータージェット			△	△				△	↗	○
評価	成　長　性		→	↗	→	↗	↗	↗	↗			
評価	自　社　の　強　さ		○	◎	△	△	△	△	△			

　さらに，全体戦略としての事業ポートフォリオ戦略の具現化のプロセスでもある。「顧客の創造」のために，製品と市場がうまくマッチした状態を製品・市場適合と呼べば，製品・市場適合を実現するうえで，製品・市場戦略は，過言を要しないほど重要であることはいうまでもない。

　製品・市場戦略策の実務面において，策定ツールとして多用されている製品・市場マトリクス，製品・チャネルマトリクスについてみてみよう。これらの策定ツールは，後述するように，製品・市場適合を実現するためのツールであることが容易に理解できる。

　製品・市場マトリクスは，図表9－4に示されるように，製品，市場をそれぞれ既存，拡大，新規に区分して，マトリクス状に構成したうえで，成長性，自社の強さを客観的に評価し，製品・市場適合を図るためのツールである。

　製品・チャネルマトリクスは，図表9－5に示されるように，製品，チャネルをそれぞれ既存，拡大，新規に区分して，マトリクス状に構成したうえで，成長性，自社の強さを客観的に評価し，製品・チャネル適合を図るため

図表9-5　製品・チャネルマトリクス

P 製品		C チャネル	既存 商社	拡大 直販	新規 建設会社	新規 住宅機器会社	新規 通信販売会社	新規 スポーツ用品店	評価 成長性	評価 自社の強さ
既存	ポンプ	UA（小型）	◎						↘	○
既存	ポンプ	UB（大型）	◎						↘	○
拡大	水処理システム	排水処理システム	◎	○					↗	◎
拡大	水処理システム	ビル/地域水再利用システム	○	○	○				↗	◎
新規	ライフ	泡風呂健康器		△	△	△	△		↗	○
新規	レジャー	ウォータージェット		△			△	△	↗	○
評価	成長性		→	↗	↗	↗	↗	↗		
評価	自社の強さ		○		△		△	△		

のツールである。

　製品・市場マトリクス，製品・チャネルマトリクスの2つのツールを合成すると，どの製品を，どの市場に，どのチャネルで提供するか，まさに製品・市場適合を図るツールとして位置づけることができる。

❸ 競争適合

　製品・市場戦略によって「顧客の創造」ができたとしても，市場には通常，多くの競合企業（競争相手）が存在する。顧客に価値を提供し，対価を獲得するには，市場において，多くの競合企業（競争相手）との競争に打ち勝たねばならない。

　第7章で考察したように，競争戦略では，①競合企業（競争相手）の選択，②競争力の源泉，③競争力の活用，④競争力の構築，の4点が重要である。特に，競合企業（競争相手）の選択を間違うと，自社の存続・発展が危うくなるので，競合企業（競争相手）の強み・弱みを把握することは，競争戦略の必須要件であるといえる。

図表9-6　競合企業の強み・弱み

製　品	・ユーザーから見た各セグメントでの地位 ・製品の種類と品種の数
販売業者・流通網	・流通チャネルの支配力と支配しているチャネルの質 ・流通チャネルとの結びつきの強さ ・流通チャネルにサービスできる能力
マーケティング，販売	・各マーケティング・ミックスを遂行する技能 ・マーケティング・リサーチと新製品開発面での技能 ・セールスマンの訓練と技能
事業活動	・生産コスト面での地位――規模の経済性，習熟曲線，設備の新しさ，など ・生産設備，機械器具の技術水準 ・生産設備，機械器具の柔軟性 ・生産上のノウハウ，特許，あるはコスト面での有利性 ・生産能力向上，品質管理，生産管理面での技能 ・労務コスト，輸送コストの点も考慮した工場立地 ・従業員の質，労働組合 ・原材料の入手度，原材料のコスト ・垂直統合度
研究，エンジニアリング	・特許，版権 ・社内での研究，開発能力（製品研究，生産工程研究，基礎研究，開発，模倣など） ・研究，開発スタッフの創造性，純真性，質，信頼性など ・社外の研究，開発組織への接近度（例えば，供給業者，顧客，契約相手との結びつき）
全体のコスト	・全体のコスト（他社との比較） ・社内の他の事業部門との共有ストあるいは共有活動 ・コスト上で有利な地位を確保できる根拠になっている要因（規模など）
財務面の長所	・キャッシュ・フロー ・短期および長期借入能力 ・近い将来での増資能力 ・財務管理能力（手形処理，資金調達，クレジット管理，在庫管理，売掛金管理など）
組　織	・組織内における価値観の一致度と目的の明確性 ・組織に最近課せられた要求によって生じた組織上のゆるみ ・組織構造と戦略との整合度
経営能力	・最高経営責任者のリーダーシップと組織にやる気を起こさせる能力 ・特定の部門間を調整する能力（例えば，生産部門と研究部門の調整） ・経営者の年齢，練達度，専門分野 ・経営陣の層の厚さ ・経営者の柔軟性と適応能力
企業の事業部門	・すべての事業部門の新しい計画を資金面およびその他の面で支持できる企業の能力 ・事業部門の力を補い，それを強化できる企業の能力
その他	・政府機関による特別措置あるいは特別措置への接近度 ・従業員の退職率

（出所）Porter,M.E.[1980] 訳書96頁。

　ポーター[1980]は，図表9－6に示されるように，競合企業（競争相手）の強み・弱みを把握するための「切り口」を提示した[4]。

　市場での競争構造にうまくマッチして競争に勝てる状態であることを，競争適合と呼べば，これらの「切り口」において，競合企業（競争相手）との間に何らかの差別化を図り，持続的な競争優位を獲得することが競争適合の

主眼であるといえる。

競争適合を実現するためには，第7章で考察したように，①ポジションを基盤とする優位性の獲得，②組織能力を基盤とする優位性の獲得，の2点が必要不可欠である。

3 インターフェースの構築

❶ インターフェース適合の重要性

図表9－1で明らかなように，顧客適合，すなわち「顧客の創造・維持」を実現するためには，経営資源の蓄積・配分，組織など，企業内部の構成要素と併せて，顧客と企業を連結するインターフェースの構築が，経営戦略上極めて重要な課題である。

インターフェースの構築は，具体的には，①ドメインの設定，②ビジネス・システム戦略，の2つによって構成される。すなわち，ドメインの設定は，企業と環境とのかかわり方そのものを決めることであり，企業と環境とのインターフェースの基盤を構築することである。また，ビジネス・システム戦略の基盤となるビジネス・システムは，顧客に価値を届けるための機能・経営資源を組織化し，それを制御するシステムのことであるので，このビジネス・システムも企業と環境を連結する重要なインターフェースである。

インターフェースの構築がうまくマッチした状態をインターフェース適合，ドメインの設定がうまくマッチした状態をドメイン適合，ビジネス・システムの構築がうまくマッチした状態をビジネス・システム適合と呼べば，インターフェース適合を実現するためには，ドメイン適合，ビジネス・システム適合の2つが必須要件になる。以下，この2つに焦点を絞ってインターフェース適合について考察する。

❷ ドメイン適合

第4章で考察したように,「ドメインとは,組織体がやりとりをする特定の環境部分のことである」[5]。すなわち,その企業の活動領域,存在領域,事業領域,事業分野のことである。

企業はオープン・システムであるので,環境とのかかわり方を通じてのみ,その存続・発展が可能になるので,特定の環境部分すなわちドメインを主体的に設定することは,企業の存続・発展にとって極めて重要である。

ドメイン適合には,いくつかの視点がある。第一の視点は,企業ドメインと事業ドメインとの適合である。企業ドメインは,企業の将来のあるべき姿,追求する企業像に重点がおかれるのに対して,事業ドメインは,①顧客層,②顧客機能,③技術,の3次元モデルを中心として,各次元の「広がり」と

図表9-7 ドメインとビジネスモデルの比較分析

	フォーカス	祖業（過去のドメイン）	現在のドメイン	コア・コンピタンス	戦略課題
ソフトバンク	時価総額最大化	ソフト流通	インターネット財閥	ビジネスプラットフォーム	時間差の活用
AOLタイム・ワーナー	メディア統合	パソコン通信	総合メディア産業	NWインフラ	コンテンツの充実
ソニー	収穫逓増	家電製造	エンタテイメント産業	SONYブランド	コンテクストの統合
GE	プロダクト・サービス実現	電気製造	プロダクトサービス産業	組織化された多様性	事業間価値連鎖
セコム	NW多重利用	警備	社会システム産業	多重メンバーシップ	機械系と人間系の融合
ベネッセ	継続サービス創造	通信教育	関係性ビジネス	継続メンバーシップ	年代層別サービスの連鎖

(出所) 寺本義也＝岩崎尚人 [2000] 215頁に基づいて,筆者が一部加筆修正。

「差別化」を検討し，具体的なドメインを定義する必要がある。

　第二の視点は，物理的定義と機能的定義との適合である。一般に，機能的定義のほうが物理的定義よりも望ましいが，機能の定義があまりにも抽象的になり過ぎると，企業のアイデンティティが拡散するなど，致命的なダメージを蒙る可能性が高くなるので，物理的定義と機能的定義との適合が欠かせない。

　第三の視点は，ドメイン・コンセンサス，すなわち，企業と環境とのドメインに関する社会的・相互作用的な適合である。オープン・システムとしての企業にとって，ドメイン・コンセンサスはドメイン適合に必須の要件といえよう。

　第四の視点は，企業成長とドメインとの適合である。現実に，企業の成長に伴って，ドメインは変化する。変化こそ常態とさえいえよう。企業成長に合致したドメインの再定義は，ドメイン適合そのものである。

　ドメインの定義・再定義は，経営戦略の策定における大前提であるので，ドメイン適合を図ると，製品・市場適合，経営資源適合，競争適合，ビジネス・システム適合など，他の経営戦略の構成要素のすべてについて，再度抜本的な検討が欠かせない。

　実際，図表9－7に示されるように，各企業におけるドメインの再定義によって，コア・コンピタンスや戦略課題に大きな差異が生まれている[6]。

❸ ビジネス・システム適合

　第8章で考察したように，顧客に価値を届けるための仕組みに関して，①ビジネス・システム，②ビジネス・モデル，③ビジネス・プロセス，④価値連鎖（バリュー・チェーン），⑤供給連鎖（サプライ・チェーン），⑥需要連鎖（ディマンド・チェーン），⑦ロジスティクスなど，多くの類似概念が存在し，概念間に相互に重複が見られ，混乱さえ生じている。

　しかし，顧客に価値を届けるための仕組みを1つのシステムとしてみた場合，①顧客（顧客は誰なのか），②顧客価値（顧客にどのような価値を提供するのか），③提供手段（価値をどのような方法で提供するのか），④対価の

回収手段（顧客に提供した価値の対価を誰からどのように受け取るのか）など，システムの構成要素は，上記の類似概念においてほぼ共通している。

また，価値を届けるために，①機能の連鎖，②経営資源の連鎖，③情報の連鎖，の3つの連鎖が必要不可欠であることもほぼ共通している。

このようなビジネス・システムの特性を踏まえ，本書におけるビジネス・システムの定義，すなわち，「ビジネス・システムとは，顧客に価値を届けるための機能・経営資源を組織化し，それを調整・制御するシステムのことである」と理解すると，ビジネス・システム適合には，下記のようにいくつかの視点があげられる。

第一の視点は，当該ビジネス・システムが顧客適合のために効果的かつ効率的であるかということである。顧客適合を主眼として，上述した顧客，顧客価値，提供手段というシステム構成要素を適宜組合せたビジネス・システムになっていなければ，ビジネス・システムの所期の目的を実現することは到底できない。

第二の視点は，ビジネス・システムを構成する機能，経営資源，情報の連鎖の内，どの機能，経営資源，情報を自社で分担することが適切かということである。通常，ビジネス・システムを構成する機能，経営資源，情報の連鎖は，複数の企業にまたがることが多い。①どの機能，経営資源，情報を自社で分担するか，②どの機能，経営資源，情報を他社に委ね，コントロールするか，この2つの決定は，企業間関係のデザインそのものでもあり，ビジネス・システムの有効性（効果性），効率性，模倣困難性，持続可能性，発展可能性を直接的に規定するので，ビジネス・システム適合を実現しようとする場合，必須の要件である。

第三の視点は，当該ビジネス・システムが将来の企業の能力蓄積，資源蓄積に効果的かつ効率的であるかということである。ビジネス・システムは，顧客と企業を連結するインターフェースであるので，ビジネス・システムを通じて，顧客も企業も学習を行う。この学習の場としてのビジネス・システムを構築することができれば，将来の企業の発展可能性の前提となる。

4 経営資源と組織

❶ 内部適合の重要性

　図表9－1で明らかなように，顧客の創造・維持，インターフェースの構築のためには，企業内部における経営資源の蓄積・配分，組織が必要不可欠である。

　第6章で考察したように，経営資源とは，企業活動をするうえで必要な資源や能力のことである。経営資源は，一般的に，①ヒト（人的資源），②モノ（物的資源），③カネ（資金的資源），④情報（情報的資源），の4つに区分される。

　これらの経営資源は，無限に存在するものではなく有限の存在である。経営戦略を策定し，実行する場合，経営戦略のコンテンツ（内容）と，企業が保有する経営資源・能力がフィットしていなければ，その戦略は有効な成果を生み出すことはできない。すなわち，経営戦略の実行のためには，経営資源・能力の裏づけが欠かせない。経営戦略と経営資源がうまくマッチした状態を経営資源適合と呼べば，経営資源適合は，経営戦略の策定・実行において必須の要件であるといえる。

　また，経営戦略を実行する局面では，人や組織の問題が直接的にかかわってくる。組織は人間の集団（組織構成員）を引っ張り，動かしていくことを目的として編成される。経営戦略に適合した組織構造，管理システム，組織文化など，組織を動かすための戦略的な配慮に欠けると，経営戦略の有効性が根底から問われることになる。組織構造，管理システム，組織文化など，組織と経営戦略がうまくマッチした状況を組織適合と呼べば，組織適合も経営戦略の策定・実行において必須の要件である。

　この経営資源適合，組織適合は，企業内部の問題であるので，内部適合というカテゴリーとして分類することができる。内部適合も，顧客適合および

インターフェース適合に劣らず重要な位置づけを占める。

❷ 経営資源適合

　経営資源適合の直接的なエッセンスは，上述したように，経営戦略のコンテンツ（内容）と，企業が保有する経営資源・能力がフィットしていなければ，その戦略は有効な成果を生み出すことができないということである。

　第6章で考察したように，経営資源は，外部からの調達が容易であるか否かによって，①可変的資源，②固定的資源，の2つに分類される。ヒト（人的資源）では熟練工，情報的資源では組織風土，ブランド，企業イメージ，顧客の信用など，固定的資源は，①市場で調達することが困難であり，内部蓄積に依存する，②固定的資源の価値は企業ごとに異なる，③無形財のため目に見えないものが多い，④多重利用可能性が高い，などの特性を有しており，経営戦略上極めて重要な位置づけを占める。したがって，経営資源適合の第一の視点として，①可変的資源，②固定的資源のバランスがあげられる。

　同じく第6章で考察したように，経営資源の蓄積・配分に関する組み合わせのことを経営資源ポートフォリオという。経営資源の蓄積を適切に行うことによって，新しい事業のシーズが自然に生まれることがあり得る。また，経営資源の全社的な最適配分によって，経営資源に関する効果性および効率性が向上する。したがって，経営資源適合の第二の視点として，文字通り経営資源ポートフォリオの良し悪しがあげられる。

　経営資源の蓄積・配分の基礎的条件として，①経験曲線効果の獲得，②プロダクト・ライフ・サイクルに応じた経営資源の蓄積・配分，③限界収穫逓増の実現，の3つがあげられる。経営資源適合の第三の視点として，この3つの基礎的条件をクリヤーすることが欠かせない。

　経営資源の配分，特にキャッシュフロー・マネジメントのツールとして，PPM（プロダクト・ポートフォリオ・マネジメント）がある。第6章で考察したように，PPMの象限（ボストン・コンサルティング・グループの4象限，マッキンゼー社の9象限）ごとの事業特性に応じた対応策が必要不可欠である。また，ポートフォリオの「成功の循環」を目指す必要がある。こ

のPPMの象限に応じた対応策，ポートフォリオの成功の循環の2つを，経営資源適合の第四の視点としてあげることができる。

経営資源の中で，情報的資源（見えざる資産）は，経営戦略において極めて重要である。見えざる資産の本質は，まさしく情報であるので，①情報の蓄積，②情報を伝達し処理するチャネルの性能，の2つが重要な課題である。したがって，経営資源適合の第五の視点として，この2つの水準をあげることができる。

さらに，経営資源適合の第六の視点として，選択と集中があげられる。経営資源は無限ではなく有限の存在であるので，選択と集中によって，いかに企業力を向上させるかが重要である。

❸ 組織適合

第3章で考察したように，経営戦略論の生成期，さらに分析型経営戦略論の時代において，経営戦略と組織との関係は，二分法的に明確に区分されてきた。「組織は戦略に従う」という有名なチャンドラーの命題も，「戦略は組織によって規定される」というアンゾフの命題も，共に経営戦略と組織との二分法を採用している。

これに対して，経営戦略と組織との関係を二分法的ではなく，経営戦略と組織は相互依存的・相互補完的な関係であり，その区分は極めて曖昧であるという立場にたった組織モデルを相互浸透モデルという。相互浸透モデルの典型は，第3章で考察したように，ピーターズ＝ウォーターマン［1982］の7Sモデル，マイルズ＝スノー［1978］の環境適応パターン，ミンツバーグ［1978］のパターンとしての経営戦略などである。

7Sモデルは，組織の構成要素として，①戦略，②組織構造，③システム，④人材，⑤スキル，⑥行動様式，⑦共通の価値観，の7つをあげている。ここで組織適合という場合，7つの構成要素の全体的な整合性，首尾一貫性があることをいう。

野中［2002］が指摘するように，組織論の分野では，統合的コンティンジェンシー・セオリーとして，「環境，戦略，資源，組織構造，個人属性，組

図表9-8　組織の発展モデル

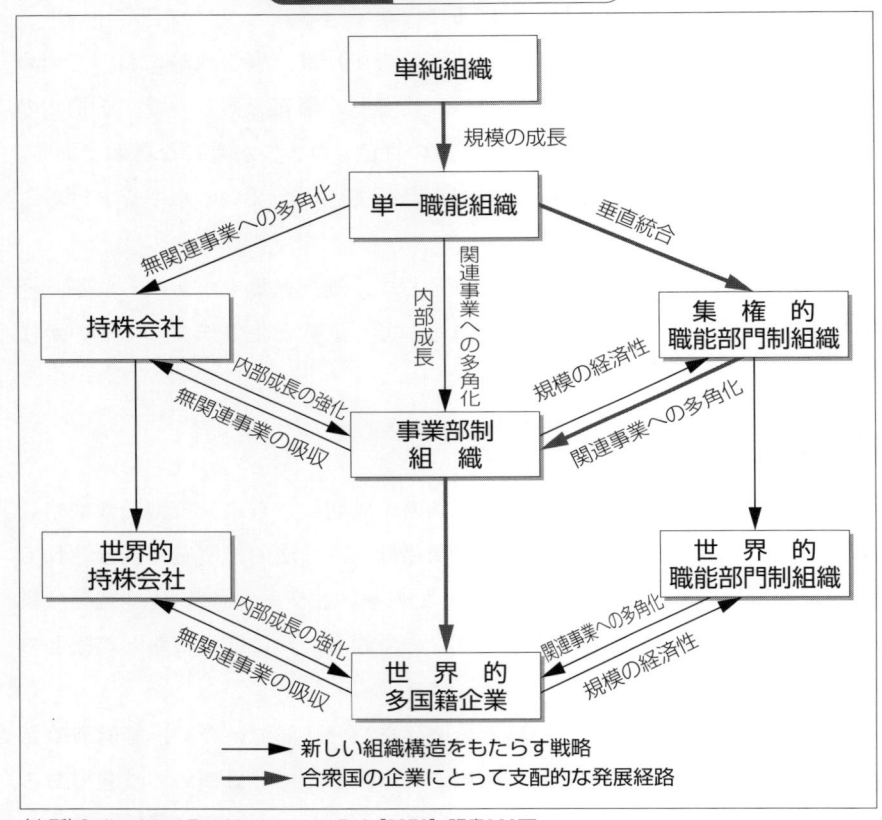

```
                        単純組織
                           │
                           │ 規模の成長
                           ▼
         ┌──────── 単一職能組織 ────────┐
    無関連事業  │      │関連事業      垂直統合
    への多角化  │内部成長│への多角化           │
         ▼    │      ▼                      ▼
      持株会社  │   事業部制     規模の経済性  集権的
         │    │    組　織  ◄──────────── 職能部門制組織
         │内部成長の強化│                       │
         │無関連事業の吸収                      │関連事業への多角化
         ▼    │      │                      ▼
      世界的   │      │                   世界的
      持株会社 │      │                   職能部門制組織
         │    │      ▼                      │
         │   世 界 的                         │
         └──► 多国籍企業 ◄────────────────────┘
               内部成長の強化　関連事業への多角化
               無関連事業の吸収　規模の経済性
```

　　──▶　新しい組織構造をもたらす戦略
　　──▶　合衆国の企業にとって支配的な発展経路

(出所) Galbraith, J.R. = Nathanson, D.A. [1978] 訳書139頁。

織過程の間に，マルチ・レベルの適合関係を生み出している組織ほど機能的である」という命題が提唱された[7]。

　ところで，組織の発展段階と組織の形態との間にも適合が欠かせない。ガルブレイス＝ナサンソン（Galbraith, J.R. = Nathanson, D.A.）[1978] は，図表9－8に示されるように，組織の進化と組織形態に関する仮説を提示した[8]。

　ガルブレイス＝ナサンソンの組織の発展モデルによれば，組織の形態は，ライン組織から職能組織へ，さらに職能組織から事業部制組織へ，究極的には世界的多国籍企業に進化するとされている。

　図表9－8に示されるように，企業がおかれた環境によって経営戦略の重

点課題が異なり，それに伴って組織構造も異なるという現象は，実際に多く観察されるので，このガルブレイス＝ナサンソンの組織の発展に関する仮説は検証されつつあるといっても過言ではあるまい。このように，組織の発展段階と組織形態との適合は，組織適合の一環として欠かせない。

組織適合は，上述した他にも，経営資源，ビジネス・システムなど多くの経営戦略の構成要素と密接な関連性を有しており，組織適合の水準は，経営戦略の策定・実行の水準を規定するといえよう。

5 経営戦略の革新

❶ 適合パラダイムの限界

今まで，本書における経営戦略の構成要素を踏まえて，構成要素の適合についてみてきた。適合パラダイムには，論理整合性，首尾一貫性，因果関係性，検証可能性など，多くの利点および効果があげられる。

しかし，環境―経営戦略―組織の適合性，さらには経営戦略に関する要素間適合性を重視する適合パラダイムには，いくつかの欠点がある。奥村[1989] の指摘によれば，第一に，どの時点における適合を適合というのであろうか[9]。答えは，将来のしかるべき時点ということになるであろうが，本当にそうであろうか。むしろ，適合というのは現在の環境に適合するのであって，将来に適合するというのはどことなく妙である。

第二に，適合という概念は，すでに述べたようにそもそも静的な概念である。環境は常に変化しており，環境の変化を完全に予測することは不可能である。もし適合したとしても，それはほんの一瞬のことではあるまいか。

第三に，適合パラダイムでは，全く予測できないような事態に対してどのように対処するのであろうか。アンゾフ[1965] が指摘したように，戦略的意思決定は，非反復的で，高度の不確実性に富んでおり，「部分的無知」の状況で行われる意思決定のことである。「部分的無知」の状況で行われる意

思決定は，何に対して適合しようとするのであろうか。

伊丹［1984］［2003］は，適合パラダイムに基づいて「経営戦略の論理」を展開している代表的な研究者であるが，伊丹自身，適合には，次の3つのレベルがあると指摘している[10]。

① 第一のレベル：適合すべき相手方の現状や障壁を所与として，戦略をそれに合わせるという適合。いわば「受動的適合」のレベル。
② 第二のレベル：戦略をとりまく要因の自律的な変化に対応し，さらには能動的に望ましい方向へ変化させていく，あるいは障壁を克服するための戦略をもつという意味での適合。いわば「能動的適合」のレベル。
③ 第三のレベル：戦略をとりまく要因の本質や変化を逆手にとって，テコとして利用する戦略をもつというレベル。極めて効率的に成果をあげられるテコの作用を使った適合。いわば「テコ的適合」のレベル。

伊丹のいう「能動的適合」，さらには「テコ的適合」のレベルまでを適合といえば，適合パラダイムの欠点はかなり克服できるものの，プロセス型経営戦略論で重視される「創発性」や「創造性」，情報創造型経営戦略論で重視される「情報創造」や「自己組織化」，社会調和型経営戦略論で重視される「戦略的社会性」などを完全に包含することはできない。したがって，適合パラダイムには，理論的にも実務的にも，一定の限界があるといえよう。

ところで，適合パラダイムの利点を活かしつつ，その限界を克服することは果たして可能であろうか。

本書では，「経営戦略とは，企業と環境とのかかわり方を将来志向的に示す構想であり，組織構成員の意思決定の指針となるもの」と定義して議論を進めてきた。すでに第1章で考察したように，経営戦略は，企業の将来のあるべき姿を目指して策定される。あるべき姿を目指す以上，経営戦略にはダイナミックな要素が必要不可欠である。ダイナミックな要素とは，すでに第3章でみた不均衡ダイナミズムに他ならない。

企業の存続・発展にとって，経営戦略の構成要素間に，ある程度の不均衡（アンバランス）を静的に含みつつも，それが行動プロセスにおいて発展的に解消され，さらなる成長につながった事例は枚挙にいとまがない。むしろ，

第9章 経営戦略の適合と革新

　成功した事例の大半は，ある程度の不均衡（アンバランス）を解消すべく，不均衡（アンバランス）そのものをバネにして行動した結果ともいえる。
　その意味で，企業の存続・発展にとって，不均衡（アンバランス）の創出が欠かせない。適合パラダイムは，論理の結果として，不均衡（アンバランス）を弁証法的に肯定する。これこそ，まさに不均衡ダイナミズムそのものといえよう。

❷ 生命論パラダイムの援用

　次に，適合パラダイムの欠点を克服するために，不均衡ダイナミズムを肯定しつつ，経営戦略の革新について考察する。考察の手順として，まず，生命論パラダイムについて理解を深める。そして，生命論パラダイムが経営戦略の革新に有効かどうかを検討する。
　生命論パラダイムとは，図表9－9に示されるように，機械論パラダイムと対比される「知」のパラダイムのことである[11]。生命論パラダイムは，著者が以前所属したわが国最大級のシンクタンク，日本総合研究所が総力をあげて推進した社内プロジェクトの研究成果をまとめて公表した知のパラダイムの呼称である。以下，図表9－9に基づいて，順次その内容について概観する。
　第一に，生命論パラダイムは，世界を「巨大な機械」と見る機械的世界観から，世界を「大いなる生命体」と見る生命的世界観へと視点を転換する。経営戦略の分野において，すでに「企業の寿命」や「企業の進化」は重要な論点の1つである。このように，企業を「生命的プロセス」と見る世界観は，経営戦略の進化に欠かせない。
　第二に，生命論パラダイムでは，世界を「静的な構造」として見る視点から，世界を「動的なプロセス」として見る視点へと転換する。機械論パラダイムでは，世界は1つの堅固な構造を持ち，この「構造」を解明していくことが世界を認識することである。
　これに対して，生命論パラダイムでは，「構造」よりも，むしろ「プロセス」が重視される。なぜならば，「生命的プロセス」において観察される

図表9-9　機械論パラダイムと生命論パラダイム

	機械論パラダイム	生命論パラダイム
1	機械的世界観 （巨大な機械）	生命的世界観 （大いなる生命体）
2	静的な構造 （構造解明）	動的なプロセス （恒常性維持＝ホメオスタシス）
3	設計・制御 （システム設計・コントロール）	自己組織化 （ゆらぎ）
4	連続的な進歩 （改善・改良）	不連続の進化 （インキュベーション，イノベーション）
5	要素還元主義 （ガリレイ，ニュートン，二元論）	全包括主義 （コスモロジー原理，臨床の知，メタファー）
6	フォーカスの視点 （要素の詳細，焦点化）	エコロジカルな視点 （関係性，生態系）
7	他者としての世界 （一方向的視点，自他）	自己を含む世界 （双方向，主客一体，主体的意志）
8	制約条件としての世界 （環　境）	世界との相互進化 （相互作用）
9	性能・効率による評価 （効率性）	意味・価値による評価 （効果性→創造性）
10	言語による知の伝達 （形式知）	非言語による知の伝達 （暗黙知，禅の不立文字）

（出所）日本総合研究書編［1993］21-48頁。

「構造」とは，基本的には「生命的プロセス」がダイナミックな運動を繰り広げる際に，擬似的に形成する「動的構造」であり，「動的安定状態」のことに他ならないからである。

　例えば，企業は通常，さまざまな「構造」として理解されているが，実際には，今日の「構造」は昨日の「構造」ではなく，日々変化している。生命の本質は，「静的な構造」にではなく，「構造」を一定に維持する「動的安定性」や「恒常性維持機能（ホメオスタシス）」などの「プロセス」にあると

いえよう。

　換言すれば，対象の「構造」そのものは，究極の認識対象ではなく，その「構造」を深く理解することにより，その奥に存在する「プロセス」と「ダイナミクス」の本質を理解することこそ重要である。

　第三に，生命論パラダイムでは，世界を「設計・制御」する視点から，世界の「自己組織化」を促す視点へと転換する。機械論パラダイムでは，世界を「巨大な機械」とみなすために，世界を変革するための方法として，世界の構造を理解し，その理解に基づいて望ましい世界を「設計」し，かつ「制御」することが重視される。

　これに対して，生命論パラダイムでは，世界を「生命的プロセス」とみなすため，世界を変革する方法として，「自己組織化」が重視される。自己組織化のためには，「ゆらぎ」の意識的な導入が図られる。

　第四に，生命論パラダイムでは，世界の連続的かつ漸進的な「進歩」の視点から，世界の不連続かつ根底的な変容を実現する「進化」の視点へと転換する。機械論パラダイムでは，機械が改良されていくような「連続的な進歩」のプロセスと認識されてきた。

　生命論パラダイムでは，卵から雛が孵化するような「不連続の進化」を遂げるプロセスとして認識される。経営戦略の分野でも，「企業の進化」など「不連続の進化」の視点がすでに取り入れられ始めた。

　第五に，生命論パラダイムでは，世界を「要素」に分割・還元し，分析する「要素還元主義（reductionism）」から，世界を「全体性」において理解する「全包括主義（wholism）」へと視点を転換する。機械論パラダイムでは，世界を認識するために，まず世界を分割し，分割された要素を個別に分析し，その後，これらの諸要素の分析結果を総合するという方法を採用する。

　この「要素還元主義」は，近代科学技術の基盤として多大な貢献をしてきたが，もしも世界が「生命的プロセス」であるならば，一度分割したものは復元されることはない。「生命的プロセス」を理解するには，コスモロジー原理，フィールドワーク原理，メタファー原理など，「全包括主義」による認識が欠かせない。

第六に，生命論パラダイムでは，世界を構成する要素の「詳細」に注目する「フォーカス」の視点から，世界全体の「関係」へと視野を広げる「エコロジカル」な視点へと転換する。これによって，豊かな関係性のネットワークを理解することが可能になり，意味の関係性を把握することができるようになる。

　第七に，生命論パラダイムでは，世界を「他者」として見る一方向的な視点から，世界を「自己」をも含んだものとして見る双方向的な視点へと転換する。機械論パラダイムでは，世界を認識する主体（自己）は，世界から独立した存在であり，したがって，世界の「客観的な認識」が可能であるとされている。しかし近年では，「観測者と観測対象との相互作用を抜きにして観察行為は成立しない」ということは，量子力学などの自然科学においてさえも，認めざるを得ない認識論の前提となっている。

　生命論パラダイムでは，「主客一体の前提」に立ち，「生きた対象とのかかわりによってのみ，対象に関する認識を進化させることができる」という「フィールドワーク原理」が重視される。生命論パラダイムでは，「他者としての世界」の「客観的予測」や「客観的評価」という「幻想」に安易に依拠するのではなく，「自己を含む世界」に対して，「主体的意志」を伴った「主観的判断」や「主観的期待」に基づく世界への働きかけが重視される。

　第八に，生命論パラダイムでは，世界を自己に与えられた「制約条件」と見る視点から，世界を自己との「相互進化」を求める視点へと転換する。機械論パラダイムでは，主体にとっての世界は1つの環境であり，「制約条件」とされる。したがって，主体が行動するとき，この制約条件のもとで最適な行動を選択するという視点が中心となる。

　生命論パラダイムでは，主体と世界は，互いに働きかけあう関係として把握される。すなわち，世界の変化が主体の変化を促すだけでなく，主体の変化が世界の変化に影響を与えるという「相互作用プロセス」の存在が重視される。すなわち，「相互作用プロセス」を経て，「相互進化」が実現されるという考え方である。

　第九に，生命論パラダイムでは，世界を「性能」や「効率」によって評価

する視点から，世界を「意味」や「価値」により評価する視点へと転換する。機械論パラダイムでは，世界を「巨大な機械」と見ることから，世界を評価する際には，機械の「性能」や「効率」を論じることが基本的発想になる。

生命論パラダイムでは，世界を「生命的プロセス」と見るので，世界を「意味」や「価値」という視点から評価する方向性が生まれる。

第十に，生命論パラダイムでは，世界を「言語」により認識し，「言語」による「知」の伝達を重視する視点から，世界を「非言語」により認識し，「非言語」による「知」の伝達を重視する視点へと転換する。

機械論パラダイムでは，「形式知」が重視されるが，生命論パラダイムでは，ポラニーが指摘した「暗黙知」が重視される。「暗黙知」は禅の世界における「不立文字」の精神ともあい通じる。

❸ 経営戦略の革新と生命論パラダイム

本書では，第1章において，企業を「生き物」「生命体」と認識し，企業と環境とのかかわり方を特に重視して議論を進めてきた。上で，生命論パラダイムについて概観したが，次に，生命論パラダイムが経営戦略の革新に有効かという観点から，経営戦略の革新と生命論パラダイムとの関係性について，生命論パラダイムの10の鍵概念ごとに考察する。

① 生命的世界観：企業の寿命，企業の進化，プロダクト・ライフ・サイクル，マーケット・ライフ・サイクル，産業のライフ・サイクルなど，生命的世界観は，すでに経営戦略論に数多く導入されている。今後も「生き物」「生命体」である企業を対象とする経営戦略論の革新のために，生命的世界観はますます援用されるであろう。

② 動的なプロセス：動的なプロセスは，第2章で考察したプロセス型経営戦略論に見られるように，企業と環境との相互作用，創発性の重視，行動を通じた組織学習の重視など，すでに一部援用されているものの，経営戦略の革新のためには，「動的安定性」「恒常性維持機能」などの概念をさらに援用すべきであると思われる。

③ 自己組織化：第2章で考察したように，野中らが提唱する情報創造型経

営戦略論において，自己組織化は重要な鍵概念としてすでに援用されている。今後の経営戦略論において，情報創造，知識創造，自己革新，イノベーションなどは，引き続き主要な研究領域になることが予測されるので，自己組織化に関する研究の深化が望まれる。

④ 不連続の進化：従来の経営戦略論では，不連続の進化に関して，企業の進化，ゼロベースの改革など，生命論パラダイムは若干援用されているに過ぎない。しかし，イノベーション，インキュベーション，ベンチャー・ビジネスなど，今後の経営戦略論における重点課題において，「連続的な進歩」よりもむしろ「不連続の進化」が求められており，未来ビジョンの創造，ゆらぎの創造など，生命論パラダイムのさらなる援用が望まれる。

⑤ 全包括主義：ガリレイ，ニュートン以来，主として科学分野において援用されてきた「要素還元主義」は，近代科学技術の基盤として多大の貢献をしてきたことは疑いのない事実である。しかし，世界を分割し，分割された要素を個別に分析し，その後，これらの諸要素の分析結果を総合するという方法は，「対象を分割するたびに何かが見失われる」という重大な欠点がある。

本書でも，経営戦略を構成要素に分割し，5つの構成要素について個別に考察し，その後，これらの構成要素に関する考察を総合するという方法を採用しているが，一度分割したものを再度組み立てても，「生命的プロセス」を対象とする場合，元のみずみずしい「生命像」を復元することはできないという欠点を自覚している。

全包括主義に基づく経営戦略の認識には，第一に，「コスモロジー原理」があげられる。この方法は，「二元論」「二項対立」によって世界の「分割」を固定化することを避け，相対立するように見える「要素」をも同時に世界観の中に受容・包摂していく方法である。

第二に，「フィールドワーク原理」があげられる。これは「真理はフィールドに存在する」という世界観に基づき，フィールド（実際の現場）において直接的にかかわり，体験し，体感することにより，対象の本質と全体像を把握する方法である。「臨床の知」「体得」などと共通する概念であ

る。経営戦略論において，ハーバード・ビジネス・スクールのケース・メソッド，各大学で実施されているインターンシップなどは，「フィールドワーク原理」を実現するための試みでもある。

　第三に，「メタファー原理」があげられる。ここでメタファーとは，隠喩のことである。隠喩は，古来，宗教，哲学，心理学などで多用されてきた。経営戦略においても，経営理念，経営哲学などで隠喩は多用されている。

　なお，ここで留意すべきは，全包括主義における「コスモロジー原理」「フィールドワーク原理」「メタファー原理」という世界認識の方法は，従来の要素還元主義による世界認識の方法に代替するものではなく，これらの方法と補完しあうことによって，より高次の認識へと我々を導くものである。

⑥　エコロジカルな視点：従来の経営戦略論では，経営戦略の構成要素の「詳細」に注目する「フォーカス」の視点を重視してきた。本書でも，第4章から第8章までの各論は，それぞれの構成要素に焦点をあてたものである。

　生命論パラダイムでは，構成要素間の豊かな関係性のネットワークとして理解することを重視する。第1章から第3章までの総論，さらには本章における適合パラダイムと生命論パラダイムによる考察は，「意味の関係性」を追求する試みに他ならない。

⑦　自己を含む世界：従来の経営戦略論では，観察する主体と客体は，「二元論」的に区別されてきた。しかし，厳密な意味での「客観的認識」は，量子力学などの自然科学においてさえ不可能とされている。今後の経営戦略論において，「主体的意志」「主体的期待」に基づく働きかけは必要不可欠であるので，それらをいかに認識するかが問われることになる。

⑧　世界との相互作用：従来の経営戦略論において，世界（環境）を制約条件とだけ見る見方は，近年では少なくなりつつある。すなわち，環境適応だけではなく，環境創造の重要性がすでに現実化しつつある。企業を「生き物」「生命体」とみれば，「相互進化」は今後の経営戦略論では常識とな

るであろう。
⑨　意味・価値による評価：従来の経営戦略論において、「性能・効率による評価」は確かに主流を占めていたが、近年では、製品、ドメインなど、経営戦略論の構成要素の内、「意味・価値による評価」が次第に増大しつつある。
⑩　非言語による知の伝達：野中らの情報創造型経営戦略論に見られるように、今後の経営戦略論において、非言語による知の伝達は、ますます重視されるであろう。

1）伊丹敬之［1984］2頁。
2）奥村昭博［1989］178頁。
3）Kaplan,R.＝Norton,D.［2001］訳書107頁。
4）Porter,M.E.［1980］訳書96頁。
5）榊原清則［1992］6頁。
6）寺本義也＝岩崎尚人［2002］215頁に基づいて、一部加筆修正。
7）野中郁次郎［2002］74頁。
8）Galbraith,J.R.＝Nathanson,D.A.［1978］訳書139頁。
9）奥村昭博［1978］179頁。
10）伊丹敬之［2003］29頁。
11）日本総合研究所編［1993］21-48頁。生命論パラダイムは、日本総合研究所が花村邦明社長（当時）をプロジェクトの責任者として、田坂広志氏など多くのプロジェクト・メンバーを投入して、総力をあげて取り組んだ社内プロジェクトの研究成果をとりまとめたものである。著者は当時、経営システム研究部長、理事としてこの社内プロジェクトに参加した。

第10章 経営戦略論の今日的課題

　本章では，経営戦略論の今日的課題について考察する。紙幅の都合もあり，本書では独立した章として扱うことはできなかったものの，近い将来，テキストの独立した章として記述されるかも知れない重要な課題を5つ選択した。

　第一に，知的財産権と経営戦略について考察する。知的財産権の定義，知的財産権の種類について理解を深めた後，ナレッジ・マネジメントの実務面での中核的な課題である特許戦略とブランド戦略について考察する。

　第二に，サービス業における経営戦略について考察する。サービスの定義，サービス産業の問題点を踏まえて，サービス財の特質に合致した基本戦略について理解を深める。経済のサービス化が進展している今日，サービス・マネジメントの確立，サービス産業における経営戦略の進化は喫緊の課題である。

　第三に，企業倫理と経営戦略について考察する。企業不祥事の多発に起因して，「企業と社会」とのかかわり方が，従来の「企業→社会」というアプローチだけではなく，「社会→企業」というアプローチが必要になってきた。「社会→企業」というアプローチが企業倫理に他ならない。

　第四に，環境経営戦略について考察する。地球環境問題の深刻化に伴って，企業の取組み姿勢などの現状を理解した後，環境ビジネスの市場規模の拡大を踏まえ，環境経営戦略の課題について理解を深める。

　第五に，NPOの経営戦略について考察する。私的セクター，公的セクター，共的セクターの健全な発展のために，共的セクターに属するNPOの経営戦略の進化が必要不可欠である。

1 知的財産権と経営戦略

❶ 現　状

　知的財産権とは,「人間の知的・精神的活動による創作物（著作物, 発明, 実用新案, 意匠, 植物新品種, 営業秘密等), および営業上の標識（商標, サービスマーク, 商号, 原産地表示等) に関する保護法制の総称[1]」である。すなわち, 知識から得られる創作物を財産と認定し, その所有者を保護する権利である。

　長岡貞男［2001b］は, 図表10－1に示されるように, 知的財産権の種類とその内容について体系的にまとめている。

図表10-1　知的財産権の種類

	特　許	実用新案	意　匠	著作権	商　標	営業秘密
保護対象	発明	考案（特許ほど高度でない発明）	意匠（商品のデザインなど）	著作物（プログラムなど）	商品の商標	ノウハウなど
主たる保護要件	・新規性 ・進歩性 ・登録	・新規性 ・進歩性 ・登録	・新規性 ・創作非容易性 ・登録	・創作	・誤認を生じさせないこと ・登録	・秘密保持のための管理 ・事業活動に有用
保護期間	出願日から20年	出願日から6年	登録日から15年	著作者の死後50年	登録日から10年だが更新可能	無制限
ディスクロージャー	出願・公開制度	出願・公開制度	3年内の秘密意匠制度あり	頒布	出願公告	業務なし
保護内容	発明の実施の専有	考案の実施の専有	意匠の実施の専有	複製権の専有など	商標の使用の専有	秘密の維持
他企業の権利	ライセンスがなければ同じ技術を使えない	同左	同左	アイデアの利用は可 公式使用（アメリカ）		リバース・エンジニアリングは可

（出所）長岡貞男［2001b］335頁。（一橋大学イノベーション研究センター編［2001b］, 所収）

第10章 経営戦略論の今日的課題

知識社会に変質しつつある現在，競争優位の獲得において，知的財産は極めて重要な課題になりつつある。しかし，米国など諸外国の企業と比較すると，わが国の企業は，知的財産の保護や蓄積という点で大きく出遅れている。

1970年代後半から1980年代にかけて，知的財産に関して国家的な戦略として取組み，産業競争力の再生に成功した米国では，知的財産権の保護や強化を図ることを目的として，プロパテント政策（特許重視政策）を実施し，大きな成果をあげた。

わが国政府は，2002年2月25日，知的財産立国を目指し，知的財産戦略会議の設置を決めた。この会議は，「わが国産業の国際競争力の強化，経済の活性化の観点から，知的財産の重要性が高まっている。このため，わが国として知的財産戦略を早急に樹立し，その推進を図るため，知的財産会議を開催する」というところに設置の趣旨がある。

経済産業省が設置した「産業競争力と知的財産を考える研究会」は，2002年6月5日に，次の4点を重要課題として提言した[2]。

① 知的創造時代を担う人的基盤の構築
② 大学・研究機関における知的財産の一層の創出，蓄積
③ 企業経営における知的財産の積極的活用
④ 海外における知的財産の保護強化

知的財産権に関わる技術紛争を裁く知的財産権に特化した高等裁判所も設置された。このように，知的財産の保護や蓄積という面での遅れを取り戻すために，各方面における動きがはじまったばかりではあるものの，知的財産権の重要性に関する認識は大きく進展しているといっても過言ではない。

❷ 今後の課題

近年，ナレッジ・マネジメント（knowledge management）の重要性がさまざまな局面で指摘されている。寺本義也［1999］によれば，ナレッジ・マネジメントとは，複雑化する業務，製品開発，組織構造の中で，企業がナレッジ（知識）を活用し，知識による新しいビジネスや新しい価値の創造を生み出すように導く組織能力のことであり，そのために必要なのが個人と個

人が出会い，専門的な知識や高度な知識が相互作用する"場"をデザインすることである[3]。

ナレッジ・マネジメントが台頭してきた背景について，野中郁次郎＝紺野登［1999］は，次の2つの大きな力が働いていると述べた[4]。

① 企業の内部資源への注目：企業が従来の環境適合型の経営戦略に限界を感じ，外向きの戦略策定に注力する前に，立ち止まり，自社の内側に目を向けた。そのことが，知識を重視する下地を作った。

② 知識・デジタル経済への注目：アジルな競争とは，本質的に知識を刻々と変化する市場機会と俊敏に結びつけて価値を生み出すことである。企業の知識資産と知識経済の結合が，成長力の源泉として認識されるようになった。

今後，ナレッジ・マネジメントを推進する場合，知識の種類を明確にしておく必要がある。野中＝紺野［1999］は，図表10-2に示されるように，知

図表10-2 知的資産の分類

構造＼機能	経験的知識資産	概念的知識資産	定型的知識資産	常設的知識資産
市場知識資産 （市場・顧客知）	・顧客が製品やサービス，企業について使用経験から学習された知識 ・流通ネットワークが製品やサービス，企業について持つ学習された知識	・ブランド・エクイティ ・企業の評価	・顧客や流通との契約関係（権利，ソフトウェアの利用許諾など） ・メンバー登録された顧客についての情報内容（利用歴やカルテ）	・顧客とネットワーク（消費者モニターなど），交流により獲得される知識 ・流通ネットワークを通じて獲得される市場・顧客に関する知識
組織的知識資産 （組織・事業知）	・従業員の持つ総合的知識・能力 ・特定の専門職の持つコアとなる知識・能力	・製品開発・企画・デザインに関する知識・能力 ・品質に関する知識	・ドキュメント資産（共有再利用可能文書）マニュアル（定型化ノウハウ） ・知識ベースシステムの情報内容	・組織の学習に関する制度（教育プログラムや訓練ノウハウ） ・コミュニケーション・システムなどを通じて組織内に流通している知識（電子メールの内容など）
製品ベース知識資産 （製品・科学知）	・製品やサービスに関する共有可能なノウハウ ・製品の製法などの伝承されている熟練的知識（組織知との境界は曖昧）	・製品コンセプト（市場化製品および開発中製品のコンセプトの質と量） ・製品デザイン（モデル，プロトタイプなどを含む）	・特許知財となる技術・ノウハウ・著作物 ・技術・ノウハウに関するライセンス	・製品の使用法などの製品特定の補完的知識製品を取り巻く社会的・法的な知識活用のシステム（環境問題，PLなどのプログラム）
	暗黙知≫形式知	暗黙知≧形式知	形式知≫暗黙知	形式知≧暗黙知

（出所）野中郁次郎＝紺野登［1999］135頁。

的資産を機能的分類と構造的分類のマトリクスによって分類している[5]。

ナレッジ・マネジメントの実務面での中核的な課題としては，①特許戦略，②ブランド戦略，の２つがあげられる。

特許戦略は，企業の競争優位の源泉として，技術的独占を確保することを目的としており，技術開発戦略，研究開発戦略と表裏一体の関係にある。

できる限り迅速にかつ多数の特許権を取得することは当然重要なことであるが，実際の特許権申請に際しては，①競合企業による研究開発の追随や新製品情報の察知を回避するために，最小限の技術情報しか公開しない，②具体的な生産に関わるノウハウなどを隠蔽するために，核心的な技術は直接申請せず，それへの道を閉ざすような形で周辺の特許を申請する，③将来の技術開発の独占可能性に広く網をかぶせる，など多くの戦略的な対応が試みられている。すなわち，特許の公式取得と技術の秘密化・非公開化の両方の組合せの最適化を図ることが重要である。

ブランド戦略とは，ブランドの設定によって自社の製品やサービスに対する顧客の認知度を高めて，さらに選好度をも向上させ，購買を促進して他社の製品よりも競争優位を獲得する戦略である。

上述した特許戦略，ブランド戦略など，知的財産権にかかわる課題は，今後の経営戦略の策定・実行において，ますます重要度を増すであろう。

2 サービス産業における経営戦略

❶ 現　状

サービスという用語は，清水滋［1968］が指摘するように，①情緒・精神的次元（サービス精神，奉仕，奉公），②態度的次元（接客態度，環境），③犠牲的次元（出血サービス），④付帯的次元（性能，品質等の基本的なもの以外），⑤業務的次元（無形財の提供）など，さまざまな次元で用いられるため，多くの誤解が生じている。

経営戦略論でサービスを取り上げる場合，無形財の提供という業務的次元が大半であろう。財には，有形財と無形財があり，サービスは無形財の提供に他ならない。無形財の取引は，所有権の移転を伴わない。

　サービスの定義は，さまざまな研究者によって，さまざまな観点から試みられている。定義に関する鍵概念を整理すると，①無形財，②活動・便益，③財貨の所有権の移転以外の市場取引対象，④非財貨生産活動，などがあげられる。

　野村清［1983］は，サービスについて，①利用可能な諸資源が有用な機能を果たすその働き，②利用可能な諸資源が使用価値を実現する過程，と定義しており，機能面に着目した一貫した視点を提供している[6]。

　サービス産業の経営には，サービスの特質ゆえに，図表10－3に示される

図表10-3　サービス産業の問題点

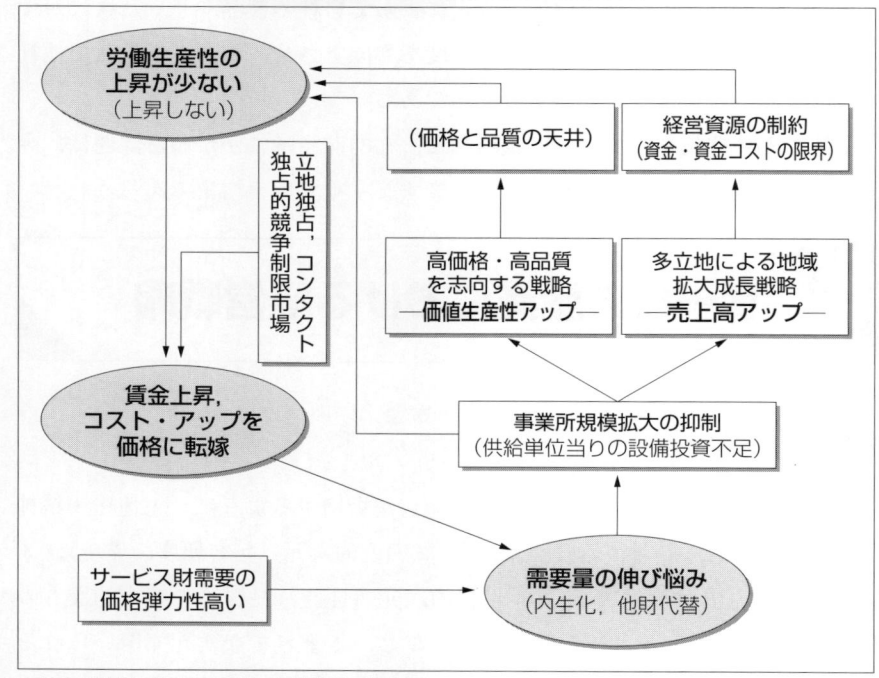

（出所）野村清［1983］148頁を筆者が一部修正。

第10章 経営戦略論の今日的課題

ように、①需要量の伸び悩み、②労働生産性の上昇が少ない、③賃金上昇、コスト・アップを価格に転嫁など、物的産業にはみられない独特の問題点が存在する[7]。

❷ 今後の課題

　野村［1983］は、サービス産業における研究課題として、①サービスとは何か、②サービスと物はどこが違うのか、③サービスにまつわる現象にはどんな特色があるのか、④サービス産業に特有の経営問題とは何か、⑤サービス産業に利用可能な戦略技法は何か、⑥サービス産業は今後どのような道を目指すべきか、という6つを示した[8]。この6つの研究課題は、経営戦略論のサービス産業における今後の課題とも全く一致する。

　サービス産業における経営戦略を考える場合、サービス財の特質を踏まえた経営戦略でなければ意味がない。野村［1983］は、図表10-4に示されるように、上述した問題意識に基づいて、サービス財の特質と基本戦略を図示した[9]。

　まず、図表10-4に基づいて、サービスの本質的特性および基本特性についてみてみよう。

＜本質的特性＞
① 時間・空間の特定性：サービスは、ある特定の時間の、ある特定の空間における、機能の実現過程であるので、サービス財には、必ず時間と空間が特定される。
② 非自存性：サービス財は、それ自身だけでは存在できない。サービス主体とサービス対象の両者が存在してはじめてサービス財が存立する。

＜基本的特性＞
① 非貯蔵性：サービス財は、時間・空間が特定され、サービス主体とサービス対象が出会わなければ存立しないので、サービス財の在庫はできない。
② 一過性：サービス財は、ある特定の時間に存在し、終わると消失する。反復使用、転売などはできない。
③ 不可逆性：サービスが提供されると、それを元に戻すことはできない。

図表10-4　サービス財の特質と基本戦略

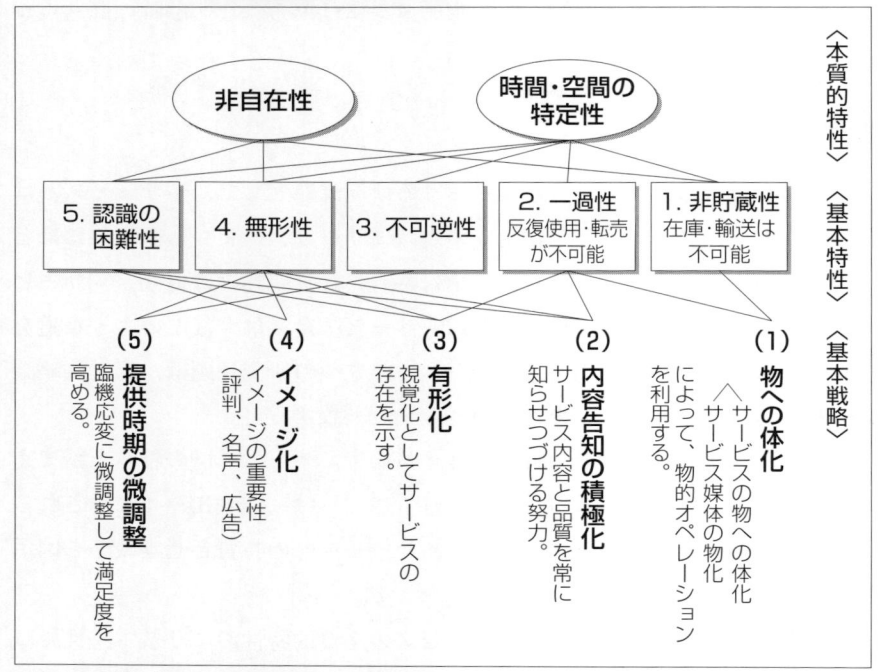

```
            非自在性            時間・空間の
                                  特定性
                                                           〈本質的特性〉

  5. 認識の    4. 無形性    3. 不可逆性   2. 一過性        1. 非貯蔵性
     困難性                              反復使用・転売    在庫・輸送は
                                        が不可能         不可能
                                                           〈基本特性〉

   (5)          (4)         (3)         (2)               (1)
  提供時期の   イメージ化   有形化       内容告知の        物への体化
  微調整      （評判、     視覚化として  積極化           〈サービスの物への体化〉
  臨機応変に  名声、       サービスの   サービス内容と    サービス媒体の物化
  微調整して  広告）       存在を示す。 品質を常に        によって、物的オペレー
  満足度を    イメージの               知らせつづける    ションを利用する。
  高める。    重要性                   努力。
                                                           〈基本戦略〉
```

（出所）野村清［1983］193頁を筆者が一部修正。

④　無形性：サービス財は，行為，活動，機能として把握され，有形財と異なり，固定的な形がない。

⑤　認識の困難性：サービス品質などサービス財に関する認識，特に事前の認識は困難である。

　サービスの本質的特性および基本特性を踏まえて，図表10－4に基づいて，サービス産業における今後の経営戦略について考察する。

①　物への体化：マッサージというサービスにおけるマッサージ・チェアの開発に見られるように，物に体化することによって，時間的・空間的なアローワンスをとることが可能になる。

②　内容告知の積極化：サービスの基本的特性の1つである「認識の困難性」を克服するために，サービス財の内容を事前に告知する。大学の教育サービスにおける「シラバス」の事前公表などはこれに該当する。

③ 有形化：視覚化によって，無形のサービス財を有形化し，サービス財の存在を示す。
④ イメージ化：サービス財もマーケティングが重要であり，評判や名声を高めるイメージ戦略が必要不可欠である。シンクタンクなどの情報サービス産業におけるＴＶ出演，新聞寄稿などはこれに該当する。
⑤ 提供時期の微調整：サービス財の特性を逆手にとって，提供時期の微調整を行うことにより，顧客満足を高める。

　サービス産業の経営戦略として，大きな方向として，「サービスの工業化」を実現することが必要である。多くの製造業において取組んだ「分業化」「機械化」「システム化」「ブランド化」などは，サービス産業においても必要不可欠である。

　また，「需給バランスの調整」も重要な課題である。「需給バランスの調整」には，シーズン料金による需給コントロール，パート利用による供給能力コントロール，などが欠かせない。

　さらに，「サービス・マネジメントの確立」が欠かせない。品質管理，人的資源管理，顧客との協働など，サービス財の特性に合致したマネジメントの確立は喫緊の課題である。

　ラブロック＝ライト（Lovelock,C.＝Wright,L.）［1999］は，統合的サービス・マネジメント（integrated service management）の8要素（8Ｐｓ）として，①プロダクト要素（product element），②場所と時間（place and time），③プロセス（process），④生産性とクオリティ（productivity and quality），⑤人的要素（people），⑥プロモーションとエデュケーション（promotion and education），⑦フィジカル・エビデンス（physical evidence），⑧サービスの価格とその他のコスト（price and other costs of service），をあげているが[10]，これらを組合せて，早期に統合的サービス・マネジメントを確立することが重要である。

　さらに，サービス産業における新サービス，新ビジネス・モデルの開発など，サービス産業におけるイノベーションの推進も必要不可欠な課題である。このように，サービス産業における経営戦略には多くの課題が山積している。

3 企業倫理と経営戦略

❶ 現　状

　近年，不正や不法などの企業犯罪をはじめとする企業不祥事が，一流企業を含めて多発している。経営者に直接起因するこのような企業不祥事の原因を調査すると，企業倫理（business ethics）に関するものが多い。

　鈴木辰治＝角野信夫編［2000］が指摘するように，企業倫理は，「企業と社会」の関わり方が，企業からの観点ではなく，社会からの観点にあり，従来の観点とは全く異なる。すなわち，「企業→社会」というアプローチではなく，「社会→企業」というアプローチが企業倫理ということになる[11]。

　日本における企業倫理の研究は，主としてドイツの「道徳基準論」や米国の「社会的責任論」で展開された理論を中心として行われてきた。日本における企業倫理の研究は，企業不祥事を契機として，最近とみに盛んになってきたが，その研究は日本独自のものというよりは，主として米国の「企業の社会的責任（corporate social responsibility：CSR）」に関する研究を基礎として行われている[12]。

　また，企業倫理の研究と教育の中心は，米国のビジネス・スクールにある。現在のハース・ビジネス・スクールの前身ともいうべきカリフォルニア大学バークレー校の商学部がスタートしたのが1898年，その次年度の履修要覧の中に，すでに「哲学的研究：商業倫理の歴史と原則」という科目が登場していたという。

　80年代以降，大きな関心を呼んだ企業倫理には，①哲学・倫理学の背景，②経済学・経営学の背景，③実業界および米国社会一般からのニーズ，の3つの要因があげられる。

　鈴木＝角野編［2000］によれば[13]，企業倫理の研究と教育の基盤をなすのは，企業の社会的責任（social responsibility）である。1960年代以降，米国

第10章　経営戦略論の今日的課題

の大学では,「企業と社会 (business and society)」と呼ばれる学問的領域が生じ,企業の社会的責任問題を中心に研究と教育が開始された。

ボーエン (Bowen,H.R.) [1959] などが当時の代表的な研究者であった。この「企業と社会」論は,企業の社会的責任問題を背景に論じられたが,その本質的問題点は,会社権力の正当性とその根拠にあった。その後,企業の社会的責任論は,誰に対する責任かという観点から,ステイクホルダー・アプローチをめぐる議論へと発展・展開された。

バーリの後継者の1人とされるエプスタイン (Epstein,E.M.) [1989] は,巨大株式会社が及ぼす会社権力の領域を,①経済権力,②社会・文化権力,③個人に対する権力,④技術的権力,⑤環境に対する権力,⑥政治的権力,の6つに区分し,会社権力の及ぼす対象と範囲の拡大に対応した現代企業の社会的責任問題の対象と内容がほぼ示された。すなわち,企業の社会的責任問題に対するステイクホルダー・アプローチの枠組みが用意されたのである。

エプスタインは,その後の社会的責任論の新たな展開を取り入れ,「社会的即応性」「企業倫理」といった概念を導入した。すなわち,70年代から80年代にかけて,社会的責任論は,企業行動を「結果責任」としてのみ論ずるのではなく,企業の意思決定過程をも含めた「過程責任」にも遡り分析すべきであると考えるようになった。具体的には,企業は事前的かつ計画的に社会に期待されているので,責任ある行動をとるべきであるとする企業の社会的即応性 (social responsiveness) 概念が受け入れられるようになり,社会会計,社会監査,企業の倫理的行動基準等を導入し,企業の意思決定過程を社会化する「価値志向的経営」が求められ始めた。

エプスタインは,「社会的責任論」ではなく,「経営社会政策過程」という新しいアプローチを提唱している。すなわち,「経営社会政策過程＝企業倫理＋企業の社会的責任＋企業の社会即応性」と捉え,「企業と社会」の問題を分析しようとした。

わが国においても,80年代以降,「社会的即応性」「企業倫理」といった概念を取り入れた高田馨 [1974],森本三男 [1994] といった研究者が「新し

い社会的責任論」を展開した。

高田は，今日の企業倫理研究の基盤は，企業の社会的責任論にあるとはいえ，今日の社会的責任論は，企業倫理に関する研究によって補足・再構築され，企業の社会的即応性（反応）という活動概念を含むものであると主張した。

森本の研究も，基本的に高田と同じく企業の社会的責任論の発展・展開として論じられている。しかしその研究は，より実践的な企業の社会的責任論の遂行および成果の測定に向けられ，企業の社会業績・評価に関わる社会会計，社会監査に目を向ける社会的責任の実践論を指向している。

❷ 今後の課題

水谷雅一［1995］は，図表10－5に示されるように，今後の企業倫理のもつ基本的視点を，①「効率性原理」「競争性原理」，②「人間性原理」「社会性原理」，の2つに求め，その対話的かつコミュニケーション的な均衡を図ることが企業倫理の実践であると指摘した[14]。

水谷［1995］のいう経営経済性とは，効率と競争によって利益増大を図る経済合理性の追求思想であり，経営公共性とは，企業を社会的公器と見る考え方に近いコンセプトである。

従来，図表10－5に示される「効率性原理」と「人間性原理」の相反性と均衡化は，主として企業内部の経営のあり方の問題として捉えられてきたが，他方，主として企業外部における「競争性原理」と「社会性原理」の相反性とその克服も重要な課題となってきた。

企業倫理を取り上げざるを得ない社会的背景として，①企業不信の高まり，②成熟化社会の進展，③グローバル化の進展，④市場経済体制の普遍化，⑤地球環境問題の深刻化，などがあげられる。

このような社会的背景の中で，例えば，地球環境問題に対応するための経営戦略を考える場合，環境・マクロにやさしい経営戦略が，結局は企業・ミクロにも有効な時代になりつつある。すなわち，社会性原理と競争性原理の両立が可能な時代になりつつある。このようなマクロとミクロの双方を考慮

第10章 経営戦略論の今日的課題

図表10-5 「経営経済性」と「経営公共性」の関係

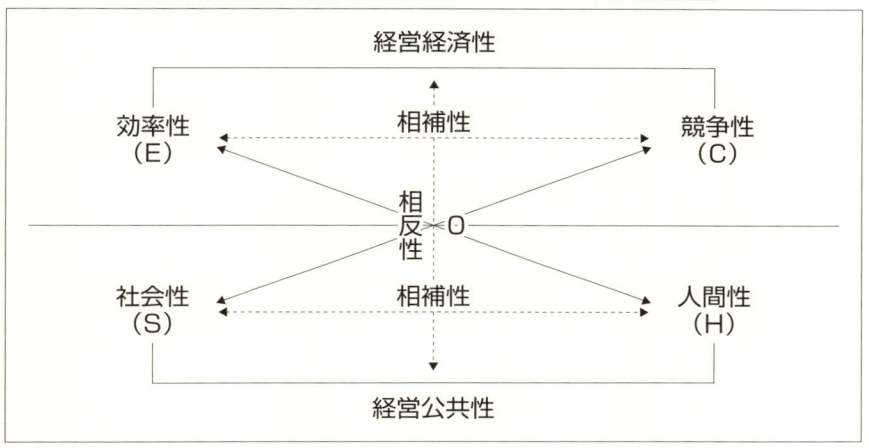

```
                    経営経済性
    効率性 ←――― 相補性 ―――→ 競争性
    (E)                        (C)
         ＼    相         ／
          ＼   反  O    ／
           ＼  性    ／
    社会性 ←――― 相補性 ―――→ 人間性
    (S)                        (H)
                    経営公共性
```

（出所）水谷雅一［1995］52頁。

した「戦略的社会性」に基づく経営戦略は，ある意味ではしたたかさを必要とする。社会性原理と競争性原理の両立を図るためには，人徳に該当する社徳，人格に該当する社格が，今後ますます重要性を増すであろう。

　ビジネスと企業倫理の両者は，そもそも水と油であって相容れず，企業倫理は自己撞着的な概念だとする見方も一部にあるが，これは明らかに皮相的な考え方である。水谷［1995］が指摘するように，これからの時代は，「効率性原理」「競争性原理」による利益追求だけを考えすぎると，企業の活動そのものが社会に受容されなくなる。「人間性原理」「社会性原理」による「社会生活中心主義」もあわせて追求しなければならない。企業活動は，つまるところ，「世のため人のため」になる存在でなければならない。

4　環境経営戦略

❶ 現　状

　わが国では，旧環境庁以来，地球環境問題として，①地球温暖化，②オゾ

ン層の破壊，③酸性雨，④海洋汚染，⑤生物多様性の減少，⑥森林の減少，⑦砂漠化，⑧有害廃棄物の越境移動，などが取り上げられてきた。

しかし，アーサー・D・リトル社［1997］によれば，このような地球環境問題に対して，企業の取組姿勢は，図表10-6に示されるように，すべての企業が必ずしも望ましい取組みをしている訳ではない[15]。

① 反発（Reactive）：環境問題対応への抵抗
　・環境問題は，リスクであり事業機会ではない。
　・戦略上，環境問題対応はコストである。
② 受動的対応（Responsive）：法律・規則に従う形での対応
　・環境マネジメント機能は，オーバーヘッド機能である。
　・環境部門マネジャーは，環境問題に対する技術的な専門家である。
③ 能動的対応（Proactive）：規制されていない環境問題への積極対応
　・環境関連の事業機会をどのように自社のビジネス・チャンスとして捉えるか。
　・企業イメージの確立に必要不可欠である。
④ 差別化（Competitive）：環境対応による事業の差別化
　・グローバル市場展開のためには，地域ごとの環境対応が必須である。
　・環境規制への対応が自社の競争優位に与える影響をなるべく減らしたい。

図表10-6　環境問題に対する企業の姿勢の変化

反発 (Reactive)	受動的対応 (Responsive)	能動的対応 (Proactive)	差別化 (Competitive)
30年以上前	5～25年前	日本の現状	米国の現状

(出所) アーサー・D・リトル社［1997］29頁。

第10章　経営戦略論の今日的課題

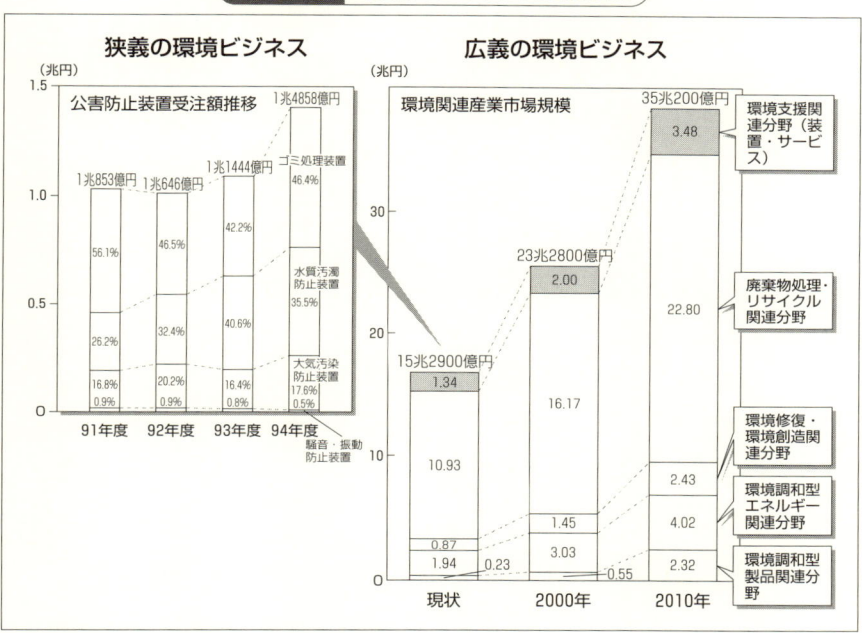

図表10-7　環境ビジネスの市場規模

狭義の環境ビジネス

公害防止装置受注額推移

年度	総額	ゴミ処理装置	水質汚濁防止装置	大気汚染防止装置	騒音・振動防止装置
91年度	1兆853億円	56.1%	26.2%	16.8%	0.9%
92年度	1兆646億円	46.5%	32.4%	20.2%	0.9%
93年度	1兆1444億円	42.2%	40.6%	16.4%	0.8%
94年度	1兆4858億円	46.4%	35.5%	17.6%	0.5%

広義の環境ビジネス

環境関連産業市場規模（兆円）

分野	現状（15兆2900億円）	2000年（23兆2800億円）	2010年（35兆200億円）
環境支援関連分野（装置・サービス）	1.34	2.00	3.48
廃棄物処理・リサイクル関連分野	10.93	16.17	22.80
環境修復・環境創造関連分野	0.87	1.45	2.43
環境調和型エネルギー関連分野	1.94	3.03	4.02
環境調和型製品関連分野	0.23	0.55	2.32

（出所）アーサー・D・リトル社［1997］15頁。

　企業の取組姿勢は，上述したようにさまざまではあるものの，現実に環境ビジネスの市場規模は，急速に拡大している。広義の環境ビジネスの市場規模は，図表10－7に示されるように，2010年には，35兆円を超えることが予想されている[16]。

❷ 今後の課題

　近年，環境問題が企業経営に多大のインパクトを与えるようになりつつある。ここでは，①自動車業界における燃料電池車の開発競争，②ISO14000シリーズの位置づけ，③環境会計の普及，④マクロとミクロのジレンマ，の4点についてみてみよう。

　第一に，自動車業界における燃料電池車の開発は，第一義的には環境負荷の軽減を目的にしているが，燃料電池車の開発を製品開発戦略さらには経営戦略の観点から捉えると，自動車業界における当該企業の生存を賭けた新た

な戦略分野として位置づけることができる。もしも「トップランナー方式」が普及すると，燃料電池車の開発は，まさに企業の生死を賭けた経営戦略になる。このように，従来の戦略分野とは次元を異にする環境経営戦略は，今後ますます重要性を増すことは間違いない。

第二に，ISO14000シリーズの位置づけについて考察する。環境マネジメント・システムの規格の1つであるISO14000シリーズは，同時に，標準化のグローバル・スタンダードでもあり，国際取引のインフラストラクチャーでもある。現実に，ISOに対する取組み次第で，国際取引そのものが大きく規定されるようになりつつある。

第三に，環境会計の普及についてみてみよう。近年の直接金融の重視に伴って，ディスクロージャーの質量が，今後ますます重要になることは疑う余地がない。ディスクロージャーの一環として環境会計を考察すると，費用・

図表10-8　世界の環境先進企業にみられる優れた特徴

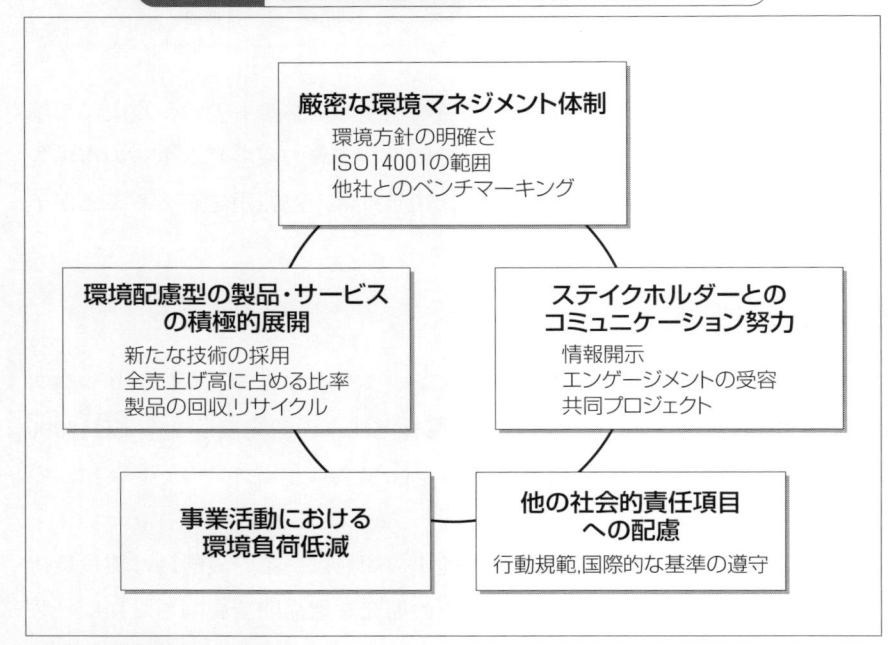

厳密な環境マネジメント体制
- 環境方針の明確さ
- ISO14001の範囲
- 他社とのベンチマーキング

環境配慮型の製品・サービスの積極的展開
- 新たな技術の採用
- 全売上げ高に占める比率
- 製品の回収，リサイクル

ステイクホルダーとのコミュニケーション努力
- 情報開示
- エンゲージメントの受容
- 共同プロジェクト

事業活動における環境負荷低減

他の社会的責任項目への配慮
- 行動規範，国際的な基準の遵守

（出所）井熊均編［2003］30頁。

便益の捉え方をはじめとして，クリヤーすべき問題が山積しているものの，環境会計を軽視する企業は，直接金融の道を閉ざされるリスクを覚悟すべきであろう。

　第四に，マクロとミクロのジレンマについて考察する。もともと，「マクロの合理・ミクロの不合理」，「ミクロの合理・マクロの不合理」など，マクロ（経済レベル）とミクロ（企業レベル）の両立は，一般に困難であるとされてきた。しかし，環境問題の根源は，まさにこのマクロとミクロのジレンマにあるといえよう。マクロとミクロのジレンマを克服し，マクロとミクロの両立を図るためには，環境経営戦略の分野における学際的な研究が欠かせない。

　ところで，世界の環境先進企業の特徴についてみてみよう。井熊均編[2003]は，図表10－8に示されるように，環境先進企業に共通する優れた特徴として，①厳密な環境マネジメント体制，②ステイクホルダーとのコミュニケーション努力，③社会的責任項目への配慮，④環境配慮型製品・サービスの積極的展開，⑤事業活動における環境負荷低減，の5点をあげている。

　この5項目は，環境経営戦略論の基軸とも合致しており，今後，研究および実践の両面でますます進展・進化しなければならない。

5　NPOの経営戦略

❶　現　状

　わが国において，1998年12月1日から施行された「特定非営利活動促進法」により，NPO（Non-Profit Organization：非営利組織）に対する社会的関心が高まってきた。図表10－9に示されるように，NPO法で認定されている事業分野は17分野である[17]。その契機は，阪神大震災をきっかけに形成された各種のNPO団体であるともいわれている。

　NPOを構成要素とする共的セクターが，私的セクターや公的セクターと

並ぶ第三のセクターとして成立するようになると，NPOの経営に関する知識体系を明らかにすることが重要になる。

奥林康司他編［2002］は，図表10-10に示されるように，私的セクター，公的セクター，共的セクターの3類型ごとに，組織特性の比較分析項目として，①組織形態，②組織化原理，③制御媒体，④社会関係，⑤基本的価値，⑥利益形態，⑦経済・経営主体，⑧経済形態，⑨合理性，⑩問題点，の10項目を取り上げて，項目ごとにその特性を示している[18]。

図表10-10で明らかなように，共的セクターに属するNPOは，企業を中心とする私的セクターとも，公共団体を中心とする公的セクターとも，かなり異なる組織特性を有していることが分かる。

図表10-9　NPO法で認定されている17の事業分野

① 保健，医療または福祉の増進を図る活動
② 社会教育の推進を図る活動
③ まちづくりの推進を図る活動
④ 学術，文化，芸術またはスポーツの振興を図る活動
⑤ 環境の保全を図る活動
⑥ 災害救援活動
⑦ 地域安全活動
⑧ 人権の擁護または平和の推進を図る活動
⑨ 国際協力の活動
⑩ 男女共同参画社会の形成を図る活動
⑪ 子供の健全育成を図る活動
⑫ 情報化社会の発展を図る活動
⑬ 科学技術の振興を図る活動
⑭ 経済活動の活性化を図る活動
⑮ 職業能力の開発または雇用機会の拡充を支援する活動
⑯ 消費者の保護を図る活動
⑰ ①から⑯までの活動を行う団体の運営または活動に関する連絡助言または援助の活動

（出所）三宅隆之［2003］4頁。

図表10-10　経済社会セクターの3類型

セクター 組織特性	私的セクター	公的セクター	共的セクター
組織形態	企業官僚制	国家官僚制	アソシエーション
組織化原理	利害・競争	統制・集権	参加・分権
制御媒体	貨幣	法権力	対話（言葉）
社会関係	交換	贈与	互酬
基本的価値	自由	平等	連帯
利益形態	私益	公益	共益
経済・経営主体	私企業	公共団体	民間非営利協同組織
経済形態	市場経済	公共経済	社会経済
合理性	目的合理性	目的合理性	対話的合理性
問題点	市場の失敗	政府の失敗	ボランタリーの失敗

(出所) 奥林他編 [2002] 13頁。

❷ 今後の課題

　NPOの経営戦略に関する今後の課題は，具体的にいえば，図表10－10の中に，本書で取り上げた経営戦略の5つの構成要素（①ドメイン，②製品・市場戦略，③経営資源，④競争戦略，⑤ビジネス・システム戦略）を，いかに整合性をもって組み込むかということになる。

　NPOも企業と同様に，環境とのかかわり方は，組織の存続・発展のために不可欠の要素である。したがって，ドメインの定義・再定義の重要性は企業に劣るものではない。また，提供する価値に関する戦略も，名称は異なるものの，最重要な課題である。ヒト，モノ，カネ，情報の4つの経営資源の蓄積・配分についても，その重要性は企業と変わらない。競争戦略については，企業とは若干異なるものの，存続・発展のためには，競争的な参加原理が求められるであろう。ビジネス・システム戦略については，ビジネス・システムの内容および形態は，企業とは当然異なるが，価値を届けるシステムの重要性は変わらない。

　このように，NPOの経営戦略を考えると，企業の経営戦略に関する研究

の蓄積が相当活用できると思われる。市場の失敗，政府の失敗を克服するために，また，私的セクター・公的セクター・共的セクターのバランスのとれた発展のためにも，NPOの経営戦略の進化が欠かせない。

1）小泉直樹［1999］634頁。（神戸大学大学院経営学研究室編［1999］，所収）
2）経済産業省［2002］4頁。
3）寺本義也［1999］1頁。（OMNI-MANAGEMENT 平成11年7月号，所収）
4）野中郁次郎＝紺野登［1999］13-19頁。
5）同上書135頁。
6）野村清［1983］38-39頁。
7）同上書148頁。
8）同上書6頁。
9）同上書193頁。
10）Lovelock,C.＝Wright,L.［1999］訳書23-26頁。
11）鈴木辰治＝角野信夫編［2000］1頁。
12）同上書81頁。
13）同上書1-23頁。企業倫理の背景について，体系的かつ簡潔にまとめられているので参照されたい。
14）水谷雅一［1995］52頁。
15）アーサー・D・リトル社環境ビジネス・プラクティス［1997］29頁。
16）同上書15頁。
17）三宅隆之［2003］4頁。
18）奥林康司他編［2002］13頁。

参考文献

Aaker, D.A.［1984］, *Strategic Market Management*, John Wiley & Sons.（野中郁次郎＝北洞忠宏＝嶋口充輝＝石井淳蔵訳［1986］『戦略市場経営』ダイヤモンド社）

Aaker, D.A.［1991］, *Managing Brand Equity*, The Free Press.（陶山計介他訳［1994］『ブランド・エクイティ戦略』ダイヤモンド社）

Aaker, D.A.［1996］, *Building Strong Brands*, The Free Press.（陶山計介他訳［1997］『ブランド優位の戦略』ダイヤモンド社）

Aaker, D.A.［2001］, *Developing Business Strategies*, 6th ed., John Wiley & Sons.（今枝昌宏訳［2002］『戦略立案ハンドブック』東洋経済新報社）

Abell, D.F.＝Hammond, J.S.［1979］, *Strategic Market Planning*, Prentice-Hall.（片岡一郎＝古川公成＝滝沢茂＝嶋口充揮＝和田充夫訳［1982］『戦略市場計画』ダイヤモンド社）

Abell, D.F.［1980］, *Defining the Business : The Starting Point of Strategic Planning*, Prentice-Hall.（石井淳蔵訳［1984］『事業の定義』千倉書房）

Abell, D.F.［1993］, *Managing with Dual Strategies*, The Free Press.（小林一＝二瓶喜博訳［1995］『デュアル・ストラテジー』白桃書房）

Abernathy, W.J.＝Wayne,K.［1974］, "Limits of the Learning Curve" *Harvard Business Review*, Sep.-Oct., pp.109-119.

Abernathy, W.J.［1978］, *The Productivity Dilemma*, The John Hopkins University Press.

ACME (Association of Consulting Management Engineers)［1976］, *Common Body of Knowledge for Management Consultants*, ACME.（日本能率協会コンサルティング事業本部訳［1979］『マネジメントの基礎知識』日本能率協会）

Albrecht, K.＝Zemke, R.［2002］, *Service America in the New Economy*, The McGraw-Hill Companies, Inc..（和田正春訳［2003］『サービスマネジメント』ダイヤモンド社）

Anderson, J.W.Jr.［1989］, *Corporate Social Responsibility*, Greenwood Publishing Group.（百瀬恵夫監訳［1994］『企業の社会的責任』白桃書房）

Andrews, K.R.［1971］, *The Concept of Corporate Strategy*, Dow Jones Irwin.（山田一郎訳［1976］『経営戦略論』産能大学出版部）

Ansoff, H.I.［1965］, *Corporate Strategy : An Analytic Approach to Business Policy for Growth and Expansion*, McGraw-Hill.（広田寿亮訳［1969］『企業戦略論』産能大学出版部）

Ansoff, H.I.［1979］, *Strategic Management*, The Macmillan Press.（中村元一訳

［1980］『戦略経営論』産能大学出版部）

Ansoff, H.I.［1988］, *The New Corporate Strategy*, John Wiley & Sons.（中村元一＝黒田哲彦訳［1990］『最新・経営戦略』産能大学出版部）

Bain, J.S.［1968］. *Industrial Organization*, 2nd ed., John Wiley & Sons.（宮沢健一監訳［1970］『産業組織論』丸善書店）

Barabba, V.P.＝Zaltman, G.［1991］, *Hearing the Voice of the Market : Competing Advantage through Creative Use of Market Information*, Harvard Business School Press.（新将命監修［1992］『ハーバードで教えるマーケティング戦略』日本生産性本部）

Barnard, C.I.［1938］, *The Functions of the Executive*, Harvard University Press.（山本安二郎＝田杉競＝飯野春樹訳［1968］『新訳　経営者の役割』ダイヤモンド社）

Bartlett, C.A.＝Ghoshal. S.［1989］, *Managing Across Borders*, Harvard Business School Press.（吉原英樹監訳［1990］『地球市場時代の企業戦略』日本経済新聞社）

Bartlett, C.A.＝Ghoshal.S.［1992］, *Transnational Management*, Richard D. Irwin.（梅津祐良訳［1998］『ＭＢＡのグローバル経営』日本能率協会マネジメントセンター）

Beamish, P.W.＝Killing, J.P. ed.［1997］, *Corporative Strategies : Asian Pacific Perspectives*, The New Lexington Press.

Berle, A.A.＝Means, G.C.［1932］, *The Modern Corporation and Private Property*, Macmillan.（北島忠男訳［1958］『近代株式会社と私的財産』文雅堂書店）

Bernstein, P.L.［1996］, *Against The Gods*, John Wiley & Sons.（青山護訳［1998］『リスクー神々への反逆－』日本経済新聞社）

Block, Z.＝MacMillan, I.C.［1993］, *Corporate Venturing*, Harvard Business School Press.（松田修一監訳［1994］『コーポレート・ベンチャリング』ダイヤモンド社）

Botkin, J.［1999］, *Smart Business*, The Free Press.（米倉誠一郎監訳［2001］『ナレッジ・イノベーション』ダイヤモンド社）

Bowen, H.［1953］, *Social Responsibility of the Businessman*, Harper & Brothers.（日本経済新聞社訳［1960］『ビジネスマンの社会的責任』日本経済新聞社）

Bowersox, D.J.［1990］, *Logistics Management*, 3rd ed., Macmillan.

Bowersox, D.J.［1996］, *Logistics Management : The Integrated Supply Chain Process*, McGraw-Hill.

Bressand, A.［1990］, *Networld,* Promethee.（会津泉訳［1991］『ネットワールド』東洋経済新報社）

Bums, A., et.al.［1998］, *Marketing Research*, 2nd ed., Prentice-Hall.

Burnham, J.［1941］, *The Managerial Revolution*, The John Day Company.（武山泰雄訳［1965］『経営者革命論』東洋経済新報社）

参考文献

Burns, T, = Stalker, G.M. [1968], *The Management of Innovation*, 2nd ed., Tavistock.
Buzzel, R.D. = Gale, B.T. = Sultan, R.G.M. [1975], "Market Share key to Profitability" *Harvard Business Review*, Jan.-Feb., pp.97-107.
Buzzel, R.A. = Gale, B.T. [1987], *The PIMS Principles*, The Free Press.（和田充夫他訳［1988］『新PIMSの競争原理』ダイヤモンド社）
Cannon, J.T. [1968], *Business Strategy and Policy*, Brace and World Inc..
Cartwright, S. = Cooper, C.L. [1996], *Managing Mergers, Acquision and Strategic Alliances*, 2nd ed., Butterworth-Heinemann.
Chandler, A.D.Jr. [1962], *Strategy and Structure*, The MIT Press.（三菱経済研究所訳［1967］『経営戦略と組織』実業之日本社）
Chandler, A.D.Jr. [1962], *Strategy and Structure*, The MIT Press.（有賀裕子訳［2004］『組織は戦略に従う』ダイヤモンド社）
Chandler, A.D.Jr. [1964], *Giant Enterprise*, Brace & World Inc..（内田忠夫＝風間禎三郎訳［1970］『競争の戦略』ダイヤモンド社）
Chandler, A.D.Jr. [1977], *The Visible Hand:The Managerial Revolution*, The Belknap Press of Harvard University Press.（鳥羽欣一郎＝小林袈裟治訳［1979］『経営者の時代』東洋経済新報社）
Child, J. [1976], *British Management Thought*, George Allen & Unuwin Ltd..（岡田和秀＝高沢十四久＝斎藤毅憲訳［1982］『経営管理思想』文眞堂）
Christensen, C.M. [1997], *The Innovator's Dilemma*, The President and Fellows of Harvard College.（伊豆原弓訳［2000］『イノベーションのジレンマ』翔泳社）
Christopher, M. [1992], *Logistics and Supply Chain Management : Strategies for Reducing Costs and Improving Service*, Pitman.
Coase, R.H. [1988], *The Firm,The Market, The Law*, The University of Chicago Press.（宮沢健一＝後藤晃＝藤垣芳彦訳［1992］『企業・市場・法』東洋経済新報社）
Collins, J. = Porras, J. [1994], *Built to Last*, Curtis Brown Ltd..（山岡洋一訳［1995］『ビジョナリーカンパニー』日経ＢＰ出版センター）
Coulter, M.K. [1998], *Strategic Management in Action*, Prentice-Hall.
Crainer, S. [2000], *The Management Century*, Booz-Allen & Hamilton Inc..（嶋口充輝監訳［2000］『マネジメントの世紀1901〜2000』東洋経済新報社）
Cyert, R.M. = March, J.G. [1963], *A Behavioral Theory of the Firm*, Prentice-Hall.（松田武彦＝井上恒夫訳［1967］『企業の行動理論』ダイヤモンド社）
Day, G.S. = Reibstein, D.J. [1997], *Wharton on Dynamic Competitive Strategy*, John Wiley & Sons.（小林陽一郎監訳［1999］『ウォートン・スクールのダイナミック競争戦略』東洋経済新報社）

Davenport, T.H. [1993], *Process Innovation : Reengineering Work through Information Technology*, Harvard Business School Press.（卜部正夫＝杉野周＝松島桂樹訳［1994］『プロセス・イノベーション』日経ＢＰ出版センター）

Davidow, W.H. = Malone, M.S. [1992], *The Virtual Corporation*, Harper Collins Publishers.（牧野昇監訳［1993］『バーチャル・コーポレーション』徳間書房）

Davis, S.M. [1984], *Managing Corporate Culture*, Harper & Row.（河野豊弘＝浜田幸雄訳［1985］『企業文化の変革』ダイヤモンド社）

Deal, T.E. = Kennedy, A.A. [1982], *Corporate Cultures*, Addison-Wesley.（城山三郎訳［1983］『シンボリック・マネジャー』新潮社）

Donovan, J. = Tully, R. = Wortman, R. [1998], *The Value Enterprise*, McGraw-Hill.（デロイト・トーマツ・コンサルティング戦略事業本部訳［1999］『価値創造企業』日本経済新聞社）

Dos, Y.L. = Hamel, G. [1998], *Alliance Advantage*, Harvard Business School Press.（志太勤一＝柳孝一監訳，和田正春訳［2001］『競争優位のアライアンス戦略』ダイヤモンド社）

Drucker, P.F. [1954], *The Practice of Management*, Harper & Brothers.（野田一夫監修［1965］『現代の経営 上・下』ダイヤモンド社）

Drucker, P.F. [1974], *Management*, Harper & Row.（野田一夫＝村上恒夫監訳［1974］『マネジメント 上・下』ダイヤモンド社）

Drucker, P.F. [1990], *Managing The Nonprofit Organization*, Harper Collins Publishers.（上田惇生＝田代正美訳［1991］『非営利組織の経営』ダイヤモンド社）

Drucker, P.F. [1992], *Managing for the Future*, Truman Tally Books Dutton.（上田惇夫＝佐々木実智男＝田代正美訳［1992］『未来企業』ダイヤモンド社）

Drucker, P.F. [1996], *Peter Drucker on the Profession of Management*, Harvard Business School Press.（上田惇生訳［1998］『P.F.ドラッカー経営論集』ダイヤモンド社）

Dubois, A. [1998], *Organising Industrial Activities Across Firm Boundaries*, Routledge.

Epstain, M.E. [1989], "Business Ethics, Corporate Good Citizenship and the Corporate Social Policy Process", *Journal of Business Ethics*, August.（中村瑞穂他訳［1996］『企業倫理と経営社会政策過程』文眞堂）

Evans, P. = Wurster, T.S. [1999], *BLOWN to BITS*, Harvard Business School Press.（ボストン・コンサルティング・グループ訳［1999］『ネット資本主義の企業戦略』ダイヤモンド社）

Fahey, L. = Randall, R.M. [1994], *The Portable MBA in Strategy*, John Wiley & Sons,

Inc..

Fatehi, K. [1996], *International Management : A Cross-Cultural and Function Perspective*, Prentice-Hall.

Foster, R.N. = Kaplan, S. [2001], *Creative Destruction*, McKinsey & Company, Inc.. (柏木亮二訳 [2002] 『創造的破壊』翔泳社)

Freeman, R.E. = Gilbert, D.R. [1988], *Corporate Strategy and the Search of Ehtics*, Prentice-Hall. (笠原清志訳 [1998]『企業戦略と倫理の探求』文眞堂)

Galbraith, J.R. = Nathanson, D.A. [1978], *Strategy Implementation : The Role of Structure and Process*, West Publishing. (岸田民樹訳 [1989]『経営戦略と組織デザイン』白桃書房)

Gattoma, J.L. [1993], *Handbook of Logistics and Distribution Management*, Gower Publishing Campany.

Gattoma, J.L. = Walters, D.W. [1996], *Managing the Supply Chain : A Strategic Perspective*, Macmillan Press.

Glaser, B.G. = Strauss, A.L. [1967], *The Discovery of Grounded Theory: Strategies for Qualitative Research*, Alidine Publishing Company. (後藤隆＝大出春江＝水野節夫訳 [1996] 『データ対話型理論の発見－調査からいかに理論をうみだすか』新曜社)

Goldberg, B. = Sifonis, J.G. [1994], *Dynamic Planning:The Art of Managing beyond Tomorrow*, Oxford University Press.

Gopal, C. = Cahill, G. [1992], *Logistics in Manufacturing*, Richard D. Irwin.

Gopal, C. = Cypress, H. [1993], *Integrated Distribution Management*, Gower Publishing Campany.

Greenwood, J. ed. [1995], *European Casebook on Business Alliances*, Prentice-Hall.

Hamel, P. = Prahalad, C.K. [1994], *Competing for the Future*, Harvard Business School Press. (一條和生訳 [1995]『コア・コンピタンス経営』日本経済新聞社)

Hammer, M. = Champy, J. [1993], *Reengineering the Corporation : A Manifest for Business Revolution*, Harper Business. (野中郁次郎監訳 [1993]『リエンジニアリング革命』日本経済新聞社)

Hartley, R.F. [1998], *Marketing Mistakes and Successes*, John-Wiley & Sons.

Harvard Business Review ed. [1994,1995,1996,1997,1998], *Harvard Business Review on Strategies for Growth*, Harvard Business School Pwess. (DIAMONDハーバード・ビジネス・レビュー編集部訳 [2001]『成長戦略論』ダイヤモンド社)

Hedberg, B. et al. [1997], *Virtual Organization and Beyond*, John-Wiley & Sons.

Henderson, B.D. [1979], *Henderson on Corporate Strategy*, Abt Associates Inc.. (土岐坤訳 [1977]『経営戦略の核心』ダイヤモンド社)

Hofer, C.W. = Shendel, D.E. [1978], *Strategy Formulation : Analytical Concept*, West Publishing. (奥村昭博=榊原清則=野中郁次郎訳［1981］『戦略策定』千倉書房）

Hsu, C. [1996], *Enterprise Integration and Modeling : The Metadatabase Approach*, Kluwer Academic Hall, Inc..

Jackson, R. = Wang, P. [1994], *Strategic Database Marketing*, NTC Contemporary Publishing Group. （日紫喜一史訳［1999］『戦略的データベース・マーケティング-顧客リレーションシップの実践技法-』ダイヤモンド社）

Johnson, J.C. = Wood, D.F. [1993], *Contemporary Logistics*, 5th ed., Macmillan.

Kaplan, R. = Norton, D. [1996], *The Balanced Scorecard*, Harvard Business School Press. （吉川武男訳［1997］『バランス・スコアカード』生産性出版）

Kaplan, R. = Norton, D. [2001], *The Strategy-Focused Organization*, Harvard Business School Press. （櫻井通晴監訳［2001］『キャプランとノートンの戦略バランスト・スコアカード』東洋経済新報社）

Kauffman, S. [1995], *At Home in the Universe : The Search for Law of Self-Organization and Complexity*, Oxford University Press. （米沢富美子監訳［1999］『自己組織化と進化の論理』日本経済新聞社）

Keen, P.G. = Balance, C. [1997], *On-Line Profits*, Harvard Business Press.

Keller, K.L. [1998], *Strategic Brand Management*, Prentice-Hall.

Koestler, A. = Smythies, L.R. ed. [1998], *Beyond Reductionism*, The Hutchinson Publishing Group Ltd.. （池田善昭監訳［1984］『還元主義を超えて』工作社）

Kotler, P. [1980], *Marketing Management*, 4th ed., Prentice-Hall. （村田昭治監修［1983］『マーケティング・マネジメント』プレジデント社）

Kotler, P. [1989a], *Social Marketing*, Free Press. （井関利明［1995］『ソーシャル・マーケティング』ダイヤモンド社）

Kotler, P. [1989b], *Principles of Marketing*, 4th ed., Prentice-Hall. （和田充夫=青井倫一訳［1995］『新版マーケティング原理』ダイヤモンド社）

Kotter, J.P. [1996], *Leading Change*, Harvard Business School Press. （梅津祐良訳［2002］『企業変革力』日経ＢＰ出版センター）

Krogh, G. = Ichijo, K. = Nonaka, I. [2000], *Enabling Knowledge Creation : How to Unlock The Mystery of Knowledge and Release The Power of Innovation*, Oxford University Press, Inc.. （ゲオルク・フォン・クロー=一條和生=野中郁次郎［2001］『ナレッジ・イネーブリング』東洋経済新報社）

Kuglin, F. [1998], *Customer-Centerd Supply Chain Management*, AMACON.

Kuhn, T. [1962], *The Structure of Scientific Revolution*, University of Chicago. （中山茂訳［1971］『科学革命の構造』みすず書房）

Lawrence, P.R.=Lorsch, J.W.[1967], *Organization and Environment : Managing Differentiation and Integration*, Harvard University Press.（吉田博訳［1977］『組織の条件適応理論』産能大学出版部）

Levitt, T.[1960], "Marketing Myopia" *Harvard Business Review*, July-Aug., 1960.

Levitt, T.[1969], *The Marketing Mode : Pathway to Corporate Growth*, McGraw-Hill.（土岐坤［1971］『マーケティング発想法』ダイヤモンド社）

Levitt, T.[1974], *Marketing for Business Growth*, McGraw-Hill.（土岐坤訳［1975］『発展のマーケティング』ダイヤモンド社）

Lovelock, C.H.=Weinberg, C.B.[1989], *Public & Nonprofit Marketing*, 2nd ed., Scientific Press.（渡辺好章=梅沢昌太郎監訳［1991］『公共・非営利組織のマーケティング』白桃書房）

Lovelock, C.H.=Wright, L.K.[1999], *Principles of Service and Management*, Prentice-Hall.（小宮路雅博監訳［2002］『サービス・マーケティング原理』白桃書房）

March, J.G.=Simon, H.A.[1958], *Organizations*, John Wiley & Sons.（土屋守章訳［1977］『オーガニゼーションズ』ダイヤモンド社）

March, J.G.=Olsen, J.P.[1976,1979], *Ambiguity and Choice in Organization*, Universitesforlaget.（遠田雄志訳［1986］『組織におけるあいまいさと決定』有斐閣）

McHugh, P.et.al.[1995], *Beyond Business Process Reengineering : Toward the Holonic Enterprise*, John Wiley.

Miles, R.E.=Snow, C.C.[1978], *Organizational Strategy, Structure, and Process*, McGraw-Hill.（土屋守章他訳［1983］『戦略型経営』ダイヤモンド社）

Miller, A.=Dess, G.G.[1996], *Strategic Management*, 2nd ed., The McGraw-Hill Companies, Inc..

Mills, R.W.[1998], *The Dynamics of Shareholder Value : The Principles and Practice of Strategic Value Analysis*, Mars Business Associates.（前田俊一訳［2002］『戦略価値分析による企業価値評価法』東洋経済新報社）

Mintzberg, H.[1987], "The Strategy Concept I : Five Ps for Strategy", *California Management Review*, Fall.

Mintzberg, H.[1989], *Mintzberg on Management*, The Free Press.（北野利信訳［1991］『人間感覚のマネジメント─行き過ぎた合理主義への拡議─』ダイヤモンド社）

Nas, T.F.[1996], *Cost-Benefit Analysis : Theory and Application*, SAGE.

Nolan, R.[1979], "Managing the Crises in Data Processing", *Harvard Business Review*, 57, No.2,（March-April 1979）, pp.115-126.

Nolan, R.=Croson, D.C.[1995], *Creative Destruction : A Six-Stage Process for Transforming the Organization*, Harvard Business School Press.

Normann, R. [1984], *Service Management : Strategy and Leadership in Service Business*, Wiley.（近藤隆雄訳［1993］『サービス・マネジメント』ＮＴＴ出版）

OECD [1989a], *Telecommunication Network-Based Services : Policy Implications*, OECD.

OECD [1989b], *Information Technology and New Growth Opportunities*, OECD.

OECD [1989c], *Major R&D Programmes for Information Technology*, OECD.

OECD [1992], *Telecommunications Type Approval : Policies and Procedures for Market Access*, OECD.

OECD [1994a], *Privacy and Data Protection : Issues and Challenges*, OECD.

OECD [1994b], *Information Technology Outlook*, OECD.

OECD [1999], *Regulatory Reform in Japan*, OECD.（山本哲三訳［1999］『成長か衰退か』日本経済評論社）

Outsourcing Working Group [1995], *Outsourcing*, KPMG.

Penrose, E.T. [1959,1980], *The Theory of the Growth of the Firm*, Basil Glackwell.（末松玄六訳［1980］『企業成長の理論　第２版』ダイヤモンド社）

Peppers, D. = Rogers, M. [1993], *The One to One Future*, Doubleyday.（井関利明監訳［1995］『One to One マーケティング－顧客リレーションシップ戦略－』ダイヤモンド社）

Peppers, D. = Rogers, M. [1997], *Enterprise One to One*, Doubleyday.（井関利明監訳［1997］『One to One 企業戦略』ダイヤモンド社）

Peters, T.J. = Waterman, R.H. [1982], *In Search of Excellence*, Harper & Row.（大前研一訳［1983］『エクセレント・カンパニー』講談社）

Piper, T.R. = Gentile, M.C. = Parks, S.D. [1993], *Can Ethics be Taught?*, Harvard Business School Press.（小林俊治＝山口善昭訳［1995］『ハーバードで教える企業倫理』生産性出版）

Porter, M.E. [1980], *Competitive Strategy*, The Free Press.（土岐坤＝中辻萬治＝服部照夫訳［1982］『競争の戦略』ダイヤモンド社）

Porter, M.E. [1985], *Competitive Advantage*, The Free Press.（土岐坤＝中辻萬治＝小野寺武夫訳［1985］『競争優位の戦略』ダイヤモンド社）

Porter, M.E. [1990], *The Competitive Advantage of Nations*, The Free Press.（土岐坤＝中辻萬治＝小野寺武夫＝戸成富美子訳［1992］『国の競争優位』ダイヤモンド社）

Porter, M.E. [1998a], *On Competition*, Harvard Business School Press.（竹内弘高訳［1999］『競争戦略論　Ⅰ』ダイヤモンド社）

Porter, M.E. [1998b], *On Competition*, Harvard Business School Press.（竹内弘高訳

［1999］『競争戦略論 Ⅱ』ダイヤモンド社）

Price Waterhouse Financial & Cost Management Team ［1997］, *CFO*, Barlow Lyde & Gilbert.（中沢恵監訳［1998］『事業価値創造のマネジメント－企業の未来を設計する－』ダイヤモンド社）

Roberts, E.B. = Berry, C.A.［1985］, "Entering New Business:Selecting Strategies for Success", *Sloan Management Review*, Spring, pp.3-17.

Robson, W.［1997］, *Strategic Management & Information Systems*, Pitman Publishing.

Rogers, E.M.［1983］, *Diffusion of Innovations*, 3rd ed., The Free Press.（青池慎一＝宇野善康監訳［1990］『イノベーション普及学』産能大学出版部）

Ross, D.F.［1997］, *Competing through Supply Chain Management*, Chapman & Hall.

Rothschild, W.E.［1976］, *Putting It All Together : A Guide to Strategic Thinking*, AMACON.（土岐坤＝服部照夫訳［1977］『経営戦略発想法』ダイヤモンド社）

Rothschild, W.E.［1979］, *Strategic Alternatives*, AMACON.（土岐坤＝服部照夫訳［1979］『経営戦略実践法』ダイヤモンド社）

Rumelt, R.P.［1974］, *Strategy, Structure, and Economic Performance*, Harvard University Press.（鳥羽欣一郎＝山田正喜子＝川辺信雄＝熊沢孝訳［1977］『多角化戦略と経済成果』東洋経済新報社）

Salamon, L.M. = Anheier, H.K.［1996］, *The Emerging Sector*, The Johns Hopkins University.（今田忠監訳［1996］『台頭する非営利セクター』ダイヤモンド社）

Saloner, G. = Shepard, A. = Podolny, J.［2001］, *Strategic Management*, John Wiley & Sons.（石倉洋子訳［2002］『戦略経営論』東洋経済新報社）

Sanchez, R. et al.［1996］, *Dynamics of Competence-Based Competition*, Pergmkn.

Schein, E.H.［1985］, *Organizational Culture and Leadership*, Jossey-Bass.（清水紀彦訳［1989］『組織文化とリーダーシップ』ダイヤモンド社）

Schumpeter, J.A.［1912, 1926］, *Theories Der Wirtschaftlichen Entwicklung*, Duncker & Humblot.（塩野谷祐一＝中山伊知郎＝東畑精一郎訳［1977］『経済発展の理論 上・下』岩波書店）

Simon, H.A.［1976］, *Administrative Behavior : A Study of Decision Making Process in Administrative Organization*, 3rd ed., Macmillan.（松田武彦＝高柳暁＝二村敏子訳［1989］『経営行動』ダイヤモンド社）

Simon, H.A.［1977］, *The New Science of Management Decision*, Revised ed., Prentice-Hall.（稲葉元吉＝倉井武夫訳［1979］『意思決定の科学』産能大学出版部）

Simon, H.A.［1981］, *The Science of the Artificial*（2nd ed.）, MIT Press.（稲葉元吉＝吉原英樹訳［1887］『システムの科学』パーソナルメディア）

Steiner, G.A.［1969］, *Top Management Planning*, Macmillan.

Steiner, G.A. [1977a], *Strategic Managerial Planning*, The Planning Executives Institute.（河野豊弘訳 [1978]『戦略経営計画』ダイヤモンド社）

Steiner, G.A. = Miner, J.B. [1977b], *Management Policy and Strategy : Text, Readings, and Cases*, Macmillan Publishing Co., Inc..

Steiner, G.A. [1979], *Strategic Planning*, The Free Press.

Stewart, D. [1996], *Business Ethics*, MaGraw-Hill.（企業倫理研究グループ訳 [2001]『企業倫理』白桃書房）

Stopford, J.M. = Wells Jr., L.T. [1972], *Managing and Multinational Enterprise*, Basic Books.（山崎清訳 [1976]『多国籍企業の組織と所有政策』ダイヤモンド社）

Stuart, C. [2000], *The Management Century : A Critical Review of 20th Century Thought and Practice*, Jossey-Bass.（嶋口充輝監訳 [2000]『マネジメントの世紀』東洋経済新報社）

Taylor, D.H. [1997], *Global Cases in Logistics and Supply Chain Management*, International Thompson Business Press.

Teece, D.J. (ed.) [1987], *The Competitive Challenge : Strategies for Industrial Innovation and Renewal*, Ballinger Publishing Company.（石井淳蔵他訳 [1988]『競争への挑戦』白桃書房）

Terry, G.R. = Fanclin, S.G. [1982], *Principles of Management*, 8th ed., Richard Irwin.

Thomas, H. = O'Neal, D. [1996], *Strategic Integration*, John Wiley & Sons.

Thompson, J.D. [1967], *Organizations in Action*, McGraw-Hill.（高宮晋監訳 [1987]『オーガニゼーション イン アクション』同文舘）

Tregoe, B. = Zimmerman, J. [1980], *Top Management Strategy*, Simon & Schuster.（大谷毅訳 [1982]『戦略経営への挑戦』日本経済新聞社）

U.N. [1974], *The Impact of Multinational Corporations on Development and International Relations*, U.N.

U.N. [1978], *Transnational Corporations in World Development : A Re-Examination*, U.N.

Vernon, R. [1966], "International Investment and International Trade" *Quarterly Journal of Economics*, May.

Vernon, R. [1971], *Sovereignty at Bay*, Basic Books.（霍見芳浩訳 [1973]『多国籍企業の新展開』ダイヤモンド社）

Vincent, D.R. [1990], *The Information-Based Corporation*, Richard D. Irwin.（真鍋龍太郎訳 [1993]『インフォメーション・ベスト・コーポレーション』ダイヤモンド社）

Wayland, R.E. = Cole, P.M. [1997], *Customer Connections : New Strategies for Growth*,

Harvard Business School Press.（入江仁之監訳［1999］『ディマンドチエーン・マネジメント』ダイヤモンド社）

Wedford, R.［1996］, *Corporate Environmental Management*, Earthscan Publications Ltd..

Weizer, N., et. al.［1991］, *The Arther D. Little Forecast on Information Technology & Productivity Making the Integrated Enterprise Work*, John Wiley & Sons.（梅田望夫訳［1992］『情報技術の進化とその生産性』ダイヤモンド社）

Williamson, O.E.［1975］, *Market and Hierarchies*, The Free Press.（浅沼萬里＝岩崎晃訳［1980］『市場と企業組織』日本評論社）

Wiseman, C.［1988］, *Strategic Information Systems*, Richard D. Irwin.（土屋守章＝辻新六訳［1989］『戦略的情報システム』ダイヤモンド社）

Wren, D.A.［1979］, *The Evolution of Management Thought*, 2nd ed., John Wiley & Sons.（車戸實監訳［1982］『現代経営管理思想－その進化の系譜－上・下』マグロウヒル好学社）

Wright, P.＝Kroll, M.J.＝Parnell, J.［1998］, *Strategic Management : Cases*, Prentice-Hall.

Yoshino, M.Y.＝Rangan, U.S.［1995］, *Strategic Alliance : A Entrepreneurial Approach to Globalization*, Harvard Business School Press.

青木昌彦＝安藤晴彦編［2002］『モジュール化』東洋経済新報社。
青木淳［1999］『価格と顧客価値のマーケティング戦略－プライス・マネジメントの本質－』ダイヤモンド社。
浅田孝幸編［1994］『情報ネットワークによる経営革新』中央経済社。
浅羽茂［1995］『競争と協力の戦略』有斐閣。
アベグレン＝ボストン・コンサルティング・グループ編［1977］『ポートフォリオ戦略』プレジデント社。
アーサー・アンダーセン［2000］『図解eビジネス』東洋経済新報社。
アーサーアンダーセンビジネスコンサルティング［1999］『ナレッジマネジメント』東洋経済新報社。
アーサーアンダーセンビジネスコンサルティング［2000］『持株会社－戦略と導入ステップ－』東洋経済新報社。
アーサー・D・リトル社環境ビジネス・プラクティス［1997］『環境ビジネスの成長戦略』ダイヤモンド社。
安熙錫［1996］『多角化戦略の日韓比較』税務経理協会。
井熊均編［2003］『図解　企業のための環境問題（第2版）』東洋経済出版社。
石井淳蔵＝奥村昭博＝加護野忠男＝野中郁次郎［1996］『経営戦略論』有斐閣。

石井威望編［1986］『経営戦略とイノベーション』東京大学出版会。
石井威望編［1987］『高度情報社会の企業経営』東京大学出版会。
石名坂邦昭［1994］『リスク・マネジメントの理論』白桃書房。
伊丹敬之［1984］『新・経営戦略の論理』日本経済新聞社。
伊丹敬之＝加護野忠男［1993］『ゼミナール経営学入門　第2版』日本経済新聞社。
伊丹敬之＝加護野忠男＝伊藤元重編［1993a］『日本の企業システム2　組織と戦略』有斐閣。
伊丹敬之＝加護野忠男＝伊藤元重編［1993b］『日本の企業システム4　企業と市場』有斐閣。
伊丹敬之［1999］『場のマネジメント』ＮＴＴ出版。
伊丹敬之＝西口敏弘＝野中郁次郎編［2000］『場のダイナミズムと企業』東洋経済新報社。
伊丹敬之［2003］『経営戦略の論理・第3版』日本経済新聞社。
稲葉元吉［1982］『経営行動論』丸善。
井上昭一＝藤井光男編［1999］『現代経営史－日本・欧米－』ミネルヴァ書房。
井原智人＝柴田英寿［2000］『ビジネスモデル特許戦略』東洋経済新報社。
今井賢一＝伊丹敬之＝小池和夫［1983］『内部組織の経済学』東洋経済新報社。
今井賢一編［1986］『イノベーションと組織』東洋経済新報社。
今井賢一＝金子郁容［1988］『ネットワーク組織論』岩波書店。
今井賢一＝小宮隆太郎編［1989］『日本の企業』東京大学出版会。
今井賢一［1992］『資本主義のシステム間競争』筑摩書房。
今田高俊［1986］『自己組織性－社会理論の復活－』創文社。
岩田龍子［1978］『現代日本の経営風土』日本経済新聞社。
植田和弘［1996］『環境経済学』岩波書店。
SCM研究会［1999］『サプライチェーン・マネジメント』日本実業出版社。
江夏健一＝首藤信彦編［1993］『多国籍企業』八千代出版。
大阪市立大学商学部編［2003］『経営情報』有斐閣。
太田進一編［1999］『企業政策論と総合政策科学』中央経済社。
大滝精一＝金井一頼＝山田英夫＝岩田智［1997］『経営戦略』有斐閣。
大前研一［1976］『企業参謀』ダイヤモンド－タイム社。
大前研一［1977］『続・企業参謀』ダイヤモンド－タイム社。
大前研一編［1979］『マッキンゼー　現代の経営戦略』プレジデント社。
大前研一編［1981］『マッキンゼー　成熟期の成長戦略』プレジデント社。
大前研一＝若松茂美編［1982］『マッキンゼー　成熟期の差別化戦略』プレジデント社。

参考文献

大前研一［1984］『ストラテジック・マインド』プレジデント社。
大前研一編［1992］『マッキンゼー　ボーダレス時代の経営戦略』プレジデント社。
奥林康司＝稲葉元吉＝貫隆夫編［2002］『NPOと経営学』中央経済社。
奥村昭博［1986］『企業イノベーションへの挑戦』日本経済新聞社。
奥村昭博［1989］『経営戦略』日本経済新聞社。
小椋康宏編［2001］『経営環境論』学文社。
角瀬保雄＝川口清史編［1999］『非営利・協同組合の経営』ミネルヴァ書房。
加護野忠男［1980］『経営組織の環境適応』白桃書房。
加護野忠男＝野中郁次郎＝榊原清則＝奥村昭博［1983］『日米企業の経営比較－戦略的環境適応の理論－』日本経済新聞社。
加護野忠男［1988a］『組織認識論』千倉書房。
加護野忠男［1988b］『企業のパラダイム変革』講談社。
加護野忠男［1999］『＜競争優位＞のシステム』PHP研究所。
加護野忠男＝井上達彦［2004］『事業システム戦略』有斐閣。
片平秀貴［1999］『新版　パワーブランドの本質』ダイヤモンド社。
金井一頼＝角田隆太郎編［2002］『ベンチャー企業経営論』有斐閣。
亀岡秋男＝古川公成［2001］『イノベーション経営』財団法人放送大学教育振興会。
関西生産性本部［1981］『経営戦略と経営組織の動向－第4回経営組織実態調査』関西生産性本部。
関西生産性本部［1986］『経営の新展開－第5回経営組織実態調査』関西生産性本部。
企業研究会［1989］『日本企業のグローバリゼーション』企業研究会。
岸川善光［1990］『ロジスティクス戦略と情報システム』産能大学。
岸川善光［1995］「リアルタイム情報ネットワーク」日刊工業新聞1995.1.25。
岸川善光［1999］『経営管理入門』同文舘。
岸川善光［2000］「ビジネス・ロジスティクスの現状およびその企業業績に及ぼす効果に関する研究－SCM（Supply Chain Management）の進展を踏まえて－」東京大学。
岸川善光［2002］『図説経営学演習』同文舘。
岸川善光他［2003］『環境問題と経営診断』同友館。
岸川善光編［2004a］『ベンチャー・ビジネス要論』同文舘。
岸川善光編［2004b］『イノベーション要論』同文舘。
岸川善光［2004c］「バリュー・チェーンの再構築」『ビジネス研究のニューフロンティア』五絃舎。
北野利信編［1977］『経営学説史入門』有斐閣。
衣笠洋輔［1979］『日本企業の国際化戦略』日本経済新聞社。

清成忠男＝中村秀一郎＝平尾光司［1971］『ベンチャー・ビジネス－頭脳を売る小さな大企業』日本経済新聞社．
公文俊平［1994］『情報文明論』ＮＴＴ出版．
車戸實編［1987］『新版経営管理の思想家たち』早稲田大学出版部．
グロービス編［1995］『ＭＢＡマネジメント・ブック』ダイヤモンド社．
グロービス編［1996］『ＭＢＡアカウンティング』ダイヤモンド社．
グロービス編［1997］『ＭＢＡマーケティング』ダイヤモンド社．
グロービス編［1998］『ＭＢＡビジネスプラン』ダイヤモンド社．
グロービス編［1999a］『ＭＢＡ経営戦略』ダイヤモンド社．
グロービス編［1999b］『ＭＢＡファイナンス』ダイヤモンド社．
グロービス編［1999c］『ＭＢＡゲーム理論』ダイヤモンド社．
経済産業省［2002］『「産業競争力と知的財産を考える会」報告書』経済産業省．
㈳経済同友会［1985］『1990年代の企業経営のあり方に関する提言』㈳経済同友会．
小池澄男［1995］『新・情報社会論』学文社．
河野豊弘［1985］『現代の経営戦略－企業文化と戦略の統合』ダイヤモンド社．
神戸大学大学院経営学研究室編［1999］『経営学大辞典　第2版』中央経済社．
小島清［1981］『多国籍企業の直接投資』ダイヤモンド社．
国土庁編［1988］『21世紀情報化と国土』．
国部克彦＝角田季美枝編［1999］『環境情報ディスクロージャーと企業戦略』東洋経済新報社．
國領二郎［1995］『オープン・ネットワーク経営』日本経済新聞社．
國領二郎［1999］『オープン・アーキテクチャ戦略－ネットワーク時代の協働モデル－』ダイヤモンド社．
國領二郎＝野中郁次郎＝片岡雅憲［2003］『ネットワーク社会の知識』ＮＴＴ出版．
後藤晃［1993］『日本の技術革新と産業組織』東京大学出版会．
近藤修司［1984］『トライアングル・マネジメント』日本能率協会．
近藤修司［1985］『新版　技術マトリクスによる新製品・新事業探索法』日本能率協会．
近藤文雄＝陶山計介＝青木俊明編［2001］『21世紀のマーケティング戦略』ミネルヴァ書房．
コンピュータ・エージ社編［1993］『オープン＆ダウンサイジング1』コンピュータ・エージ社．
榊原清則［1992］『企業ドメインの戦略論』中央公論社．
榊原清則＝大滝精一＝沼上幹［1989］『事業創造のダイナミクス』白桃書房．
産業技術会議編［1991］『高度情報化政策と新技術－21世紀に向けての情報通信』産業

技術会議。
産業技術会議編［1993］『高度情報化政策と新技術－豊かに広がる情報通信』産業技術会議。
塩沢由典［1997］『複雑さの帰結』ＮＴＴ出版。
柴川林也編［1997］『企業行動の国際比較』中央経済社。
柴田英寿＝伊原智人［2000］『ビジネスモデル特許戦略』東洋経済新報社。
嶋口充輝［1986］『統合マーケティング』日本経済新聞社。
嶋口充輝［1997］『柔らかいマーケティングの論理』ダイヤモンド社。
嶋口充輝他編［1998］『マーケティング革新の時代（1）顧客創造』有斐閣。
嶋口充輝他編［1999a］『マーケティング革新の時代（2）製品開発革新』有斐閣。
嶋口充輝他編［1999b］『マーケティング革新の時代（3）ブランド構築』有斐閣。
島田達巳＝海老澤栄一編［1989］『戦略的情報システム』日科技連出版社。
島田達巳［1991］『情報技術と経営組織』日科技連出版社。
清水滋［1968］『サービスの話』日本経済新聞社。
ジョージ・フィールズ［1996］『超日本型経営』東洋経済新報社。
新宅純二郎［1994］『日本企業の競争戦略』有斐閣。
新宅純二郎＝浅羽茂編［2001］『競争戦略のダイナミズム』日本経済新聞社。
鈴木辰治＝角野信夫編［2000］『企業倫理の経営学』ミネルヴァ書房。
大和総研［1993］『内外価格差の解消と規制緩和』大和総研。
ダイヤモンド・ハーバード・ビジネス編集部編［1996a］『新事業創造成功のメカニズム』ダイヤモンド社。
ダイヤモンド・ハーバード・ビジネス編集部編［1996b］『持株会社の原理と経営戦略』ダイヤモンド社。
ダイヤモンド・ハーバード・ビジネス編集部編［1997］『複雑系の経済学』ダイヤモンド社。
ダイヤモンド・ハーバード・ビジネス編集部編［1998a］『顧客サービスの競争優位戦略－個客価値創造のマーケティング－』ダイヤモンド社。
ダイヤモンド・ハーバード・ビジネス編集部編［1998b］『バリューチェーン解体と再構築』ダイヤモンド社。
ダイヤモンド・ハーバード・ビジネス編集部編［2000］『ナレッジ・マネジメント』ダイヤモンド社。
高巌＝Donaldson, T.［2003］『新版・ビジネス・エシックス』文眞堂。
高田馨［1974］『経営者の社会的責任』千倉書房。
高田馨［1989］『経営の倫理と責任』千倉書房。
高橋秀雄［1998］『サービス業の戦略的マーケティング』中央経済社。

武井勲［1987］『リスク・マネジメント総論』中央経済社。
武井勲［1998］『リスク・マネジメントと危機管理』中央経済社。
田坂広志［1997］『複雑系の経営』東洋経済新報社。
田中照純［1998］『経営学の方法と歴史』ミネルヴァ書房。
田中義久編［1996］『関係の社会学』弘文堂。
多田富雄［1997］『生命の意味論』新曜社。
田村正紀［1993］『現代の市場戦略』日本経済新聞社。
丹下博文［1992］『検証日米ビジネススクール』同文舘。
中小企業庁［1989］『流通合理化と情報ネットワークの構築』同文舘。
通産規格協会編［1992］『高度情報システム要覧』通産規格協会。
津田眞澄［1977］『日本的経営の論理』中央経済社。
土屋守章［1974］『ハーバード・ビジネス・スクールにて』中央公論社。
土屋守章［1978］『日本的経営の神話』日本経済新聞社。
寺本義也［1990］『ネットワークパワー』ＮＴＴ出版。
寺本義也［1999］『パワーイノベーション』新評論。
寺本義也＝原田保編［2000］『環境経営』同友館。
寺本義也＝岩崎尚人［2000］『ビジネスモデル革命　競争優位のドメイン転換』生産性出版。
電気通信産業連盟編［1994］『コンピュートピア1994-1996』電気通信産業連盟。
トーマツ編［1994］『ビジネス・プロセス・リエンジニアリング』中央経済社。
日本経営診断学会編［1994］『現代経営診断事典』同友館。
日本情報処理開発協会編［1991］『わが国の情報化』日本情報処理開発協会。
日本総合研究所編［1993］『生命論パラダイムの時代』ダイヤモンド社。
日本ブーズ・アレン・アンド・ハミルトン編［1999］『戦略経営コンセプトブック2000』東洋経済新報社。
丹羽清＝山田肇編［1999］『技術経営戦略』生産性出版。
野中郁次郎＝寺本義也編［1987］『経営管理』中央経済社。
野中郁次郎＝永田晃［1995］『日本型イノベーション・システム－成長の軌跡と変革への朝鮮』白桃書房。
野中郁次郎＝竹内弘高［1996］『知識創造企業』東洋経済新報社。
野中郁次郎＝紺野登［1999］『知的経営のすすめ』筑摩書房。
野中郁次郎［2002］『企業進化論』日本経済新聞社。
野中郁次郎＝紺野登［2003］『知識創造の方法論』東洋経済新報社。
野村清［1983］『サービス産業の発想と戦略』電通。
野村総合研究所［1981］『日本企業の世界戦略』野村総合研究所。

参考文献

橋爪大三郎他［1994］『社会システムと自己組織性』岩波書店。
花岡菖［1989］『経営戦略のネットワーク』日刊工業新聞社。
原田實＝安井恒則＝黒田兼一編［2000］『新・日本的経営と労務管理』ミネルヴァ書房。
洞口治夫［1992］『日本企業の海外直接投資』東京大学出版会。
林紘一郎［1989］『ネットワーキングの経済学』ＮＴＴ出版。
林正樹＝井上照幸＝小阪隆秀編［2001］『情報ネットワーク経営』ミネルヴァ書房。
BMP研究会編［2000］『図解でわかるビジネスモデル特許』日本能率協会マネジメントセンター。
一橋大学イノベーション研究センター編［2001a］『知識とイノベーション』東洋経済新報社。
一橋大学イノベーション研究センター編［2001b］『イノベーション・マネジメント入門』日本経済新聞社。
廣松毅＝大平号声［1990］『情報経済のマクロ分析』東洋経済新報社。
藤田恒夫［1997］『経営情報基礎論』酒井書店。
藤本隆弘＝武石彰＝青島矢一編［2001］『ビジネス・アーキテクチャ』有斐閣。
藤本光夫＝大西勝明編［1999］『グローバル企業の経営戦略』ミネルヴァ書房。
古川一郎［1999］『出会いの「場」の構想力』有斐閣。
ヘンリー幸田［2000］『ビジネスモデル特許』日刊工業新聞社。
松下幸之助他［1980］『日・米経営者の発想』ＰＨＰ研究所。
水尾順一編［2003］『ビジョナリー・コーポレートブランド』白桃書房。
水谷雅一［1995］『経営倫理学の実践と課題』白桃書房。
三菱総合研究所［1992］『日本企業のグローバル戦略』ダイヤモンド社。
宮川公男［1994］『政策科学の基礎』東洋経済新報社。
三宅隆之［2003］『非営利組織のマーケティング』白桃書房。
宮沢健一［1986］『高度情報社会の流通機構』東洋経済新報社。
宮沢健一［1987］『産業の経済学』東洋経済新報社。
宮沢健一［1988］『業際化と情報化』有斐閣。
宮田矢八郎［2001］『経営学100年の思想－マネジメントの本質を読む』ダイヤモンド社。
三輪芳朗［1990］『日本の企業と産業組織』東京大学出版会。
村上泰亮［1992］『反古典の政治経済学』中央公論社。
村上陽一郎［1980］『科学のダイナミクス－理論転換の新しいモデル－』サイエンス社。
森田哲＝三留修平＝原吉伸［1989］『戦略的情報システム』講談社。

森本三男［1994］『企業社会責任の経営学的研究』白桃書房。
安室憲一［1993］『国際経営』日本経済新聞社。
山倉健嗣［1993］『組織間関係－企業間ネットワークの変革に向けて』有斐閣。
山田英夫［1993］『競争優位の規格戦略』ダイヤモンド社。
山之内昭夫［1992］『新・技術経営論』日本経済新聞社。
吉田民人［1990a］『情報と自己組織性の理論』東京大学出版会。
吉田民人［1990b］『自己組織性の情報科学』新曜社。
吉田民人［1991］『主体性と所有構造の理論』東京大学出版会。
吉田民人＝鈴木正仁［1995］『自己組織性とはなにか』ミネルヴァ書房。
吉原英樹＝佐久間昭光＝伊丹敬之＝加護野忠男［1981］『日本企業の多角化戦略』日本経済新聞社。
吉原英樹＝林吉郎＝安室憲一［1988］『日本企業のグローバル経営』東洋経済新報社。
郵政省［1991］『情報通信と産業構造に関する研究報告書』産業技術会議。
流通システム開発センター編［1995］『流通情報システム年鑑'95』流通情報システム開発センター。
和田充夫［1991］『ＭＢＡ　アメリカのビジネス・エリート』講談社。
渡邊俊輔編［2002］『知的財産－戦略・評価・会計－』東洋経済新報社。

索 引

▼ 索 引 ▲

あ 行

アーカー……34, 123, 157, 169, 173, 182, 186
アイデンティティ……………………88
アウトソーシング………………161
アンゾフ……8, 24, 31, 67, 69, 116, 118, 119
アンドリュース……………………41, 72
暗黙知……………………………49
石井淳蔵他………………9, 18, 67, 69
意思決定…………………………22
意思決定の技法…………………26
意思決定の種類…………………24
意思決定のプロセス……………22
伊丹敬之………………10, 13, 78, 104
　　　　　　　　155, 156, 190, 224
イノベーション…………………44
インターフェース適合…………235
インターフェースの構築……14, 227, 235
エーベル………………………91, 94
エクセレント・カンパニー………39
SCM………………………………203
SBU………………………………148
NPO………………………………269
M&A………………………………160
大滝精一他………………9, 68, 69
オープン型経営……………105, 106
奥村昭博…………………11, 228, 243

か 行

カオス……………………………49
加護野忠男…………………16, 190
価値システム……………………171
価値連鎖（バリュー・チェーン）…169, 190
金のなる木………………………37
環境経営戦略……………………265
環境創造……………………………6
環境適応……………………………6
環境変化……………………………2
環境要因……………………………3
管理的意思決定…………………24
関連型多角化……………………121
機　会………………………………2
機械論パラダイム………………245
企業間関係…………………207, 214
企業戦略…………………………62
企業ドメイン……………………89
企業の社会的責任………………53
企業倫理…………………………262
岸川善光…………………………69
技　術……………………………131
機能的定義………………………92
機能別戦略……………………63, 64
規模の経済………………………197
基本構想…………………………17
キャッシュ・フロー……………146
キャッシュフロー・マネジメント
　　　　　　　　　　…………37, 150
脅　威………………………………2
業界細分化………………………127
業界の収益性……………………166
業界標準（デファクト・スタンダード）
　　　　　　　　　　……………183
供給連鎖（サプライ・チェーン）…190, 202
競合分析…………………………172

291

競争環境……………………………………179
競争戦略……………………………13, 71, 164
競争適合……………………………………233
競争の基本戦略……………………………174
競争優位……………………………………167
業務的意思決定……………………………24
クローズド型経営……………………105, 106
グローバル化………………………………136
経営資源………………15, 140, 152, 227, 239
経営資源適合………………………………240
経営資源の蓄積・配分…………15, 71, 144
経営資源の分類……………………………141
経営資源ポートフォリオ…………………141
経営戦略の策定……………………………73
経営戦略の策定プロセス…………………71
経営戦略の実行……………………………76
経営戦略の定義……………………………8
経験曲線……………………………34, 144
経験曲線効果………………………34, 144
経済性………………………………………196
形式知………………………………………49
限界収穫……………………………………147
限界収穫逓減………………………………147
限界収穫逓増………………………………147
コア・コンピタンス………………………159
顧客機能……………………………………91
顧客適合……………………………………230
顧客の創造・維持………………12, 227, 230
国領二郎……………………………106, 109, 190
コスト・リーダーシップ戦略……………175
コトラー…………………123, 126, 184, 185
個別戦略……………………………………63
コリンズ＝ポラス…………………………41

━━━━━ さ 行 ━━━━━

サービス財…………………………………259
サービス産業………………………………257
細分化………………………………………123
サイモン………………………………22, 26, 45
榊原清則……………………………14, 88, 96, 97
差別化………………………………………123
差別化戦略…………………………………177
サローナー＝シェパード＝ポドルニー
　………………………………………168, 186
参入戦略……………………………………133
事業戦略……………………………………63
事業ドメイン………………………………91
事業部制組織…………………………30, 242
事業ポートフォリオ戦略…………………62
自己革新のシナリオ………………………21
自己組織化…………………………………51
市場開発……………………………………117
市場細分化…………………………………125
市場浸透……………………………………117
システム……………………………………192
シナジー……………………………………115
社会性………………………………………53
社会調和型経営戦略論………………53, 58
集中戦略……………………………………179
需要連鎖（ディマンド・チェーン）
　………………………………………190, 207
シュンペーター……………………………21
情報創造……………………………………51
情報創造型経営戦略論…………………44, 52
情報創造パラダイム………………………46
情報的資源…………………………………154
情報パラダイム……………………………45
新市場開拓…………………………………133

索 引

新製品開発 …………………… 128
新製品開発の意義 …………… 128
新製品開発のプロセス ……… 130
垂直的統合 …………………… 204
水平的統合 …………………… 204
SWOT分析 ……………… 74, 172
スタイナー ……………… 32, 115
成長ベクトル ………………… 116
製品開発 ……………………… 117
製品差別化 …………………… 125
製品・市場戦略 …… 12, 64, 70, 114
製品・市場適合 ……………… 231
製品・市場マトリクス ……… 115
生命論パラダイム ……… 245, 249
全体戦略 ……………………… 62
選択と集中 …………………… 159
7Sモデル …………………… 42
戦略事業単位（SBU） ……… 64
戦略的意思決定 ……………… 24
戦略的経営 …………………… 43
戦略的思考 …………………… 10
戦略的社会性 ……………… 56, 58
戦略的適合 ……………… 78, 228
相互浸透モデル ……………… 41
組織 ……………… 15, 16, 227, 239
組織学習 ……………………… 44
組織構造 ……………………… 31
組織適合 ……………………… 241
組織的情報創造プロセス …… 50
組織文化 ……………………… 44

━━━ た 行 ━━━

多角化 ………………………… 117
多角化戦略 …………………… 117
多角化戦略のタイプ ………… 119

多角化戦略の動機 …………… 117
多国籍企業 …………………… 137
ダベンポート ………… 191, 218
知　識 ………………………… 48
知識創造 ……………………… 48
知識創造企業 ………………… 48
知識創造パラダイム ………… 48
知的財産権 …………………… 254
知的資産 ……………………… 256
チャンドラー ………… 8, 30, 118
中間組織 ……………………… 200
適合性 …………………… 77, 81
適合パラダイム ……… 243, 245
撤退戦略 ……………………… 135
投資収益率 …………………… 37
ドメイン ………… 14, 62, 70, 88, 103
ドメイン・コンセンサス …… 97
ドメイン定義の次元 ………… 94
ドメイン定義の要件 ………… 92
ドメイン適合 ………………… 236
ドメインの再定義 …………… 98
ドメインの定義 ……………… 88
ドラッカー ……………… 12, 88

━━━ な 行 ━━━

内部適合 ……………………… 239
ナレッジ・マネジメント …… 255
ニッチ戦略 …………… 126, 127
ニッチャー ………… 127, 185, 187
ネットワーク外部性 ………… 184
能力ベース経営 ……………… 41
野中郁次郎 ……… 9, 10, 43, 51, 104, 241
野中郁次郎＝竹内弘高 ……… 48

293

は行

場……103
花形製品……36
ハマー＝チャンピー……218
ハメル＝プラハラード……41, 159
バランスト・スコアカード……228
範囲の経済……198, 200
PIMS……37
ピーターズ＝ウォーターマン
　……39, 41, 241
BPR……218
非関連型多角化……121
ビジネス・システム……190, 193
ビジネス・システム戦略……15, 71
ビジネス・システム適合……237
ビジネス・プラットホーム……105
ビジネス・プロセス……190, 218
ビジネス・モデル……108, 190
ビジネス空間……107
フォロワー……185, 187
不均衡ダイナミズム……81, 245
物理的定義……92
部分的無知……8, 17
ブランド……157
ブランド・エクイティ……157, 158
ブランド戦略……157
プロセス型経営戦略論……39, 44
プロダクト・ポートフォリオ・マネジメント（PPM）……35, 148
プロダクト・ライフサイクル……35, 145
分析型経営戦略論……33, 38
分析マヒ症候群……39
ヘンダーソン……151, 182
ペンローズ……116, 143
ポーター……10, 127, 137, 166, 170, 174, 178, 234
ポートフォリオの循環……151
ポジショニング……184
ボストン・コンサルティング・グループ
　……34, 36
ホッファー＝シェンデル……8, 67, 69, 71, 168, 185

ま行

マーケット・ライフ・サイクル……179
マーケティングの近視眼……92
マイルズ＝スノー……42, 241
負け犬……37
見えざる資産……154
未利用資源……143
ミンツバーグ……9, 43, 241
モデル……192
森本三男……58
問題児……37

や行

ゆらぎ……49, 51
吉原英樹他……121, 122

ら行

利害関係者……53
リスク……2
ルメルト……30, 121
レビット……92, 97
連結の経済……198-200
ロジスティクス……190, 208, 214

〈著者略歴〉

岸川善光（KISHIKAWA, Zenko）

・学歴：東京大学大学院工学系研究科博士課程（先端学際工学専攻）修了。博士（学術）。
・職歴：産業能率大学経営コンサルティングセンター主幹研究員，日本総合研究所経営システム研究部長，同理事，東亜大学大学院教授，久留米大学大学院教授（商学部・大学院ビジネス研究科），横浜市立大学教授（国際総合科学部・大学院国際マネジメント研究科），同副学長を経て，現在，横浜市立大学名誉教授。その間，通商産業省（現経済産業省）監修『情報サービス産業白書』白書部会長を歴任。1981年，経営コンサルタント・オブ・ザ・イヤーとして「通商産業大臣賞」受賞。
・主要著書：『ロジスティクス戦略と情報システム』産業能率大学，『ゼロベース計画と予算編成（共訳）産能大学出版部，『経営管理入門』同文舘出版，『図説経営学演習（改訂版）』同文舘出版，『環境問題と経営診断』（共著）同友館（日本経営診断学会・学会賞受賞），『ベンチャー・ビジネス要論（改訂版）』（編著）同文舘出版，『イノベーション要論』（編著）同文舘出版，『ビジネス研究のニューフロンティア』（共著）五弦社，『経営戦略要論』同文舘出版，『経営診断要論』同文舘出版（日本経営診断学会・学会賞（優秀賞）受賞），『ケースブック経営診断要論』（編著）同文舘出版，『ケースブック経営管理要論』（編著）同文舘出版，『エコビジネス特論』（編著）学文社，『アグリビジネス特論』（編著）学文社，『コンテンツビジネス特論』（編著）学文社，『サービス・ビジネス特論』（編著）学文社，『スポーツビジネス特論』（編著）学文社，『経営環境要論』（編著）同文舘出版，『経営管理要論』（編著）同文舘出版，『経営組織要論』（編著）同文舘出版，『グローバル経営要論』（編著）同文舘出版，『経営情報要論』（編著）同文舘出版，『経営学要論』同文舘出版，など多数。

| 平成18年3月31日 | 初版発行 | （検印省略） |
| 令和5年4月10日 | 初版8刷発行 | 略称：経営戦略要論 |

経営戦略要論

著 者　　岸　川　善　光
発行者　　中　島　豊　彦

発行所　同文舘出版株式会社
東京都千代田区神田神保町1-41　〒101-0051
営業（03）3294-1801　　編集（03）3294-1803
振替 00100-8-42935　http://www.dobunkan.co.jp

© Z. KISHIKAWA
Printed in Japan 2006

製版　一企画
印刷・製本　三美印刷

ISBN4-495-37421-4

[JCOPY] 〈出版者著作権管理機構 委託出版物〉
本書の無断複製は著作権法上での例外を除き禁じられています。複製される場合は，そのつど事前に，出版者著作権管理機構（電話 03-5244-5088，FAX 03-5244-5089, e-mail: info@jcopy.or.jp）の許諾を得てください。

経営学要論シリーズ

●岸川善光 (編)著

1. 経営学要論
2. 経営管理要論
   ケースブック　経営管理要論
3. 経営戦略要論
4. 経営組織要論
5. 経営情報要論
6. イノベーション要論
7. グローバル経営要論
8. 経営診断要論
   ケースブック　経営診断要論
9. 経営環境要論
10. ベンチャー・ビジネス要論（改訂版）